Christian Herwartz

Freude – Erfahrungen mit Straßenexerzitien

Christian Herwartz

Freude – Erfahrungen mit Straßenexerzitien

Herausgegeben von
Marita Lersner und Klaus Mertes

HERDER
FREIBURG · BASEL · WIEN

Den Comboni-Schwestern gewidmet.

Die Comboni-Schwestern Mabel Beatrice Mariotti und Margit Forster kamen 2003 aus der Zentrale ihres Missionsordens in Rom zu Exerzitien auf der Straße. Mabel sprach kein Deutsch. Bald kamen sie nochmals und blieben in unserer Gemeinschaft in Berlin-Kreuzberg. Dann gründeten sie in Berlin-Neukölln ein Solwodibüro, zum Schutz von Migrantinnen vor allem aus Afrika, wo sie beide einige Jahre lebten. Kurz vor dem Tod von Margit übergaben sie 2019 das Büro an die Mitarbeiterinnen. Mabel kehrte dann nach Italien zurück.

MIX
Paper from responsible sources
FSC® C004378

www.herder.de
Umschlaggestaltung: Verlag Herder
Umschlagmotiv: © ipopba / GettyImyges
Satz: SatzWeise, Bad Wünnenberg
Herstellung: PBtisk a. s., Příbram
Printed in the Czech Republik
ISBN Print 978-3-451-39756-1
ISBN E-Book (PDF) 978-3-451-83276-5

Inhalt

VORWORT

DANKE,
Du Tod, Sprung ins Leben
Du kündigst dich an
Du bist die abschließende Freude
Ich danke Dir für Dein Kommen
Amen

Diese Zeilen fanden seine Mitbrüder nach dem Tod von Christian Herwartz auf seinem Schreibtisch.

Christian war ein Mensch mit einer besonderen Begabung zur Freude. Er konnte sich herzlich über die Menschen freuen, die ihm begegneten – und er konnte das auch ausdrücken. Er erzählte gern von aller Freude in der Begleitung von Exerzitien oder bei einem seiner anderen Herzensprojekte. Auch von Schwerem hat er manchmal aus der Perspektive der Freude erzählt, weil er darin etwas sehen wollte, das Christus ihm für sein Lernen und Wachsen schenkte. Es passt zu ihm, dass er auch dem Tod mit Freude entgegengesehen hat.

Freude hat Christian auch mit diesem Buchprojekt hinterlassen. Das stellte sich nicht immer so dar. In seinen letzten Lebensjahren versuchte er noch einmal aufzuschreiben, was ihm an Straßenexerzitien wichtig gewesen ist. Er wollte für die Gemeinschaft der Begleiter:innen festhalten, wie Exerzitien in das Leben wirken können:

„Wie kann unser Leben weitergehen nach einer Erfahrung, die uns aufrüttelt und die Lebensfreude neu zeigt? Wie wollen wir mit der neu gewonnenen Sicht auf das eigene Leben, in den Beziehungen zu anderen Menschen und darin auch zu Gott fortfahren? Wie bestehen wir darin die alltäglichen Herausforderungen?" So formulierte er selbst die Fragen, denen er mit einem Buch nachgehen wollte. Aber er litt an diesem Projekt, weil er nie ein Mann des geschriebenen Wortes war und es in den letzten Jahren noch schwerer hatte, seine Gedanken in Schriftform zu fassen zu kriegen. Dabei konnte er eigentlich bis zum Schluss noch gut zuhören und klare und im Gespräch oft überraschende Gedanken einbringen. Christian war eben ein Mann der persönlichen Begegnung.

Das schlägt sich auch in seinem Nachlass wieder. Er hinterließ eine unübersichtliche Sammlung von Gedanken, Artikeln und Gliederungspunkten für ein Buch. Und er hinterließ viele Menschen, die mit ihm zu ganz unterschiedlichen Themen im Gespräch waren, die seine Gedanken kannten, von ihm geprägt waren, ihm widersprachen oder zustimmten, und die Themen ihrerseits mit Leben füllten. Er hinterließ Menschen, die mit ihm etwas Wichtiges für ihr Leben gelernt haben und denen er sehr viel bedeutet. Dazu zähle ich mich auch.

Meine Ursprungsidee ist im Herbst 2021 entstanden, als Christian noch lebte. Mich jammerte, wie schwer er es hatte, seine Gedanken zu Papier zu bringen, und ich plante, ihm dabei zu helfen. Ich bin evangelische Pfarrerin und habe als solche die Möglichkeit, mich für eine Studienzeit von drei Monaten von allen dienstlichen Verpflichtungen freistellen zu lassen. Diese Studienzeit wollte ich Christian schenken. Jedes Mal, wenn ich ihm von diesem Plan, der Beantragung und Bewilligung erzählte, löste das große Freude bei ihm aus. Dann starb Christian am 20. Februar 2022 und ließ uns in Trauer zurück. Mir blieb, in der nun mal geplanten Studienzeit seinen Computer zu durchforsten und mit Hilfe von seinem Bruder und Freund Klaus Mertes seinen Nachlass zu sortieren. Die ersten drei Kapitel des vorliegenden Buches waren schon ein in sich schlüssiger Text, der nur einer sprachlichen Überarbeitung bedurfte. Dann folgten nur noch Textfragmente, manchmal nur Überschriften.

Ich machte mich daran, diese Fragmente an Menschen aus der Gemeinschaft der Begleiter:innen von Straßenexerzitien zu verteilen, von denen ich meinte, dass sie einen Zugang zu einem Thema haben könnten. Zusammen mit Klaus Mertes suchten wir Kontakt zu Weggefährten, von denen wir wussten oder ahnten, dass sie zu bestimmten Themen mit ihm im Gespräch waren. Die Reaktionen waren erfreulich: „Dazu schreibe ich gern etwas." „Ja, darüber habe ich oft mit Christian gesprochen."

Parallel dazu luden wir zusammen mit Christine Funk und Michael Herwartz die Begleiter:innen von Straßenexerzitien ein, ihrerseits eine Antwort auf Christians Frage zu versuchen: Wie wirken Straßenexerzitien in meinen Alltag?

Mit jedem Beitrag, der bei mir eingegangen ist, wuchs meine Freude. Und mir kam wieder und wieder der Gedanke: Ach, wie würde Christian das gefallen! Ja, er würde sich über die vielen, sehr persönlichen und durchaus auch unterschiedlichen Antworten freuen. Sie sind auch Ausdruck seines weiten Horizontes, denn es ist spürbar, wie die Autor:innen ihm im Herzen verbunden sind.[1] Michael Schindler ist einer von ihnen, und hat darüber hinaus auch mit seiner Sorgfalt dazu beigetragen, dass die Beiträge hier in angemessener Form erscheinen. Außerdem ist Maria Steiger vom Herder-Verlag für das behutsame und gründliche Lektorat zu danken.

Christian würde sich auch freuen, dass wir ihm sein Projekt quasi aus der Hand genommen haben und es auf unsere Weise weiterführen. Er hatte nie das Bedürfnis, das Wachsen und Werden von Straßenexerzitien zu kontrollieren. Die Begleitung von Straßenexerzitien, auch die gegenseitige Begleitung, war immer in Händen von vielen, und es gehörte zu Christians Grundentscheidungen, mit jedem Kurs neue Menschen für den geistlichen Dienst des Hörens und Bezeugens zu gewinnen. Er wird auch kein Kontrollbedürfnis über die Weiterentwicklung seiner Gedanken für dieses Buch gehabt haben.

Eine seiner Kernentdeckungen war, dass in dem Abschnitt des Emmausevangeliums (Lukas 24) in der katholischen und evangelischen Leseordnung ein wichtiger Vers abgeschnitten wird: „Während sie noch miteinander redeten, trat er selbst in ihre Mitte." (V. 36) Es war ihm bei Exerzitienkursen immer wichtig, die Spannung bis zu diesem letzten Vers zu halten: Einander zu erzählen, was man erfahren hat – zuerst nur in vertrautem Gespräch unter vier Augen, aber dann auch in größerer Runde. Die frohe Botschaft will weitergesagt werden. Christine Funk verdanke ich den Hinweis auf einen Nebensatz in diesem letzten Kapitel des Lukasevangeliums: Auch Petrus hat nach den Frauen das leere Grab gesehen und sich darüber gewundert, obwohl die Apostel die Erzählung der Frauen für Geschwätz hielten (V. 12). Später heißt es sogar in einer kurzen Randnotiz, dass der Herr Petrus erschienen sei (V. 34). Aber erst dass sie miteinander

---

[1] Alle nicht namentlich gekennzeichneten Kapitel sind von Christian Herwartz verfasst. Beiträge anderer Autor:innen sind namentlich gekennzeichnet. Außerdem helfen zwei verschiedene Schriftfonts bei der Unterscheidung.

reden, hat zur Folge, dass Jesus selbst in ihre Mitte tritt. Es braucht die Gemeinschaft, es braucht den Austausch auf Augenhöhe und die Selbstaneignung der Erfahrung durch eine gemeinsame Deutung. Diese Erfahrung hat sich wieder und wieder bei Exerzitienkursen wiederholt. Sie weist über die Exerzitien hinaus in den Alltag der einzelnen, und damit in neue Erzähl- und Deutegemeinschaften.

Es scheint mir ein Alleinstellungsmerkmal von Straßenexerzitien zu sein, dass sie diesen Fokus auf das Erzählen der Erfahrungen auch nach den Kursen legen.[2] Jedenfalls ist die besondere Nähe von Straßenexerzitien zu dem Alltag dieser Welt offenkundig. Darum passt es zu dieser Bewegung, dass wir mit Christians Vorlage ein Buch allein dieser naheliegenden Frage widmen, wie besondere geistliche Zeiten in den Alltag wirken. Es passt auch zu dieser Bewegung, dass wir Christian seine Frage aus der Hand genommen haben und sie auf vielstimmige Weise beantworten. Es genügt eben nicht, dass Petrus sich über etwas gewundert hat. Wir müssen es schon selbst erfahren, verstehen und weitererzählen.

„Während sie noch miteinander redeten, trat er selbst in ihre Mitte." Christian nannte diesen Vers den Schlussstein, der alles zusammenhält. Reden wir also miteinander – und wir werden uns noch wundern über die Freude, die das auslösen wird.

Marita Lersner, September 2023

---

[2] Ich bin dankbar für alle Hinweise, die mich eines Besseren belehren.

Ein herzliches Willkommen und eine kleine Einführung

Liebe Leserin und lieber Leser,

ich habe diesen Text für Menschen geschrieben, die an einem Wendepunkt in ihrem Leben stehen: nach einer intensiven Auseinandersetzung mit ihrem bisherigen Leben und ihren Zukunftsperspektiven, vor einer Reise in fremde Welten oder dem neuen Zusammenleben mit fremden Menschen, vielleicht sogar nach einer Neuausrichtung oder einer Bekehrung.

Ich habe Menschen besonders gerne in solchen spannenden Lebensphasen begleitet. Ich selbst habe einige Erfahrungen mit solchen Zeiten der Veränderung: Durch die berufliche Situation meines Vaters hat unsere Familie häufig den Wohnort gewechselt. Darum war ich oft der Neue am Ort. Als Ältester von sechs Jungs habe ich schon früh mit der Begleitung von Menschen begonnen. Im Ordensleben ziehe ich nunmehr seit fünfzig Jahren mit der Gemeinschaft der Jesuiten durch die Lande. Auch meine Erfahrungen aus dem Zusammenleben mit Menschen, die in der Gesellschaft gemieden werden, hat mich stark geprägt. Ich habe häufig junge Erwachsene bei ihren ersten selbstständigen Schritten begleitet. Zwischen all den verschiedenen herausfordernden Lebenssituationen begegnete mir überraschend eine ganz neue Form der Begleitung von Menschen auf ihren Lebenswegen: die Exerzitien auf der Straße. Dies geschah neben meiner Arbeit in der Fabrik in der Gemeinschaft in Berlin-Kreuzberg, in der ich 39 Jahre lebte. In dieser Umgebung setzten sich Prozesse in Gang, die ich aus biblischen Geschichten wiedererkannte; gerade in diesem prekären Kontext durften wir die Freude des Evangeliums erleben.

Exerzitien auf der Straße waren für viele Teilnehmenden Entscheidungszeiten. Sie haben sich mittlerweile in ganz Deutschland und auch in anderen Ländern ausgebreitet. Es hat sich eine Gemeinschaft von vielen Begleitpersonen gebildet. Sie investieren ihre Kraft in die anspruchsvollen Prozesse und berichten von der Freude, anderen Menschen aus sehr unterschiedlichen Lebenswelten beizustehen. Diese Gemeinschaftserfahrungen können guttun und erfüllen. Darum wuchs der Kreis der Begleitenden stetig.[3]

Das macht mich sehr froh. Ich sehe die Früchte dieser lebensnahen Form der Geistlichen Übungen. Einige Menschen berichten darüber in Artikeln und auch Büchern.[4] Eine philosophische und eine theologische Doktorarbeit entstanden. Nachdem ich in der Reihe „Ignatianische Impulse“ zwei Bücher über das Entstehen und über den Ablauf dieser Exerzitien herausbrachte, ist es jetzt an der Zeit, etwas über die Zeit danach zu schreiben: Wie kann ich nach den Erfahrungen auf der Straße in meinem Alltag bewusster leben, auch in herausfordernder sozialer Umgebung?

Mir war immer wichtig, dass ich die Exerzitien auf der Straße nicht erfunden habe; sie sind aber in meinem Umfeld entstanden. Ich selbst habe nach meinem Studium an vielen Orten in manuellen Berufen gearbeitet, z. B. im Maschinenbau als Dreher, im Umzugswesen als Träger und als LKW-Fahrer. Ich bin Priester in der katholischen Kirche, in der ich nie eine Anstellung hatte, weil mir eine besondere Mission übertragen wurde. Als Ordensmann lebe ich materiell gesichert, aber nicht in sozialer Abschottung; mit einem wachen Blick können wir überall auf massive Konflikte stoßen und ich fühlte mich stets aufgerufen, nach Abhilfe zu suchen. So habe ich in der Gewerkschaft aber auch in der Kirche genug Anlass gesehen, Missstände anzusprechen und Veränderungen einzufordern.

Bei all dem haben mir meine eigenen Exerzitien geholfen, nicht nur Standpunkte zu vertreten, sondern auch bei den Betroffenen zu bleiben und Lösungen mit ihnen zu erstreiten. So durfte ich nicht nur Fabriken und Armenviertel von innen er-

---

[3] Im Jahr 2022 liegt die Zahl der Begleitenden bei rund 120 Personen. Sie sind über jährliche Treffen und die gemeinsame Begleitung von Exerzitienkursen in verschiedenen Zusammensetzungen verbunden. Auf der Webseite www.strassenexerzitien.de werden alle Informationen geteilt.

[4] Siehe www.nacktesohlen.wordpress.com.

leben, sondern auch Gefängnisse und so manche Demonstration oder auch öffentliche Gebete an Konfliktorten. Einige meiner Reflexionen sind publiziert worden. Ich habe kein Leben im Verborgenen geführt.

Nun möchte ich mich also der Frage widmen, über die ich nur selten etwas gelesen habe: Wie geht Alltag? Also: Wie setzt sich das Leben nach Zeiten der Erneuerung oder gar nach einer Bekehrung fort? Wie kann unser Leben weitergehen nach einer Erfahrung, die uns aufrüttelt und die Lebensfreude neu zeigt? Wie wollen wir mit der neu gewonnenen Sicht auf das eigene Leben, in den Beziehungen zu anderen Menschen und darin auch zu Gott fortfahren? Wie bestehen wir darin die alltäglichen Herausforderungen? Diesen Fragen möchte ich hier nachgehen.

Es kommt vor, dass sich eine Bestärkung oder die nötige Korrektur der eigenen Lebensausrichtung plötzlich in einem Traum oder während einer Krankheitsphase[5] zeigt. Es kann auch langsam im Ringen mit oft gegensätzlichen Gefühlen auf einem Pilgerweg geschehen oder in einer stillen Zeit oder im Gebet.

All das kann auch in Exerzitien auf der Straße geschehen, die hier im Mittelpunkt stehen sollen. Auch nach Pilgerwegen, Retreats und ähnlichen die eigene Existenz herausfordernden Übungen stellt sich dieselbe Frage: Wie kehre ich in den anders herausfordernden Alltag zurück? Wie setze ich die neu gefundene Ausrichtung ins Handeln um? Diese Frage ist für das weitere Leben und die eigene Integrität entscheidend.

Das Leben und damit Gott öffnet in den geistlichen Zeiten eine Tür in die Zukunft und führt weiter in die Freiheit, es verwandelt uns in wache Personen, macht uns noch tiefgreifender zu offenen, angstfreien Wesen und ruft uns zur Verkündigung dieser frohen Botschaft, die das Evangelium ist. Das durfte ich viele Male miterleben. Und trotzdem vergessen wir mitten in den Sorgen des Alltags allzu leicht die einmal entdeckten existenziellen Hinweise. Der Same für das Spüren und Begreifen des

---

[5] So begann das apostolische Wirken von Ignatius von Loyola (1491–1556).

neuen Lebens liegt nach einer aufrüttelnden Erfahrung schon in uns bereit. Wird er den Boden finden um zu wachsen?[6]

Jesus spricht davon, dass er selbst eine Tür ist (Joh 10,9). Er lädt uns ein, durch sie ins Leben zu treten, also angeregt durch seine Lehre und sein Beispiel. Gehen wir diesen befreienden Schritt, nachdem unser ängstliches Herz, das beim Propheten Ezechiel als versteinert bezeichnet wird, durch die aufrüttelnde Erfahrung wieder zu Fleisch geworden ist (Ez 36,26)? Vertrauen wir der Einladung zur inneren Bekehrung, die dann in unserem Handeln sichtbar werden kann?

Es gibt Vieles, das uns hindert, ins Leben zu treten. Dazu gehört auch, dass scheinbar niemand die mitgebrachten herausfordernden Impulse fürs Leben hören will. Es ist dann wenig hilfreich, einen solchen zentralen, richtungsweisenden Impuls in kleine Anekdoten zu zerstückeln. Die Geschichten vom befreienden Schritt ins Leben wollen aber erzählt werden. Die zentrale Frage, wie das gelingen kann, davon sollen die kommenden Seiten handeln.

Ich fand in der Bibel einen Brief zu diesem Thema: den Epheserbrief. Der Autor, der sich Paulus nennt, schrieb ihn besonders an die Juden, die in Jesus aus Nazareth den ihnen schon lange verheißenen Messias entdeckten und sich von ihm inspirieren ließen. Der Anlass für diesen Brief ist, anders als bei anderen neutestamentlichen Briefen, kein konkreter Konflikt in einer Gemeinde, auf den Paulus reagierte, sondern er erinnert sich an seinen eigenen Weg. Auf dieser Grundlage schrieb er den Juden, die zu den christlichen Gemeinden gehörten, was sie besonders beachten sollten. Das ist der Epheserbrief.

---

[6] Lk 1,26–38; Mt 1,19 f.

Was sind Straßenexerzitien? – Anmerkungen aus der Traditionstradierung der Kirche[7] (Markus Roentgen)

„STRASSENEXERZITIEN
alles kann g o t t sprechen
in Dir
im Du
in Dinge
und
im Klingen
und niemand w e i ß
und keiner h a t
und alle können f i n d e n
verbunden
achtsam
s e h n s u c h t s f r e i“[8]

„WERDET WANDERER“ (Thomasevangelium)[9] – und lasst Euch von Gott umarmen durch die STADT!

Findet die CITÉ CÉLESTE (den ANFANG DES HIMMLISCHEN JERUSALEMS) im Dickicht der Städte.

Das Gesicht der Straßenexerzitien ist für mich:

Die Ruach Gottes ist konkret.

Die Wahrheit dieser Ruach, als die Ruach Jesu, wird aus und auf der Straße (dem Weg) und dem Leben gefunden (vgl. Joh 14,6), Wahrheit inmitten und gemittet durch Straße (WEG) und LEBEN.

---

[7] Ein Vortrag zur Studientagung der Addes (Arbeitsgemeinschaft deutscher Diözesen für Exerzitien und Spiritualität) 2022 in Essen.

[8] Markus Roentgen, lieben. eine kleine poetische theologie, S. 38.

[9] Vgl. Verborgene Worte Jesu – Christusmeditationen aus der frühen Kirche. Freiburg i. Br. 1981, S. 9.

Hilfreich ist das Sich-selber-leerer-Machen von Besitz, geistlichem und materiellem, deshalb ist es so gut, im Horizont von Lk 10, das je zurückzulassen, was mich als Selbstbesitz auch materiell oft bindet, Rucksack, Geld, meine Informationsnabelschnüre im Sicherungskasten meiner Netzwerke, also die vielen Prothesengötter, von denen schon Freud schrieb[10], die mich mit vermeintlicher Macht aufladen – allgegenwärtig zu sein, allmachbar etc. (hier behutsam bleiben im Impuls des Begleitenden – ich weiß nicht, was den anderen / die andere gerade je bindet ...)

Bei Ignatius von Loyola lässt sich vieles von dem auch in den Ambivalenzen, Entwicklungen, Entscheidungen finden in seiner Zeit, etwa ein Jahr lang (1522), wo er in MANRESA im Grund und Kern Straßenexerzitien macht, in Anfechtungen und Tröstungen – und er dort die Schlüssel findet für die inneren und äußeren Kategorien der Unterscheidung der Geister. Die besondere Bedeutung dieser MANRESAZEIT berichtet Ignatius später nochmals in einem Brief vom 16. Juni 1547 an Juan de Polanco, wenn er schreibt: „Im Laufe eines Jahres, das er in Manresa war, hatte er so viel Licht vom Herrn, dass er in fast allen Geheimnissen des Glaubens vom Herrn besonders erleuchtet und getröstet wurde, und in einzigartiger Weise im Geheimnis der Dreifaltigkeit, über die sein Geist solche Freude erfuhr, dass er, obwohl er ein einfacher Mensch war und lesen und schreiben nur auf Spanisch konnte, sich daran begab, ein Buch über sie zu schreiben."[11] Zudem erlebt er die in jeder Hinsicht für ihn bedeutendste Erfahrung GOTTES im Hindurchschauen aller Dinge durch alle Dinge auf ihren Grund und ihr Wesen in einer Straßen- oder Wegeexerzitienszene DRAUSSEN am Fluss CARDONER, nicht in einer Kirche, nicht in einer ausdrücklich bereiteten Gebetszeit oder Liturgie. Er berichtet davon, in aller Kargheit eindrücklich, in seinem BERICHT DES PILGERS, worin die MANRESAZEIT mit beinahe zwanzig Seiten

---

[10] Vgl. Eugen Biser, Die glaubensgeschichtliche Wende, Graz u. a. 1986, S. 69 f.

[11] Zitiert nach: Ignatius von Loyola, Bericht des Pilgers, übersetzt und kommentiert von Peter Knauer SJ. Frankfurt/M. 1999, S. 72, Anmerkung 98. – Das ist die Initiation der GEISTLICHEN ÜBUNGEN/seines EXERZITIENBUCHES! Anmerkung der Herausgeber: In dieser Autobiografie schreibt Ignatius von sich in der 3. Person.

Umfang von etwa 120 Seiten insgesamt ein besonders großes Gewicht erhält.

Diese Straßenexerzitienerfahrung seiner Zeit bedeutet ihm, so sagt und diktiert er es selber, MEHR als ALLE übrigen Geistlichen Erfahrungen insgesamt, MEHR als alles aus der HEILIGEN SCHRIFT und aus den SAKRAMENTEN der Kirche, sie hat Schlüsselqualität für das später von ihm benannte „GOTT SUCHEN MIT ALLEN SINNEN UND FINDEN IN ALLEN DINGEN". Es ist eine Erfahrung der einenden, alles durchdringenden, durchscheinenden MYSTIK. Ignatius beschreibt es so:

„Fünftens: Einmal ging er aus seiner Andacht zu einer Kirche, die wenig mehr als eine Meile von Manresa lag – ich glaube, sie heißt St. Paul –, und der Weg geht den Fluss entlang. Und während er so in seinen Andachten ging, setzte er sich ein wenig mit dem Gesicht zum Fluss, der in der Tiefe ging. Und als er so dasaß, begannen sich ihm die Augen des Verstandes zu öffnen. Und nicht, dass er irgendeine Vision gesehen hätte, sondern er verstand und erkannte viele Dinge des Glaubens und der Wissenschaft. Und dies mit einer so großen Erleuchtung, dass ihm alle Dinge neu erschienen. Und es lassen sich nicht die Einzelheiten erläutern, die er damals verstand, obwohl es viele waren; sondern er empfing eine große Klarheit im Verstand, so dass ihm in der ganzen Folge seines Lebens bis über zweiundsechzig Jahre hinaus scheint: Wenn er alle Hilfen zusammenzähle, wie er sie von Gott erhalten habe, und alle Dinge, die er erkannt habe, selbst wenn er sie alle in eins zusammenbringe, habe er nicht so viel erlangt wie mit jenem Mal allein."[12] Aber auch das geistliche a r m erscheint mir wesentlich im Blick auf Mt 5,3 – „selig sind die spirituell ohne Gottesbesitz" („selig die geistlich Armen vor Gott") – (deshalb erscheint es mir klar, dass es keine konfessionellen oder religiösen Vorbedingungen geben braucht zur Teilnahme an Straßenexerzitien ...), also empfänglich und bedürftig zu werden.

Hierzu wäre die PREDIGT 52 des MEISTER ECKHART „Beati pauperes spiritu" wieder und wieder zu studieren, mit ihrem NICHTS WOLLEN, NICHTS WISSEN, NICHTS HABEN, abgelöst und ledig

[12] Ignatius von Loyola, Bericht des Pilgers, übersetzt und kommentiert von Peter Knauer SJ. Frankfurt/M. 1999; S. 74f.

aller Verhaftung an die Dinge, zugleich GOTT IM SUCHEN ALLER SINNE, IM FINDEN IN ALLEN DINGEN (was bereits bei Meister Eckhart vor Ignatius benannt wird), „dass der Mensch ein Gott in allen Dingen suchender und ein Gott zu aller Zeit und an allen Stätten und bei allen Leuten in ALLEN Weisen findender Mensch werden müsste“[13] – aber ledig allen Besitzes, zuletzt allen GOTTESBESITZES in WISSEN, WOLLEN, HABEN.

KEINEN GOTT HABEN![14]

„Darum also bitte ich Gott, dass er mich ablöse von Gott.“[15]

Ziellos gehen, argloser („wie Schafe unter Wölfen“) und bei sich bleiben („niemanden grüßen unterwegs“) – Lk 10,3 ff. – in der „Aufmerksamkeit als dem natürlichen Gebet der Seele“[16] – überraschbarer werden, mich unterbrechen lassen, jetziger, nackter, vom Scheitel bis zur Sohle, porös auch nach innen, der eigenen Wunden und Freuden eingedenk; wach der geahnten auferweckten Lebenswirklichkeit als Tod des Todes (vgl. Joh 10,10) in mir und allen und allem offener begegnen zu können; so das SHALOM GOTTES, – GEHEN IM FRIEDENSGEIST – „FRIEDE DIESEM HAUS“ Lk 10,5 – dieses lebendige und nicht zerstörende MITSAMMEN von Feuer und Eis, auffinden zu können, mehr, darin aufgefunden zu werden.

Das Erlebte erzählen, darin begleitet von denen, die MIT sind – und von den etwas erfahreneren Begleiter:innen – die aber auch keine Wissenden sind, wie es geht.

Beten – im Wort, ohne Wort, im Leib, in der Geste, im Lied, im tieferen Schweigen, im Atem:

„ALLES ATMEN IST LOBEN, OH DU.“ (Psalm 150,6)

---

[13] Meister Eckhart, Reden der Unterweisung, In: Ders., Deutsche Predigten und Traktate, hg. und übersetzt v. Josef Quint. München 1979, S. 91.

[14] Vgl. LECTURA ECKHARDI I. Predigten Meister Eckharts von Fachgelehrten gelesen und gedeutet, hg. v. Georg Steer und Loris Sturlese. Stuttgart u. a. 1998, S. 163–199.

[15] Meister Eckhart, Predigt 52 – „HER UMBE SO BITE ICH GOT, DAZ ER MICH QUIT MACHE GOTES“.

[16] Vgl. Malebranche, zitiert nach Walter Benjamin, Franz Kafka, In: Ders., Angelus Novus. Ausgewählte Schriften 2. Frankfurt/M. 1988, S. 263.

BUCH EINS: ALLTAGSERFAHRUNGEN

Christian nähert sich dem Verhältnis von Exerzitien und Alltagserfahrungen, indem er zurückliegende eigene Alltagserfahrungen deutet. In ihnen sucht er nach der geistlichen Erfahrung, die er aus den Exerzitien kennt. Die Erfahrungen beleuchten sich gegenseitig: Von der Erfahrung der Exerzitien her erschließen sich zurückliegende Alltagserfahrungen, besonders solche, in denen es galt, Entscheidungen zu treffen. Aber auch umgekehrt würden sich geistliche Dimensionen von Alltagserfahrungen gar nicht erst als solche erschließen, wenn man nicht mit dem geistlich geübten Blick auf sie schauen würde.

Klaus Mertes

Wie kann der befreiende Zukunftsblick in unseren Alltag eingebracht werden? Wie können wir bewahren, was wir in den Exerzitien erlebt haben: dass der offene Blick die Wirklichkeit auf neue Weise erschließt? Ich bin der Überzeugung, dass sich Wege auftun, die uns im Alltag weiterführen, wenn wir uns an die befreiende Erfahrung aus der Übungszeit erinnern und mit ihr auch die neuen Situationen des Lebens wahrnehmen und eine Veränderung für möglich halten. Das wird im Evangelium immer wieder geschildert: Lahme gehen und Blinde sehen wieder. Es ist möglich, dass wir uns für diese Überraschung öffnen. Es geschieht leider allzu oft, dass der Kopf sich dem verweigert und die Befreiungserfahrung als Humbug oder einen Traum abtut.

Ich selbst habe nicht nur in besonders spirituellen Zeiten, sondern auch im Alltag Erfahrungen gemacht, die mich hellhörig werden lassen. Von solchen alltäglichen, oft erst einmal schmerzhaften Erlebnissen in meinem Leben will ich erzählen: In vier Alltagssituationen sind die unterschiedlichen inneren, sich gegenseitig herausfordernden Kräfte zu erkennen; Ignatius von Loyola beschreibt solche Kräfte in seiner Anleitung zu den

Exerzitien[17] als die antreibenden oder bremsenden oder in die Irre führenden Geister. In allen Entscheidungsprozessen geht es darum, diese Kräfte zu prüfen und zu bemerken, ob sie vertrauenswürdig sind oder ob wir sie, wie Jesus in seinem Ringen mit dem Verführer (Mt 4,1–11), zurückweisen müssen, weil sie uns von unserem Weg abdrängen wollen.

In diesen Situationen habe ich erfahren, wie sehr solidarische Anregungen in schwesterlicher oder brüderlicher Verbundenheit erfreuen können, auch wenn sie mich anfangs mit ihrer nicht erwarteten Radikalität erschrecken.[18] Auch aufkommende Ängste konnten mir helfen, Gefahren zu erkennen. Oft ermahnen sie, Hilfe in einer Notlage anzunehmen oder sie anderen anzubieten.

Besonders viel Mut ist nötig, wenn wir auf eigenes ungerechtes Verhalten stoßen. Dann ist entschiedene Umkehr angesagt, welche die eigene Wirklichkeit reinigt.[19] Erst die Umkehr ebnet den Weg zur Neuausrichtung gegenüber dem Nächsten und dem nicht Verfügbaren, dem ganz Anderen (Emmanuel Lévinas); ich sage dazu Gott.

Doch der Mut zur Veränderung wird gefährlich, wenn wir mit unserem Veränderungswillen unsere Möglichkeiten überschätzen. Die Gefahr ist dann, dass wir den Boden der Tatsachen verlassen. Dann wird ein mutiger Schritt tollkühn und richtet Unheil an. Wir verlieren das Wohl unserer Mitmenschen aus den Augen und gefallen uns nur selbst.

Eine andere Gefahr liegt im Vergleichen; dabei wird leicht eine Rangfolge festgelegt, die zur Abwertung anderer Meinungen führt und die uns immun gegenüber Kritik und den Veränderungsnotwendigkeiten werden lässt. Eine Handlung, die in einer Situation angemessen ist, kann in einem anderen Kontext schädlich sein. Jede neue Situation konfrontiert uns neu mit

---

[17] Exerzitienbuch Nr. 24–44.

[18] Mit der Radikalität Jesu bekommt Petrus zu tun, als der ihn heftig zurückweist (Mt 16,23).

[19] Die Exerzitien des Ignatius von Loyola beginnen deshalb mit dem Schuldbekenntnis Nr. 44.

der Wirklichkeit. In einer neuen Situation nehmen wir die antreibenden Geister verändert wahr und müssen sie neu von den behindernden unterscheiden, ohne uns von Zuneigung oder Ablehnung anderer abhängig zu machen. Keine Entscheidung ist grundsätzlich richtig oder falsch. Auch achtenswerte Entscheidungen können keine Allgemeingültigkeit haben, selbst wenn sie uns erstrebenswert erscheinen.

Versucht einmal, die mich antreibenden Geister in vier Alltagssituationen zu unterscheiden und mein Verhalten kritisch zu untersuchen!

1.1 Eine neue Tarifrunde

Wie fast in jedem Jahr müssen Entlohnung und andere Arbeitsbedingungen wie die Arbeitszeit in der Tarifrunde zwischen den Arbeitenden, vertreten durch die zuständige Gewerkschaft, und dem Arbeitgeberverband neu ausgehandelt werden. Die Vertragspartner beraten intern über ihre Einschätzung der aktuellen Wirtschaftslage, die Höhe notwendiger Investitionen, ihre Gewinnerwartung, den Geldwertverlust und teilen ihre Ergebnisse als Forderung oder Angebot einander mit.

Die Frage unter den Arbeitnehmer:innen ist dann immer: Wie deutlich werden sie hinter den in der Gewerkschaft diskutierten Forderungen stehen? Werden sie notfalls einen Streik riskieren, der immer vorübergehend einen großen Verzicht für beide Seiten bedeutet: Gewinne schrumpfen, Aufträge werden nicht termingerecht beliefert – den Arbeitenden fehlen die Einkommen für sich und ihre Familien. Keiner der Beteiligten ist nur Zuschauer bei solchen Verhandlungen.

Kundgebung

Bei verschiedenen Gelegenheiten müssen die Arbeitnehmer:innen ihre Entschiedenheit öffentlich deutlich machen und zeigen, dass sie hinter den gewerkschaftlichen Forderungen stehen. Die

Arbeitgeberverbände greifen nach anderen Mitteln, um den Druck auf den Verhandlungspartner zu erhöhen.

In einem Jahr entschieden sich die Vertrauensleute in einem Berliner Industriegebiet[20] für einen Sternmarsch. Die Beschäftigten verschiedener Metallunternehmen machten sich auf den Weg zu einer zentralen Kreuzung im Stadtteil, die von den Firmen aus gut zu erreichen war. Dort sprachen die Vertrauensleute aus den Betrieben und bekräftigten ihren Willen, während der Verhandlungen und einem möglichen Arbeitskampf hinter den gewerkschaftlichen Forderungen zu stehen. Bei dieser Kundgebung ergriffen ein Kollege vom Werk auf der anderen Straßenseite und ich das Wort an die Versammelten. Wie weit konnten wir uns aus dem Fenster lehnen? In den Betrieben ist die Bereitschaft, die Mühen eines Arbeitskampfes zu riskieren und dem Druck der Gegenseite zu widerstehen, unterschiedlich groß.

Den Weg bis zum Ort der Kundgebung meldete die Gewerkschaft als Demonstration an, sodass wir mit beiden großen Gruppen die Straße zum Kundgebungsort nutzen konnten. Doch an den Rückweg dachte keiner. So ging ich am Ende der Kundgebung zu dem nächsten Polizisten und meldete unproblematisch eine Spontan-Demonstration für den Weg zurück an. Ein Polizeiwagen fuhr uns voraus. Vor den Werkstoren beendigte ich die Kundgebung, forderte alle auf, die Straße zu verlassen und wünschte dann den Mitstreiter:innen noch einen guten Arbeitstag.

Der Überfall

Als ich mich auf dem Bürgersteig vor dem Tor zu unserem Werk nochmals umdrehte, stiegen Polizisten aus dem Mannschaftswagen aus und gingen zu dem türkischen Kollegen vom Werk gegenüber. Wir hatten beide auf der Kundgebung gesprochen. Jetzt wollte die Polizei seinen Ausweis sehen. Da fragte er überrascht: „Warum?“ Daraufhin kamen andere Polizisten dazu,

---

[20] Siemensstadt im Bezirk Berlin-Spandau.

schlugen auf ihn und dann auch auf seine türkischen Kolleginnen und Kollegen ein. Dabei riefen sie: „Demonstriert in der Türkei!“ Ich lief zu den Betroffenen auf der anderen Straßenseite und konnte als Deutscher ruhig unter ihnen stehen. Mich griff kein Polizist an. Zurück an unserem Werkstor rechtfertigte eine Polizistin den rassistischen Überfall. Daraufhin sagte ich ihr ganz ruhig, dass ich diese Unterstützung ihrer wild gewordenen Kollegen nicht für angemessen hielt und suchte Abstand zu ihr. Später zeigte sie mich auf Weisung ihres Vorgesetzten an. Vielleicht wegen Beleidigung oder Widerstand. Das war mir egal. Zwei türkische Kollegen wurden anschließend ins Krankenhaus gebracht.

Einige Tage später ging der Berliner Vorsitzende der IG-Metall mit zwei Vertrauensleuten aus den beiden Werken zum Polizeipräsidenten von Berlin. Wir brachten unseren Protest über das Verhalten der Polizisten zur Sprache. Er empfing uns zusammen mit zwei Polizeioffizieren, die im Gespräch mehrmals wiederholten, dass sie bei ihren Kolleg:innen ein Fehlverhalten sahen. Der wohl taube Präsident stellte sich hinter die schlagenden Polizist:innen. Die unterdessen geschriebene Anzeige gegen mich lief weiter.

Da ich bald in Urlaub fahren wollte, beauftragte ich einen Rechtsanwalt, bei Gericht fristgerecht Widerspruch einzulegen. Ohne einen solchen Widerspruch bin ich sofort rechtskräftig verurteilt. Leider vergaß er meinen Auftrag. Die enge Frist war verstrichen, als ich zurückkam. Jetzt war ich zu einer Geldstrafe oder ersatzweise zu zehn Tagen Gefängnis verurteilt.

Konnte dieses Fehlurteil zurückgenommen werden?

Der Rechtsanwalt bekannte vor Gericht eidesstattlich, dass ihm die Fristversäumnis unterlaufen sei. Das Gericht sah die Schuld trotzdem bei mir, denn ich hätte einen anderen Rechtsbeistand nehmen können. Daraufhin wandte ich mich an den Petitionsausschuss des Landtages und bekam, ohne sichtbare Prüfung, zur Antwort, dass sie der Polizei vertrauen. Die Gewerkschaft bot mir an, die Strafe zu zahlen. Doch das erschien mir wie eine Schuldanerkennung, die ich nicht aussprechen wollte. Daraufhin wandte ich mich an die Frankfurter Rundschau, eine überregionale Zeitung. Dort erschien ein längerer Artikel zu dem Vorfall. Doch nichts bewegte sich bei der Justiz; meine Kritik wurde beiseitegeschoben. Ich wollte mich nicht freikaufen und ging deshalb termingerecht zum angegebenen Gefängnis in Berlin-Plötzensee.

Die Freiheit auch eine ungerechte Strafe anzutreten

Vor dem mich immer wieder beeindruckenden historischen Tor der Haftanstalt Plötzensee warteten einige der türkischen Kollegen. In einer kleinen Rede begann ihr Vertrauensmann zu sprechen: „Der Christian ist ein Löwe!" ‚Was heißt das auf Türkisch?', fragte ich mich. „Der geht für uns Türken ins Gefängnis," ergänzte er. Daraufhin wollte ich nichts mehr hören. Diese Worte erinnerten mich zu sehr an Jesus, der für uns zu Tode gequält wurde. Ich war kein Märtyrer. Ich wollte nur eine Ersatzfreiheitsstrafe an Stelle der Geldstrafe absitzen.

Etwas abseits stand der Polizist, bei dem ich die Spontan-Demonstration angemeldet hatte. Er beobachtete uns und von ihm erfuhr ich später, dass die gewalttätigen Polizisten Anhänger der Republikaner waren, also von der kleinen rechtslastigen Partei in West-Berlin. Da wurde mir deutlich, wie die Polizeibeamten meine türkischen Kollegen mit ihrem Ruf: „Demonstriert in Istanbul und nicht in Berlin!" einordneten. Sie wollten meine Kollegen und Kolleginnen des Landes verweisen. Etwas einfacher ausgedrückt: „Ausländer raus!"

Die Haft

Rasch ging ich durch das historische Tor, durch das auch die Widerständler unter Hitler gegangen waren. Sie wurden aus dem großen Gefängnis in Tegel hierhergebracht, um dann hier in diesem Gefängnis hingerichtet zu werden. Darunter war im letzten Jahr des Dritten Reiches, also zum Kriegsende 1945, mein Mitbruder Alfred Delp. Ich nahm seine richtungsweisenden Aufzeichnungen „Im Angesicht des Todes“ mit ins Gefängnis, um sie vor Ort nochmals zu lesen. Außerdem bat mich der prominente RAF-Gefangene Christian Klar, der in Süddeutschland seit vielen Jahren wegen Widerstand im Gefängnis saß, ihm zu schreiben, wie ich als Neuer die Haft erlebe.

Ich atmete erst einmal tief durch. Dieser Bericht war wie vieles andere jetzt nicht dran, später sollte Zeit dafür sein. Ich wurde in einen alten Gefängnisbau geführt, in dem die Todeskandidaten ihre letzten Stunden verbrachten. Innen war ein großer Raum mit zwei Galerien, dort sind die Eingänge zu den Zellen. Sie konnten alle von der Mitte des Baus aus eingesehen werden.

Zu meiner Zeit verbüßten in diesem Bau alle Gefangenen eine Ersatzfreiheitsstrafe, häufig wegen eines fehlenden Fahrscheins im Nahverkehr mit Bus oder Bahn. Alle durften sich im Gebäude frei bewegen. Zum Zählen wurden die Zellen zweimal am Tag von den Beamten verschlossen. Als Neuer kam ich zuerst in eine dreckige Empfangs-Zelle. Am nächsten Tag sollte ich in eine Gemeinschaftszelle verlegt werden.

Vieles war mir bekannt, denn ich besuchte häufig Gefangene. Doch dieser Rollenwechsel brachte mich emotional näher zu den vorher „nur“ von mir besuchten Menschen. Was ich schon wusste, erfuhr ich am eigenen Leib: Im Gefängnis werden Menschen von staatlichen Organen zum Schutz Einzelner und der Gesellschaft mit und ohne eigene Schuld ihrer Freiheit beraubt.

Die Realität

Am nächsten Morgen dröhnte der ganze Bau. Ich hörte viele Gefangene schreien. Was war geschehen? Später erfuhr ich, dass ein Gefangener aus einer Viererzelle von einem Zellenkollegen an seinem Entlassungstag zusammengeschlagen wurde. Sein Gesicht war nicht wiederzuerkennen, so wurde mir später erzählt. Der Gewalttäter wollte eine Zigarette von ihm haben, die er ihm verweigerte. Der ganze Raum war voll mit Zigarettenqualm, den wir den ganzen Tag einatmeten.

Morgens wurde ich in eine Einzelzelle verlegt, die mit einem Stockbett für zwei Personen eingerichtet wurde. Mein Zellennachbar kannte sich aus, er war wegen Schlägereien schon einige Male hier gelandet. Der Kollege, mit dem er zuvor auf der Zelle auch Bier braute, war am Tag vorher entlassen worden. Ich nahm jetzt seinen Platz ein. Alle Spuren der letzten Tage waren beseitigt und er sorgte rührend für mich, damit ich beim täglich einmaligen Empfang des Essens genügend Gefäße zur Hand hätte. Diese Solidarität schätzte ich sehr und ich versuchte, ihn nicht zu bedrängen, da ich ja aufgrund der Strafe wusste, dass er leicht zu reizen war und auch zuschlagen konnte.

Ich nutzte meine Zeit zum Lesen der mitgebrachten Bücher und besuchte andere Gefangene. Diese Gefangenenbesuche ohne Distanz waren für mich eine besondere Freude. Sonst bin ich als Besucher immer in einer privilegierten Situation, da ich das Gefängnis nach dem Besuch wieder verlassen kann. Ein Mitgefangener lud mich täglich zu einer Demonstration ein, wie er den Hofgang mir gegenüber nannte. Er kannte meinen Haftgrund. Sonst waren für ihn Demonstrationen offensichtlich eine fremde Welt. Mit ihm kam ich regelmäßig aus dem verqualmten Bau heraus.

Einige Begegnungen warteten in der Haftzeit auf mich:

a) Willibald Jakob, ein Arbeiterpastor mit den Privilegien eines Bundestagsabgeordneten der PDS besuchte mich.
b) Ich entdeckte einen jungen sympathischen Türken aus meiner Wohngemeinschaft. Nach vielen Diebstählen hatte ich ihm bei uns Hausverbot erteilt. Hier erwartete er von mir, dass ich ihm seine Strafe bezahlte, ihn also freikaufte, was ich aber nicht tat.
c) Für den lebenslang einsitzenden RAF-Gefangenen Christian Klar in Süddeutschland schrieb ich meine Erfahrungen aus dem Gefängnis auf.
d) Außerdem beantwortete ich die Post, die ich aufgrund des Zeitungsberichtes in der Frankfurter Rundschau bekam.

Besonders herausfordernd war für mich, dass die ehemalige Hinrichtungsstätte mitten im Gefängnisbereich lag. Eine Mauer trennte uns von den Besuchern des Mahnmals zur Erinnerung an die Widerstandskämpfer, die hier ermordet wurden.

Die zehn Tage waren für mich ausgefüllt. Ich durchlief sie neugierig mit viel Freude und Angst. Da die Türen der Zellen Tag und Nacht, bis aufs Zählen, nicht verschlossen wurden, konnte ich auch in der Nacht von dem verärgerten ehemaligen Mitbewohner belästigt werden. Außerdem musste ich befürchten, dass ich den Zellennachbarn unbeabsichtigt in eine Ecke drängte und er die Kontrolle über sich verlieren konnte. Manchmal reicht schon ein Missverständnis oder ein mir nicht bekanntes Reizwort.

Mit einem überraschenden Ende

Mit einer Überraschung, wie ich sie auch in Straßenexerzitien oft erlebe, endete die Zeit in Plötzensee: An meinem letzten vollen Gefängnistag suchte mich mein Zellenkollege. Er fand mich auf einer Zelle im Gespräch, also bei einem Gefangenenbesuch, und bat mich, auf unsere Zelle zu kommen. Da staunte ich nicht schlecht: Auf dem Tisch standen zwei Teller mit Sahne-Kuchen und zwei Tassen Kaffee. Als erfahrener Insasse trieb er diese Köstlichkeiten irgendwo auf.

Ich sollte mich setzen. Abschied war dran. Ich setzte mich. Doch er ließ Kaffee und Kuchen stehen und ging. Der Abschied fiel ihm zu schwer. Eine beglückende und schmerzhafte Erfahrung für mich und wohl auch für ihn. Außerhalb der Anstalt sahen wir uns nie wieder.

Wieder in Freiheit

Am nächsten Tag ließ ich ihn und viele andere zurück, ging durch das Gefängnistor. Verwundert stand ich wieder in der Welt außerhalb der Mauern. Schon diese kurze von der Freiheit entfremdete Zeit prägte mein weiteres Leben. Überraschend nahmen mich ehemalige Gefangene solidarisch in ihre Reihen auf und die Mitbürger, die sich schwer vorstellen können, einmal inhaftiert zu werden, nahmen meine Erzählungen aus der Haft nicht fürwahr, manche suchten Abstand von mir.

Ein Blick zurück: Was ist mir wichtig geworden?

Die Aktion zusammen mit den Beschäftigten aus den anderen Werken vor Ort holte uns aus der am Arbeitsplatz oft unterwürfigen Situation der Vereinzelung gegenüber den Vorgesetzten heraus und ermutigte mich in dieser Situation, selbstbewusst eine Spontan-Demonstration anzumelden. Die Polizisten spürten unsere Kraft und ärgerten sich über ihren Dienst, der auch türkischstämmige Menschen schützte. Sie distanzierten sich von der ihnen grundgesetzlich zugemuteten Gleichheit aller Menschen durch ihren Angriff auf meine türkischen Kollegen. Ihr Handeln erforderte von mir eine mit den Opfern solidarische Reaktion, bei der mir die Angst vor den bewaffneten Polizisten genommen wurde. Mir waren die Grundsätze kollegialen Handelns wichtig: die gemeinsame Betroffenheit spüren, Tendenzen der Spaltung entlarven, die Möglichkeiten der rechtsstaatlichen Konfliktlösung nutzen, das direkte Gespräch suchen und bei mangelnder Einigkeit die Öffentlichkeit informieren. Nach dem Scheitern dieser Schritte, die von vielen unterstützt werden können, war noch der gewaltlose Schritt möglich: Die ungerechte Strafe annehmen! Damit verliert diese Ausgrenzung ihre diskriminierende Kraft und unterläuft die Trennung zwischen denen, die keiner Schuld überführt werden, und den Inhaftierten. Neue Erfahrungen der Einheit werden möglich. Und die Freude über das besondere Abschiedsgeschenk ist kaum zu beschreiben: Ein Kaffee mit Sahne-Kuchen auf die Gleichheit aller.

1.2 Das darf nicht wahr sein!

Nach dem Fall der Mauer wurde in Berlin das leere Gefängnis in Köpenick aufwändig zur Abschiebehaftanstalt für das Land Berlin umgebaut. Die Nachricht weckte mich und ich besuchte den Ort regelmäßig mit Freunden. Wir trafen uns dort alle drei Monate und hielten jeweils eine Mahnwache ab. Als die ersten Menschen eingeschlossen wurden, winkten sie uns zu.

Mangelnde Gastfreundschaft Fremden gegenüber ist ein dunkler Fleck in unserer deutschen Geschichte, der auch durch die Abschiebepraxis in Krisengebiete deutlich wird. Der Staat schiebt Flüchtlinge in Länder mit vielen Repressalien gegen Andersdenkende ab, in durch Kriege verwüstete Länder oder in Gebiete, die durch unseren unverantwortlich hohen Verbrauch von fossilen Brennstoffen klimatisch gezeichnet sind. Dort leben Menschen, die schon während der Zeit der Kolonisation nicht als ebenbürtig geachtet wurden.

Mich schmerzt unsere überhebliche Einseitigkeit, die Grenzen für Flüchtlinge zu schließen. Vergessen wir da nicht unsere eigene Geschichte? Und wir wollen unsere Güter überall mit Gewinn verkaufen. Wir wollen alle Länder der Welt besuchen, um unseren Bildungshunger zu stillen.

In der Regel werden wir weltweit freundlich aufgenommen, nicht nur die Zahlungskräftigen von uns. Angesichts dieser großen Gastfreundlichkeit in armen Ländern erlebe ich mein Land mit seinem oft erbeuteten Reichtum dagegen Fremden gegenüber als abweisend.

Die tragende Ausrichtung

Einige Bibelzitate zeigen, dass das Zusammenleben mit Fremden zu unseren christlich-jüdischen Wurzeln gehört:

„Als über das Land eine Hungersnot kam, zog Abraham nach Ägypten hinab, um dort zu bleiben.“ (Gen 12,10) Die Folgerung aus dieser Erfahrung: „Den Fremdling sollt ihr nicht bedrücken, denn ihr seid auch Fremdlinge in Ägypten gewesen!“ (Lev 19,33 f)

Elischa sagte bei einer Hungersnot: „Mach dich auf, zieh mit deiner Familie fort, und halte dich irgendwo in der Fremde auf. Suche Schutz vor der Hungersnot.“ (2 Kön 8,1)

Und im Neuen Testament steht: „Es gibt nicht mehr Juden und Griechen, nicht Sklaven und Freie, nicht Mann und Frau, denn ihr seid einer in Christus Jesus.“ (Gal 3,28)

Jesus sagt zu seinen Jüngern: „Ich war hungrig und ihr habt mir zu essen gegeben, ich war durstig und ihr habt mir zu trinken gegeben, ich war fremd und obdachlos und ihr habt mich aufgenommen.“ (Mt 25,35 ff) Es lassen sich noch viele andere Stellen finden, die uns an die Fremden als unsere Geschwister verweisen.

Vor dem Gefängnis

Diese Leitsätze forderten mich heraus, regelmäßig Menschen, die oft verzweifelt nach einer Unterkunft suchten, in unserer Wohngemeinschaft aufzunehmen und ein friedliches Zusammenleben untereinander zu fördern. Im Laufe der Zeit lebte ich auf diese Weise in unserer Wohnung mit Menschen aus über siebzig Ländern zusammen.

Fremde fragen wir nicht nach ihrer Herkunft, wie es die Polizei in kritischen Momenten tun muss. Der Andere ist zuerst einmal ein Mensch, dem ich in der Begegnung meine Aufmerksamkeit schenken und von dem ich mich ansprechen lassen möchte. Ein besonderes Geschenk ist es, wenn wir uns vertrauensvoll die Hand geben, einander den Frieden wünschen oder uns sogar umarmen können. Dies geschieht schon vor einer innigen Freundschaft; wir üben im Alltag, dass die Rollen von Fremden und Einheimischen, von Gebenden und Empfangenden nicht festgelegt sind. Spätestens dann fallen alle Mauern und Masken, hinter denen wir uns gern verstecken, und wir können uns so begegnen, wie wir sind, von Mensch zu Mensch ohne Rangunterschiede.

Mein Leben veränderte sich

Wie möchte ich als Fremder behandelt werden? Die Antwort auf diese Frage zeigt den Weg zu einem guten Zusammenleben. Keinem ist geholfen, wenn wir routiniert die Frage nach der Herkunft stellen. Warum soll sich der Fremde als Erster offenbaren? Soll er erzählen, warum er aus seiner Heimat fliehen, welche furchtbaren Dinge er auf der Flucht erleben musste oder wie er aus der Haft entkam und nun von der Polizei gesucht wird? Keiner möchte wohl, dass schamhaft bedeckte Lebensabschnitte offengelegt werden. Und wer will von solchen Ereignissen sofort vor noch fremden Menschen sprechen?

Als Einheimische können wir einen Raum des Vertrauens öffnen, damit die notwendigen Bedürfnisse im sozialen oder medizinischen Bereich angesprochen werden können. Darüber wird das Vertrauen untereinander wachsen und werden auch schmerzhafte Lebenssituationen aus der Heimat zur Sprache kommen, die wir im Norden seit der Zeit der Kolonisation gern verdrängen. Denn oft müssen Menschen fliehen, weil die wirtschaftliche und politische Dominanz aus unseren Nordländern sie dazu drängt. Oft verlieren sie ihren Lebensraum durch eine auf unseren Markt ausgerichtete Landwirtschaft. Darüber hinaus zerstören vom Norden angezettelte Kriege ihre Länder oder die bei uns praktizierte Wirtschafts- und Lebensform führt zur Erderwärmung, durch die ihre Länder verwüstet oder überschwemmt werden.

Immer wichtiger wurde uns die Auseinandersetzung mit diesen Themen, auch durch Kundgebungen, Streiks, manchmal sogar mit der Wohngemeinschaft zusammen. Mit diesen Erkenntnissen brachten wir uns demokratisch ein.

Mahnwachen vor der Abschiebehaft

In diesem Prozess gehörten die regelmäßigen Mahnwachen vor der Abschiebehaft, mit ihren vielen emotionalen Begleiterscheinungen, zu unserer Weiterbildung. Darüber hinaus wurden sie für mich mit dem dabei erfahrenen Schmerz zu lebendigen Gottesdiensten, in denen der Aufschrei über das stattfindende Unrecht laut wurde.

Befreundete Gefängnisseelsorger gaben uns die Namen von Gefangenen, die einen Besuch wünschten. Mit diesen Namen bekamen wir Einlass und konnten einige der inhaftierten Menschen aus fernen Ländern nach der Mahnwache vor dem Tor in der Haft besuchen und dann die Not der erpressten Rückkehr körperlich mitfühlen.

Lockten wir im Norden diese Menschen in ihrer Not mit unserem Wohlstand und dem Unsichtbarmachen von Armut in unsere Länder? Mag sein, doch jetzt müssen wir ihre Abschiebung in oft lebensbedrohliche Situationen verantworten. Hören wir ihre Not und suchen ehrlich nach einer Antwort. Brechen wir mit ihnen das Brot, wie Jesus es noch als Auferstandener mit uns teilte.

Wir stehen auch vor einem Dilemma: Es mag sein, dass einzelne Menschen beim Verlassen der Heimatländer kriminelle Beweggründe hatten. Jedenfalls sind die Methoden ihrer Verdrängung aus Europa kriminell. Wenn dieser Aspekt vor dem Gefängnistor angesprochen wird, dann ist der Dienst Gottes an uns Menschen mit beiden Händen greifbar. Gott lebt auf der Seite der Unterdrückten. Hier können wir uns in seine Nachfolge rufen lassen und beten, dass wir wieder aufstehen, wenn wir im Ringen um eine gerechtere Welt gefallen sind.

Am neuen Ort

Nachdem das Gefängnis 2016 geschlossen wurde, wurden abgelehnte Flüchtlinge in ihren Unterkünften verhaftet und umgehend aus dem Land geflogen. Nun werden wieder die „Herren im Morgengrauen“[21] ausgesandt, die Menschen für die Flüge fristgerecht einzusammeln. So war die Abschaffung des Gefäng-

---

[21] So wurden die in der Dunkelheit ausgesandten Polizisten im Dritten Reich genannt.

nisses in Berlin-Köpenick kein Grund zum Feiern. Die Sammelflüge nach Afghanistan und in andere Kriegsgebiete gehen weiter.

Außerdem wurde ein neues Gefängnis auf dem Flughafengelände in Berlin-Schönefeld bezogen. Glaubten die Verantwortlichen, dass wir das Verstecken dieses Gefängnisses nicht bemerken?

Ich meldete auch dort eine Mahnwache an, um hinsehen zu können. Freiheitsentzug durch den Staat ist keine Privatsache. Wir wollten als Bürger und Bürgerinnen Genaueres wissen, um totalitäres Verhalten missbilligen zu können. Doch das wurde uns verboten. Der Flugplatz sei Privatgelände. Aber wie kann ein vom Staat verwalteter Platz privat sein?

Meine Anklage

Jetzt spürte ich in mir ganz deutlich, dass ich dagegen Klage einreichen musste. Ich hatte etwas bemerkt, über das ich nicht einfach hinweggehen konnte. Das Amtsgericht in der Nähe des Flughafens wies die Klage ab. Dem widersprach ich in der zweiten Instanz vor dem Landgericht. Dies sah mein Anliegen als rechtmäßig an und ließ eine Berufung vor dem Bundesgericht in Karlsruhe ausdrücklich zu.

Prozesse mögen eine Tendenz zur Rechthaberei unterstützen. Aber sollte ich jetzt den kostspieligen Weg aufgeben? Mein Berliner Rechtsanwalt hatte keine Zulassung am Gericht in Karlsruhe. Aber er fand einen dort zugelassenen Kollegen, der die Klage weiter vorantreiben wollte. Der war siegesgewiss und erließ mir vorab die Bezahlung seiner Arbeit. Andere brachten vorübergehend das Geld für die Prozesskosten auf.

Bei dem Grundsatzprozess in Karlsruhe war ich nur ein Zuschauer, denn das Gericht kam wie üblich mit einem Urteil unter dem Arm in die Verhandlung und fragte die Rechtsanwälte beider Seiten, ob sie die vom Gericht vorgetragene juristische Argumentation ergänzen wollten. Der Professor, der den Flughafen vertrat, argumentierte etwas naiv mit der sicherlich richtigen

Aussage: „Das Gelände des Flughafens sei kein schöner Ort, um zu flanieren." Das waren seine Worte über eine Protestveranstaltung. Daraufhin fragte ihn die Vorsitzende Richterin direkt, ob dort eine Straße sei. Der Zaun um das Flughafengelände interessiere sie nicht. Ja, da ist eine Privatstraße des Flughafens außerhalb des Flugfeldes, gab der Professor kleinlaut zu.

Die Antwort der Vorsitzenden Richterin ließ nicht lange auf sich warten: „Wenn dort eine Straße ist, dann können Menschen dort auch ihre Meinung sagen." Dies kennzeichnet eine Straße nach dem Gesetz.

Ein Blick zurück: Was ist mir wichtig geworden?

Ich erinnerte mich an meine Zeit in Frankreich, wo ich anfangs ohne Sprachkenntnisse lebte und in dem fremden Land auf Hilfe angewiesen war. Jetzt wollte ich den hier nicht geduldeten Menschen meine Solidarität zeigen. Mir wurden die Abschiebegründe und die Lage in den fernen Ländern bekannt. Außerdem hatte ich in unserer Wohngemeinschaft Kontakt mit Menschen, die in diesem Gefängnis inhaftiert waren und nach einem Einspruch oder wegen fehlender Kooperation der Heimatländer entlassen werden mussten. Viele Gruppen in der Gesellschaft beschäftigen sich mit der weltweiten Migration und der Notwendigkeit einer Flucht aus lebensbedrohlichen Situationen.

Der direkte Kontakt mit Abschiebehäftlingen gab uns die Möglichkeit, dass sich ihre Hilflosigkeit in unseren Gefühlen widerspiegelte. Wir konnten sie in uns spüren. Diese gesellschaftliche Weiterbildung vor dem Gefängnistor wurde mir immer wichtiger. Ich vertiefte meine Wahrnehmung durch entsprechende Lektüre und Diskussionen. Ich spürte die Zerrissenheit unserer Gesellschaft.

Dramatisch wurde die Situation, als uns dieser Ort vor dem Gefängnis genommen wurde und der Staat das neue Abschiebegefängnis auf dem Gelände des Flughafens versteckte. Nach den vielen Mahnwachen in Berlin-Köpenick berührte mich diese Notiz in der Zeitung unmittelbar. Darum war mir klar: Hier muss ich reagieren. Menschen an anderen Orten müssen anderswo reagieren, wenn sie unberechtigte staatliche Übergriffe bemerken.

So setzte ich mich zuerst mit der Situation und möglichen Aktionsformen auseinander. Zusammen mit Freunden sondierte ich unsere Möglichkeiten. Ich wollte keinen Turm bauen, der später als Ruine im Land steht, weil die Mittel zur Fertigstellung nicht reichten, wie es Jesus in einer Predigt sagt (Lk 14,28).

Irgendwann war dann eine mutige Entscheidung nötig: Gegen den Staat zu klagen ist für einen einzelnen Bürger ein großes Gegenüber. Und diese Entscheidung musste bei dem langen Klageweg wieder und wieder überprüft werden. Der Klageweg führte von Gericht zu Gericht. Meine Motivation musste ich jedes Mal ehrlich ansehen, denn ich wollte mich als Kläger nicht in Rechthabereien verrennen. Auch der finanzielle Aufwand musste angemessen bleiben. Da tauchten unterschiedliche Geister in mir und in den Beziehungen zu anderen Menschen auf.

Am Schluss entdeckte ich in dem Urteil des Bundesgerichtes sogar religiöse Hinweise. Mir wurde die Eigenschaft einer Straße vor dem Gesetz erklärt. Sie bleibt ein öffentlicher Ort, selbst wenn das Gelände umzäunt ist. Da erinnerte ich mich an das Wort Jesu: „Ich bin Straße, Wahrheit und Leben." (Joh 14,6) Die Straße bildet in unserer Welt mit ihrer Offenheit für alle Menschen und Meinungen die unbegrenzte Gegenwart Gottes ab.

Diese Dramatisierung wird vom Gericht bei der Wahrheitssuche genutzt, in schwierigen Situationen wird die Gegenwart Gottes im Eid angesprochen. Mit diesem expliziten Gottesbezug werden Falschaussagen höher bestraft.[22]

1.3 Den Dank einer mittellosen Frau annehmen

Eine gegenüber Autoritäten eher schüchterne junge Frau wollte sich überraschend und aus meiner Sicht völlig überflüssig für die Aufnahme in unsere Wohngemeinschaft bedanken. Doch mit

---

[22] Vgl. § 153 und 154 StGB.

was konnte sie ihre Freude angemessen verdeutlichten? Da hatte sie eine Idee: Sie schrieb dem Bundespräsidenten und bat ihn, mir ein Bundesverdienstkreuz zu überreichen. Dem Brief legte sie erläuternd das Buch „Gastfreundschaft" von unserer Wohngemeinschaft bei.[23] Ich weiß keine weiteren Einzelheiten über das Verfahren. Die Überraschung glückte: Der Bundespräsident schickte seinen Staatssekretär, der sich zum Besuch in unserer Wohnung anmeldete. Dass es bei uns nicht immer aufgeräumt ist und wir ihn auch nicht standesgemäß empfangen konnten, störte mich nicht.

Doch mein Schweizer Mitbruder warf ein, dass sich ein Orden für einen Ordensmann nicht ziemt. Sollte ich den Orden annehmen? Ich hatte damit kein Problem. Mir war wichtig: Ich könnte ihn aus Protest jederzeit zurückgeben, wenn die Regierung etwas in meinen Augen Rassistisches oder anderweitig Diskriminierendes beschließen würde. Doch mit solch einer reservierten Haltung würde ich das Anliegen von der jungen Mitbewohnerin unserer Wohnung verletzen. Sie wollte mir doch eine Freude machen. So schob ich die Versuchung, den Orden nur taktisch anzunehmen, wieder zurück. Dann sollte ich ihn lieber sofort zurückweisen.

Unsere Wohngemeinschaft

Wir lebten in unserer Wohnung mit Menschen aus unterschiedlichen Ländern zusammen. Darunter waren auch Menschen ohne gültige Ausweispapiere. Von einigen wusste ich dies, bei anderen konnte ich es mir denken. Da kam die Sorge auf, dass ihre Ängste vor einer Abschiebung durch den hohen Besuch genährt werden könnten. Ich ließ diese Sorge los. Sah ich die eher schüchterne Danksagende, dann freute ich mich über ihre Fan-

---

[23] Gastfreundschaft. Der ständige Wechsel vom Gast zum Gastgeber und wieder zum Gast. Textsammlung zum 25jährigen Bestehen der Wohngemeinschaft Naunynstraße und darin der Jesuitenkommunität Kreuzberg, Berlin 2004.

tasie. Der Nebel der Angst löste sich langsam auf. Doch er erinnerte mich an meine Verantwortung den Mitbewohnern gegenüber. Auf ihren Schutz wollte ich achten.

Schließlich kam wirklich der angekündigte Besuch des Staatssekretärs des Bundespräsidenten in unserer Wohnung. Aufregend. Wir begrüßten ihn wie jeden anderen Menschen und boten ihm einen Kaffee an. Dann sollten wir etwas von unseren Erfahrungen in der Gemeinschaft erzählen. Was ist uns wichtig geworden? Mit welchen Worten sollten wir davon erzählen? Das Gespräch kam in Gang. Unser Sprechen wurde freier. Irgendwann überreichte er mir wirklich ohne jedes Pathos das Bundesverdienstkreuz. Es war mir immer noch peinlich, den Orden alleine anzunehmen, denn die Gemeinschaft wird von vielen mit ihren unterschiedlichen Begabungen getragen. Abschließend konnten wir uns alle im Frieden von dem Staatssekretär verabschieden.

Der Staatssekretär kam noch einmal

Vor Weihnachten kam der Staatssekretär zu einem zweiten Besuch und brachte ein praktisches Geschenk mit: Einen Korb mit einer Ente und vielen anderen guten Lebensmitteln für das Fest. Später bat ich ihn einmal um Unterstützung bei der Eingliederung eines Freundes aus Afghanistan, der eine Ausbildung suchte. Schließlich kam er ein drittes Mal, weil er sich bei uns wohlfühlte und diese Freude mit einem Mitarbeiter teilen wollte. Bei der nächsten Wahl verlor seine Partei die Mehrheit im Parlament und er seinen Posten.

Ein Blick zurück: Was ist mir wichtig geworden?

Der Schwerpunkt liegt in dieser Geschichte für mich darin, das Geschenk von der jungen Frau nicht nur taktisch anzunehmen, sondern es zu würdigen. Viele Gründe fallen mir ein, in innerer Distanz zu bleiben. Mir ist die Annahme der Ehrung peinlich.

Wie kann ich mich wirklich darüber freuen? Da stoße ich wohl auf eine Versuchung, anderen zu danken, doch den Dank für das eigene Leben zu übersehen – dieses große Geschenk Gottes.

Die zweite Versuchung sehe ich im Ablösen des Geschenkes von derjenigen, die den Einfall hatte und sich mit ihrem Anliegen mit großem Mut an den Bundespräsidenten wandte. Sie ist die Schenkende. Durch ihre Kreativität bekam ich diese Auszeichnung.

Meine Mitbewohner gönnten sie mir und freuten sich mit mir.[24] Doch bleibt da etwas Delikates oder gar Peinliches: Bin ich dieser Auszeichnung würdig oder lenkt sie mich eher ab von den Werten, die mir wichtig sind? Da bleiben viele Fragen offen. Nachdem ich einmal diese Zweifel hinter mir gelassen hatte, wurde der Staatssekretär zu einem achtenswerten Menschen, zu einem Gegenüber, der Interessen hat und dem ich interessiert begegnen konnte. Wie oft bleiben wir in der Scheu vor dem anderen so auf Abstand, dass eine Begegnung nicht zustande kommt.

1.4 Ratlos über ein lange unerkanntes Verbrechen

Aufgrund der berufsbedingten Versetzungen meines Vaters wechselte meine Familie häufig den Wohnort und wir Kinder die Schule. So besuchte ich Schulen mit mathematischer und sprachlicher Ausrichtung in diversen Bundesländern jeweils mit unterschiedlichen Curricula. Mit meiner eingeschränkten Begabung kam ich irgendwann an meine Grenzen. So sehr sich meine Eltern um einen Ausgleich bemühten, entstand bei mir ein Schultrauma.

Mit dieser Vorgeschichte befreundete ich mich in Berlin mit meinem Mitbruder Klaus Mertes, der Lehrer und Rektor am Canisius-Kolleg war. Wir lernten voneinander. Ich hörte von seinen Erfahrungen aus der Schule, in der es durch das Machtgefälle zwischen Jugendlichen und Lehrern leicht zu Machtmiss-

---

[24] Aufgrund dieser Auszeichnung wurde später ein Betrag über meine Person bei Wikipedia akzeptiert.

brauch kommen kann und auch gelegentlich kam. Insbesondere hörte er immer wieder Gerüchte über ehemalige Lehrer, auch Jesuiten, die in den 70er Jahren am Kolleg unterrichtet hatten. Sie bezogen sich auch in allgemeiner Form, allerdings nicht konkret auf sexualisierte Gewalt. Er wurde immer sicherer, dass diese Gerüchte nicht aus der Luft gegriffen waren. Und ich hörte von diesem Machtmissbrauch auch auf dem Hintergrund meiner oft sehr demütigenden Erfahrungen in der Fabrik. Da herrscht die Logik der Geldvermehrung und lebenswichtige Bedürfnisse werden oft brüsk beiseitegeschoben. Doch dort gibt es Gewerkschaften, die diese Machenschaften immer mal wieder aufdecken. Ich hatte noch keine Ahnung von der Größe des gesellschaftlichen Konflikts, mit dem ich hier in Berührung kam.

Die Wende

Drei gestandene Männer kamen im Januar 2010 zu Klaus Mertes. Sie erzählten, dass sie in den 70er Jahren an seiner Schule als Jugendliche von zwei Jesuiten-Lehrern missbraucht wurden. Sie beschrieben den Missbrauch konkret, sodass Klaus nun ein Bild davon hatte, was passiert war. Und sie baten ihn um die Adressen ihrer Mitschüler (Mädchen gab es in den 70er Jahren an der Schule noch nicht). Er konnte ihnen sagen: Ich glaube Euch! Doch ich schreibe den ehemaligen Mitschülern selbst, dass auch sie mit ihren Vorwürfen bei mir am richtigen Ort sind und ich ihren Vorwürfen verantwortlich nachgehen werde.

Diese Antwort bedeutete eine Wende in seinem Leben und auch in meinem. Seine ehrliche und engagierte Antwort, wie auch den Brief an die betroffenen Schülerjahrgänge griff die Presse auf. Ein Sturm der Empörung entlud sich gegen ihn. Auch die Schule mit den heutigen Schüler:innen wurde zur Zielscheibe. Das gesellschaftliche Ausmaß dieser Verbrechen wurde dadurch noch deutlicher. Keine Institution konnte mehr davon ausgehen, dass Kinder in ihrem Bereich vor solchen Übergegriffen geschützt sind. Aber diese Erkenntnis half denen, die von einem solchen Verbrechen gezeichnet waren, nicht weiter.

Auf den Knall nur wenig vorbereitet, fanden wir beide im dichter werdenden Sturm der Entrüstung unterschiedliche Schwerpunkte. Ich lud meine Ordensbrüder in die große Berliner Kirche „Regina Martyrum" zu einer Bußfeier ein, in der wir Jesuiten mit unserer offenbar gewordenen Schuld vor Gott treten wollten. Wir nahmen uns auch Zeit für den Austausch. Die damaligen Einzeltäter waren noch nicht alle bekannt. Jetzt überschlugen sich die Ereignisse, die ich von meinem Arbeitsplatz in der Fabrik mit einem gewissen Abstand verfolgte. Doch ich empörte mich über das zugefügte Leid mit den Betroffenen immer mehr und mir wurden eigene Sicherheiten aus der Hand geschlagen: Hatte ich mit den Taten und dem Nichterkennen wirklich nichts zu tun?

Eine neue Sicherheit

Diese Sicherheit, angeblich nichts damit zu tun zu haben, entlarvte ich in mir als Scheinheiligkeit. Ähnliche Prozesse kannte ich von den Besuchen im Gefängnis. Da wusste ich auch nicht, wer im Leben schuldiger geworden war: Der Gefangene der RAF, der mit seinem Mord auf einen Missstand aufmerksam machte, oder ich, der ich mich anderen Fragen im gesellschaftlichen Einklang zuwandte. Ich versuchte auf diesem schwankenden Boden Ruhe zu bewahren und ein offenes Ohr für meinen arg bedrängten Freund zu behalten und mich mit ihm von der Situation zumindest in der zweiten Reihe betreffen zu lassen.

Unheilige Macht

Ein klärendes Buch zu den Vorgängen sollte geschrieben werden. Ich sagte in Solidarität mit den von diesen Verbrechen Betroffenen meine Mitarbeit zu.[25] Wir bekamen heftigen Gegenwind und ich begriff noch mehr das Ausmaß dieser Verbrechen,

---

[25] Godehard Büntrup, Christian Herwartz, Herrman Kügler, Unheilige

die wir offenlegen wollten. Den Tätern kamen wir mit dem Buch nur bedingt auf die Spur. Als es verlegt wurde, entschloss ich mich für alle, die noch etwas zu diesem Thema beitragen wollten, einen Blog mit dem Titel des Buches „Unheilige Macht" im Internet zu starten.[26]

Das Ringen mit dieser Wirklichkeit ging weiter. Ich wurde vor Gericht gezogen, denn ich gab die mich erreichenden Beschuldigungen an die dafür zuständige Stelle weiter. Für zwei der Opfer war dies „Geheimnisverrat". Der gemeinsame Rechtsbeistand, der den Konflikt wohl antrieb, griff mich auf dem Blog einige Male persönlich an; einmal sah ich seine Kritik ein und löschte auch aufgrund seiner Drohungen meinen Eintrag.

Ein Blick zurück: Was ist mir wichtig geworden?

Ich lebte an einem Wendepunkt: Die Aufdeckung des verbrecherischen Machtmissbrauchs, der die ganze Gesellschaft betrifft, hier unter besonders verwerflichen Bedingungen: in einer kirchlichen Schule an Minderjährigen. Das ist wirklich unheimlich. Ich hatte dieses Verbrechen nicht bemerkt, ich kannte das überhebliche autoritäre Verhalten der Beschuldigten, das mich schon lange anekelte. Ich ging diesen Mitbrüdern aus dem Weg.

Ich fragte mich: Kann mir so etwas auch passieren? Wo sind bei mir Ansatzpunkte, die Grenzen der Achtung von Kindern oder Erwachsenen zu überschreiten? Empöre ich mich zu schnell über das Fehlverhalten der nun im Rampenlicht stehenden Mitbrüder? Die Vergebung dieser Schuld ist aus einem oberflächlichen Mitleid heraus nicht möglich.

Ist sie überhaupt möglich? Von Betroffenen kann sie nicht verlangt werden. Aber andererseits ist niemand geschützt vor der Versuchung, Täter zu werden. Wie kann ich dieser Ver-

---

Macht – Der Jesuitenorden und die Missbrauchskrise, Kohlhammer 2012.

[26] https://unheiligemacht.wordpress.com.

suchung auf die Spur kommen? Dadurch, dass ich mich meiner eigenen dunklen Seite und auch meinen eigenen Verletzungen stelle. Wenn ich das nicht tue, bin ich wie die Jünger Jesu mit Blindheit geschlagen, und Jesus steht fassungslos vor mir. „Begreift und versteht ihr immer noch nicht? Ist denn euer Herz verstockt? Habt ihr denn keine Augen, um zu sehen und keine Ohren um zu hören? Erinnert ihr euch nicht?“ (Mk 8,17f)

Das Engagement meines Mitbruders Klaus Mertes wird bis heute von diesem Ereignis nachhaltig geprägt, weil er den Betroffenen glaubte, weiterhin als Pädagoge die Zusammenhänge erforschte und häufig Stellung nahm in der Kirche und Gesellschaft. Das macht mich sehr froh und ich bin bereit, ihn dabei mit meinen Kräften zu unterstützen.

1.5 Einwurf: Gemeinsames Entschlüsseln der Erfahrungen

Sehe ich allein auf die geschilderten Erfahrungen, dann befinde ich mich, bildlich gesprochen, wieder in der geschützten Fruchtblase vor der Geburt. Zwar fühle ich die damaligen Emotionen, die Schmerzhaften und Schönen. Doch ich bleibe regelmäßig in der Rechtfertigung meiner Entscheidungen gefangen. Mir fehlt das Gegenüber, das nachfragt und auf andere Blickwinkel aufmerksam macht. Das ist das große Geschenk in Exerzitien: Im vertrauensvoll sondierenden Gespräch können befreiende Ansätze herausgestellt und unterstützt werden. Ich bin sehr dankbar, in Exerzitien immer wieder ein solches Gegenüber zu haben. Auch das Erkennen meiner Schwachpunkte hilft mir weiter, besonders wenn sie den Weg zur Umkehr aufzeigen.

Die Straße zum Leben braucht beides: Die stimmigen Erfahrungen, die uns ermutigen, dankbar weiterzugehen, und die schmerzhaften Erfahrungen, mit denen wir lernen, Nein zu sagen und das Ja zum Leben im Alltag zu schützen. In der kirchlichen Tradition ist dieses Nein die Voraussetzung, um zur Taufe, also zum lebensbejahenden Ja, und damit in die Gemeinschaft der Gläubigen zugelassen zu werden. Darum die dreifache Frage vor der Taufe: „Widersagt ihr dem Bösen, um in der Freiheit der Kinder Gottes leben zu können? Widersagt ihr den Verlockungen des Bösen, damit es nicht Macht über euch gewinnt? Widersagt ihr dem Satan, dem Urheber des Bösen?" Ohne dieses schützende Nein zum alten Leben (z.B. als Drogenabhängiger) wäre das gesprochene Ja schnell in Gefahr, wieder vergessen zu werden. Der Same ginge auf, doch ihm würde der Boden fehlen, um zu wachsen (vgl. Mk 4,1–20).

Deshalb sollten wir auf solche Orte, in denen wir ins Gespräch kommen und auch kritisch in Frage gestellt werden, besonders achten.

Wir sollten gute Gesprächspartner suchen, die uns helfen, die uns hin- und herzerrenden Geister zu unterscheiden und auch die Wege zum Lösen der Konflikte zu suchen und zu gehen. Ähnlich wie andere Fertigkeiten muss auch diese[27] geübt werden. Ein möglicher Übungsraum bietet sich in den Exerzitien auf der Straße an. Dort werden Gespräche möglich unter Menschen mit recht unterschiedlichen Meinungen und Lebensentwürfen, und zugleich im Angesicht Gottes, vor dem ganz Anderen und uns doch Ähnlichen. Denn schließlich erzählt die Bibel, dass er uns nach seinem Bild geschaffen hat.[28]

Jeder Mensch kann also den göttlichen Atem in sich spüren. Und darum haben wir die Fähigkeit, einander zu verzeihen und zurechtzuweisen, wenn wir dies im Einklang mit ihm tun. Zurechtzuweisen und zu verzeihen sind Gaben des Geistes, um nur zwei seiner uns anvertrauten Eigenschaften zu nennen.

---

[27] Hier ist die ignatianische Unterscheidung der Geister gemeint (Anmerkung der Herausgeber).

[28] Gen 1,27 siehe auch weiter unten.

BUCH ZWEI: EXISTENZIELLE IMPULSE

Christian bezeichnete sich gerne als „religiös musikalisch." Er ging davon aus, dass in allen Menschen eine Sehnsucht lebt, die über sie hinausweist, auf Gott, der die Liebe ist. Besonders in Krisenzeiten bricht diese Sehnsucht auf. Zugleich melden sich Impulse, die einen Weg weisen zu einer tieferen Vereinigung mit dem Gegenüber, für das es viele Namen gibt und das auf unsere Sehnsucht antwortet.

Klaus Mertes

2.1 Die Entscheidungsnotwendigkeit sehen

Regelmäßig stehen Menschen vor der Notwendigkeit, Entscheidungen zu fällen. Alle suchen dafür nach Kriterien, um sich für das Gute zu entscheiden. Solche Kriterien sollen zunächst einmal im eigenen Leben helfen, sie haben aber oft auch den Anspruch, für andere zu gelten. Es wird oft erst in Krisenzeiten sichtbar, in wieweit wir uns auf diese Kriterien verlassen können. Wenn der Weg in einen Engpass führt, sind wir auf das Gespräch und die Beratung anderer angewiesen.

Es gibt Signale, die uns zum Handeln bewegen, ggf. zum mutigen Eingreifen. Nicht immer nehmen wir sie wahr. Im privaten und im gesellschaftlichen Bereich aufmerksam und handlungsfähig zu sein, tut not, ja, es kann lebensrettend sein, das Notwendige auch zu tun.

Es gibt viele religiöse, philosophische und ethische Einsichten, die helfen, gut zu leben und das Notwendige zu erkennen. Ich will einige davon in diesem Buch in den Blick nehmen. Ihnen trotz aller Ausreden auch in Krisenzeiten zu folgen, ist lebensentscheidend.

2.2 Religiös-existenzielle Antworten

Auf der Suche nach einer Antwort auf die existenziellen Fragen gehen religiöse Menschen davon aus, dass sie die Begründung ihrer Existenz nicht in sich alleine finden; sie setzen eine übergeordnete Macht voraus. Ein Beispiel, das mich nachhaltig geprägt hat, sind die Anonymen Alkoholiker, von denen noch ausführlicher die Rede sein soll. Menschen besinnen sich auf der Suche nach Orientierung auf ihre Geschichte. In ihren Erzählungen verdichten sich die Erfahrungen vieler Epochen. Sie beziehen sich auf Offenbarungen. Ihr Gegenüber mag ein Götterhimmel sein oder ein persönlicher Gott.

Sie haben den Wunsch nach einer Beziehung zu diesem Gegenüber, das das eigene Handeln durchschaut, nicht zuletzt um eine Bedrohung abzuwenden. Es entstehen Orte des Gebetes, die als heilige Wohnstatt des Gegenübers gekennzeichnet werden, wo dieses Andere erfahrbar wird.

In der jüdisch-christlichen Tradition spricht der geheimnisvolle, unergründbare Gott mit den Menschen und begleitet sie auf ihrem Weg der Befreiung. In der christlichen Tradition nimmt Gott sogar die menschliche Gestalt an, verlässt die göttliche Komfortzone und wird in Jesus Christus ein Mensch mit all seinen Gefühlen und Bedürfnissen. Dieser Schritt in unsere Endlichkeit wird von Christen als Befreiung erfahren. Sie gibt die Kraft, selbst diesen Schritt zu gehen und menschlich zu werden – konkret: den Schmerz der anderen mitzufühlen, Gefangene zu befreien, sprich: anderen bei ihrer Befreiung von Zwängen beizustehen. Es geht darum Jesus Christus nachzuahmen und selbst Mensch zu werden.

Die unterschiedlichen religiösen Antworten gehen von einer Gottesvorstellung aus, die Sicherheit in der Beurteilung der Lebenssituation gibt. Die nonpersonale Vorstellung einer Quelle des Lebens wird als Gegenüber ansprechbar.

Das Gegenüber bekommt verschiedene Namen aufgrund der unterschiedlichen Erfahrungen der Menschen mit ihm. Lange lebten die verschiedenen Religionen nebeneinanderher. Durch Reisende wussten sie voneinander. Aber aus unserer heutigen

Sicht geschah dies ohne große gegenseitige Berührung. Das ist heute anders: die Religionen können voneinander lernen. Es gab in der Geschichte viele Beispiele für eine Expansion der christlichen Überzeugung verbunden mit einem Überlegenheitsgefühl und auch Gewalt. Mir ist in meinem Zusammenleben mit Menschen in Kreuzberg wichtig geworden: einander zuzuhören und voneinander zu lernen.

2.3 Aufrecht gehen, ohne geheimnisvolles Gegenüber

Buddhisten rechnen nicht mit einem schöpferischen Gegenüber, das ihre Fehler verzeihen könnte. Deshalb fühlen sie sich selbst verantwortlich, mit hoher Disziplin ein den Mitmenschen gegenüber ethisch vorbildliches Leben zu führen. Diese buddhistische Herausforderung hilft uns allen, von Erfolgsfantasien Abstand zu nehmen. Auch unangemessene Aussagen über Gott verbieten sich im Gespräch mit Buddhisten. Gott bleibt auch für gläubige Menschen immer ein Geheimnis.

Der Prophet Kohelet, der im 3. Jahrhundert vor Christus lebte, sah und klagte das Übel in der Welt an: Im Verhalten vor Gericht, im ausbeuterischen Konkurrenzkampf, in Einsamkeit wegen der erfahrenen Ausgrenzung durch seine Mitmenschen. Worauf ist da Verlass? Die Menschen verlassen sich auf Beziehungen, die er als Windhauch entlarvt (vgl. Koh 1,2; 2,21–23).

Buddhisten sind dahingehend konsequent, dass sie ähnlich wie Kohelet vom Windhauch sprechen, auf den sich die Gottgläubigen einlassen. In ihren Meditationen sitzen sie häufig lange aufmerksam, bis die Wirklichkeit und der weitere Weg sichtbar wird.

Kohelet stellt einen oberflächlichen Gottesglauben infrage. Im nächsten Buch der Bibel verdeutlicht Hiob, dass ein verstehendes liebliches Gottesbild allein keine Basis darstellt, um zu handeln und sich ihm hinzugeben. Alle Menschen haben ein Gespür dafür, welche Lebensumstände dem Leben dienen und gerecht sind und können sie unterscheiden von dem, was übergriffig ist oder kleinmacht.

Besonders beeindruckt hat mich die Praxis des US-amerikanischen Buddhisten Bernie Glassmann[29], der mit street retreats in New York begann. Dabei ging er mit den Übenden durch die Stadt, suchte wie ein Obdachloser nach Unterkunft und Lebensmitteln, stellte sich an schmerzhafte Orte auf den Plätzen der Stadt und in den Einrichtungen für diese Personengruppe oder er meditierte auf dem Gelände eines ehemaligen Konzentrationslagers im Mitgefühl mit den leidenden Kreaturen.[30] Ähnlich geht sein Schüler Heinz-Jürgen Metzger von Solingen nach Buchenwald.[31]

Die Nähe zu Straßenexerzitien ist offenkundig. Die Haltung der Demut gegenüber dem Leben mag uns verbinden.

2.4 Das Gegenüber schenkt uns Würde

Die Liebe ist das Gegenüber

Im Kontakt mit denen, die uns im Leben gegenüberstehen und auf uns hören, stoßen wir auf die Liebe. Das ist eine tiefe Freude. Wenn wir anfangen, von dieser Freude zu erzählen oder von ihr zu singen, dann werden wir leicht von anderen als Clown wahrgenommen, der innerlich frei die Wahrheit ausspricht, über die andere wie im Zirkus zum Lachen kommen.

Der Clown ist deshalb ein frühes Symbol der Christ:innen, weil er ihre neue freie Lebenssituation kennzeichnet. Diese befreiende Freude, wie sie besonders beim Osterfest zu spüren ist, stellt sich auch bei Exerzitien ein. Sie ist das bestätigende Siegel im Prozess des Einzelnen.

---

[29] Er lebte von 1939 bis 2018. Heinz-Jürgen Metzger war sein Schüler.

[30] Bernard Glassmann, Zeugnis ablegen. Buddhismus als engagiertes Leben, Berlin 2012.

[31] Heinz-Jürgen Metzger, Ungetrennte Verbundenheit – Eine buddhistische Auseinandersetzung mit dem Konzentrationslager Weimar-Buchenwald, 2020.

Wir Menschen sind unterschiedlich. Gott zeigt sich auf unterschiedliche Weise – er ist nicht auf ausgewiesene Mittler angewiesen. Denn wir wissen: Gott ist überall.

Wir sind als mitfühlendes Gegenüber geschaffen

Alle Menschen suchen als soziale Wesen mit ihrer ganzen Existenz nach einem Gegenüber. Die Religionen und Weltanschauungen antworten mit vielen Bildern und Geschichten auf dieses Suchen und begleiten es. Die Bibel stellt sich dieser Herausforderung gleich im ersten Kapitel des ersten Buches. Der nicht hinterfragbare Beginn wird als handelnde Person erfahren und Gott genannt; Gott sucht nach einem Gegenüber, das ihm entspricht:

„Dann sprach Gott: Lasst uns Menschen machen als unser Abbild, uns ähnlich. Gott schuf also den Menschen als sein Abbild; als Abbild Gottes schuf er ihn. Als Mann und Frau schuf er sie." (Gen 1,26f)

Und im zweiten Schöpfungsbericht lesen wir:

„Da formte Gott, der Herr, den Menschen aus Erde vom Ackerboden und blies in seine Nase den Lebensatem. So wurde der Mensch zu einem lebendigen Wesen." (Gen 2,7)

Gott braucht uns als Gegenüber und beginnt unser menschliches Leben mit einem weiteren Gegenüber. So kommen die Menschen als Paar, als Mann und Frau, in die Welt. Wie alle Lebewesen beteiligen sie sich mit ihrer Zeugungsfähigkeit am Fortgang der Schöpfung.

Die Menschen können mit ihrem jeweiligen Gegenüber mitfühlen. Insofern sind sie Gott ähnlich. Sie können ihr Handeln an gemeinsam entdeckten Vorstellungen ausrichten. Sie können sich in die Rolle des oder der anderen hineinversetzen, einander verstehen und auch die Rollen wechseln.[32] Zwar ist die Frucht-

---

32 Auf den Rollenwechsel wird in biblischen Geschichten oft hingewiesen. Anmerkung der Herausgeber: Aufgrund der mangelnden Fähigkeit zum Rollenwechsel überläuft es Kain heiß und er erschlägt seinen Bru-

blase, in der jeder Mensch die ersten Wachstumsetappen durchläuft, zerstört. Doch die Menschen können sich gegenseitig schützen und neu behausen.

Leicht besteht aber die Gefahr, dass wir Menschen uns in eine neue Blase mit Gleichgesinnten zurückziehen. Dann fehlt das korrigierende Gegenüber, um eigene Verstrickungen zu entdecken und unsere Vorstellungen über die Zukunft zu prüfen. Vor allem die Fähigkeit zum Rollenwechsel befreit uns aus der Blase und erinnert uns an unseren göttlichen Ursprung. Sie zeichnet uns als Gegenüber Gottes aus, „das ihm entspricht" (Gen 1,27).

Die Ähnlichkeit mit Gott wird auch im Vaterunser deutlich: „Vergib uns unsere Schuld, wie auch wir vergeben unseren Schuldigern." Der Ursprung der menschlichen Würde liegt bei Gott. Deshalb sind wir ihm ähnlich und können die Schuld anderer verzeihen und uns von der Bindung daran befreien. Wir dürfen uns immer wieder an diese Würde erinnern und sie fortschreiben. Diese Befreiung von Schuld ist nötig, weil Menschen zwar Gott ähnlich sind, aber eben nicht Gott sind. Der menschliche Ur-Irrtum, sich mit Gott zu verwechseln, wird in der Versuchungsgeschichte auf den Punkt gebracht: Wir wollen „sein wie Gott." (Gen 2,5) Diese Selbstüberschätzung ist der Kern der Sünde, die wohl alle Menschen kennen, und weshalb sie immer neu um Vergebung bitten müssen.

Auf dem Weg, anderen zu vergeben, wird uns die Möglichkeit gezeigt, dem verzeihend handelndem Gott ähnlicher zu werden.

---

der Abel (Gen 4,3–15). Die Aussöhnung zwischen Jakob und Esau geschieht durch Rollenwechsel, durch das Sehen und Respektieren des Anderen oder gar eine Unterstützung seiner Perspektiven (Gen 33). Der Rollenwechsel des Josef vom Gefangenen zum obersten Vertreter des Pharaos (Gen 41,39–45) rettete die ganze Sippe. Neben den biblischen Berichten existieren andere eindrucksvolle Zeugnisse von einem Rollenwechsel. Viele von ihnen sollten diskret behandelt werden; die respektvolle verschwiegene Stille ist ihr Schutz. Es gibt eindrückliche Erfahrungsberichte aus den Konzentrationslagern (hier könnte man an Maximilian Kolbe denken) oder an andere Situationen, in denen Menschen ihr Leben zum Überleben Anderer einsetzten.

Noch in der Todesstunde gibt Jesus dafür ein eindrückliches Zeugnis: „Vergib ihnen.“ (Lk 23,34)

Wir spüren unsere Gott-Ähnlichkeit auch in unserer Liebes- und Vereinigungsfähigkeit sowie in unserer Urteilsfähigkeit und vielem anderen. So auch in unserem Auftrag, der mit der Schöpfung verbunden ist. Nachdem die Erde mit Pflanzen und Tieren geschaffen ist, wird der Mensch geschaffen. So steht es in der nach dem Ursprung fragenden Parabel im ersten Kapitel der Bibel:

„Gott schuf die Menschen als sein Bild. Als Gottes Bild erschuf er ihn. Männlich und weiblich erschuf er sie“ (Gen 1,27)

Im zweiten Schöpfungsbericht ist die Erschaffung der Menschen mit dem Auftrag verbunden, diese Schöpfung zu pflegen und zu erhalten:

„Gott, der HERR, nahm den Menschen und gab ihm seinen Wohnsitz im Garten von Eden, damit er ihn bearbeite und hüte.“ (Gen 2,15)

2.5 Die vielen Namen Gottes

Der unausgesprochene Name Gottes

Wie sollen wir den oder die ganz Andere, also Gott, ansprechen? In der Bibel werden so viele Namen Gottes genannt, dass einem darüber geradezu schwindelig werden könnte. Der für uns wichtige Name Gottes, mit dem jede und jeder persönlich Gott ansprechen will, ist vielleicht noch nicht einmal dabei. Sehen wir auf die lange Geschichte der Suche nach Namen für Gott, die wir ja mit unserer eigenen Suche fortsetzen werden.

Auch wenn es viele Namen für Gott in der Bibel gibt, so hat der Name, den Mose am Anfang seiner Geschichte mit Gott erfährt, einen besonderen Platz. An dem Dornbusch, der brennt, aber nicht verbrennt, fragt Mose Gott nach seinem Namen und bekommt die Antwort: „Ich werde sein, der ich sein werde.“ (Ex 3,14)

Mitten unter den Völkern, die viele Namen Gottes kennen, sprachen die Israeliten den Namen Gottes JHWH aus Ehrfurcht nicht aus und ersetzten ihn durch die Anrede „Adonai“, das heißt übersetzt „Mein Herr“. Diese Tradition setzten die Christ:innen fort und nannten Jesus Christus „Unseren Herrn“ und bekannten: „Herr ist Jesus Christus“.

Es gibt ein Ringen um den angemessenen Namen Gottes besonders im gemeinschaftlichen Gebet der Gläubigen in der Kirche. Im Anhang ist eine Sammlung von Namen Gottes in der Bibel (S. 231–233): Bei den Stammvätern und nach der Befreiung aus der Sklaverei auf dem Weg durch die Wüste, im Tempel, bei den Propheten und die Namen für Jesus. Auch Jesus bekommt in den unterschiedlichen Lebensphasen von Gegnern und von Unterstützern unterschiedliche Namen, in denen sich auch die Konflikte niederschlagen.

Die 99 Namen im Koran

(Felix Körner)

Christian betrachtete den Islam mit Ehrfurcht; und das, schon lange bevor wir uns kannten. Christian meinte nicht, Islam sei ein Rückfall vor das Neue Testament. Solche dogmatischen Urteile fällte er ja nicht. Außerdem: In der Naunynstraße und überhaupt in Berlin hatte er wohl längst zu viele eindrucksvolle – und zugleich ganz einfache – muslimische Mitmenschen kennengelernt, um sie theologisch zu verachten. Er hatte auch, schon bevor wir uns besser kennenlernten, die Haltung: nicht bloß komparativ, sondern interaktiv. Das sind jetzt meine Bezeichnungen. Er sagte es nicht so, praktizierte es aber. Das heißt: Wir beobachten nicht nur, was gleich ist und was verschieden; wir wollen vielmehr vom andern lernen.

Er fragte mich einmal nach den 99 Schönsten Namen Gottes. Ich sagte: Ein wirklich guter Erstzugang zu Islamthemen ist oft die deutsche Wikipedia. Viele der islambezogenen Einträge dort sind sogar von der Bamberger Islamwissenschaft erstellt und betreut, also von dem Ort, wo ich studiert habe. Christian hat dann die Übersetzung der Schönsten Namen von der Liste dort übernommen.[33]

---

[33] https://de.wikipedia.org/wiki/Gottes_schöne_Namen (2. September 2022).

Ich erzählte ihm damals auch meine eigene Geschichte mit den „Namen“: Zuerst lernte ich sie auswendig, auf Arabisch, und zwar in Damaskus. Ich lief durch das Auto-, Fahrräder- und Fußgänger-Getümmel (nein, keine Kamele!), z.B. zum Arabischkurs, 1998. In der Hand hatte ich einen Spickzettel mit den 99 Namen. Ich sagte sie mir auf, bis ich stecken blieb. Nach ein paar Wochen konnte ich sie.

Zurück in Bamberg testeten mich meine muslimischen Freunde. Bestanden! Und sie verrieten mir strahlend: Wer alle 99 auswendig kann, kommt sicher ins Paradies. Drei Jahre später traf ich einen von ihnen wieder, Duran. Er wollte seinen damaligen Begleitern sofort den Jesuiten vorführen, der Gottes Schönste Namen auswendig kann. Beim Aufsagen aber wusste ich plötzlich nicht weiter! Ich konnte sie nicht mehr! Wir klärten damals die Frage nicht, was jetzt mit dem sicheren Paradies ist. Immerhin verriet mir Duran, dass er sie auch nicht alle auswendig kann – und dass die meisten Muslime ihre Gebetskette nicht zum vollständigen Aufzählen nutzen, sondern 33-mal oder gar dreimal 33-mal „Preis sei Gott“ sagen: subhân Allāh und al-hamdu li-llâh.

Ich habe Christian auch von einer Übung erzählt, die ich mit der Gemeinschaft Christlichen Lebens von der Benediktinerabtei Metten versucht habe. Als ich noch in Bamberg Islam studierte, gab ich den Schülerinnen und Schülern von Metten gern jedes Jahr ein Besinnungswochenende – zusammen mit meinem Mönchsfreund von dort, P. Markus Haering. Die Übung ging so: Ich hatte auf einem Blatt alle 99 Namen ausgedruckt; als werdender Islamkundler natürlich in eigener perfektionistischer Übersetzung. Zu einigen Namen erklärte ich auch etwas. Z.B. hatte ich erst einmal wörtlich übersetzt, dass Gott allen Ernstes in den 99 Namen auch „der Gläubige“ heißt. Gott, ein Gläubiger? Warum? Das Wort ist vieldeutig. Zuerst kann man verstehen: Er vertraut seinen Propheten, dass sie sein Wort richtig ausrichten. Dann: Er schenkt Glauben nicht nur in dem Sinn, dass er den Propheten traut, sondern dass er den Menschen die Fähigkeit zu glauben verleiht. Dann aber schwingt auch mit: Gott ist zuverlässig, man kann ihm glauben – wie Paulus sagt, dass Gott *pistós* ist: treu, glaubwürdig.

Nun hatten die Jugendlichen also die Namensliste und ein paar Erklärungen. Die Aufgabe war: Suche dir jetzt einen Namen heraus, der dich anspricht; und bleibe eine Viertelstunde bei diesem Namen. Frage dich, wo habe ich Gott als den erlebt, der so ist, wie's dieser Name andeutet. Am Ende konnten die Teilnehmer:innen ihre Erlebnisse auch teilen. Es wurde spannend.

Vielleicht hat Christian daher die Idee, dass jedem Menschen sein persönlicher Name zugeordnet wird. Christian hat dann aufgeschrieben, das sei bei den Sufis so. Vom Sufismus kenne ich das nicht. Vielleicht hat es Christian auch aus dem Wikipedia-Artikel herausgelesen. Dort wird ja eigentlich etwas anderes erwähnt: Jeder Sufi macht auf seinem geistlichen Weg *verschiedene* „Stationen" durch. An jeder Station bekommt er einen *anderen* Gottesnamen eingegeben. Der Name wird ihm so geschenkt, dass er ihn zunächst ausrufen kann – dann aber bekommt der Sufi auch selbst die benannte Eigenschaft. Für uns in der westlichen Welt hat das ein berühmter Sufi-Forscher herausgefunden, Fritz Meier. Ihn erwähnt der Wikipedia-Artikel auch an dieser Stelle. Fritz Meier († 1998) hatte selbst eine schöne Jesuiten-Beziehung: Er wurde zum ersten Islam-Lehrer eines Mitbruders von uns, des selbst später bedeutenden Sufismus-Fachmanns Pater Richard Gramlich († 2006). Aber das habe ich Christian Herwartz, soweit ich mich erinnere, nicht erzählt; und auch mit P. Gramlich hatte er meines Wissens keinen Kontakt.

Kurz vor seinem letzten Gang ins Krankenhaus sah ich Christian noch einmal. Ich war auf Besuch der Mitbrüder in unserem Berliner Seniorenheim. Er sagte zu meinem Erstaunen, er freue sich auf das Sterben. „Warum?", fragte ich. Seine Antwort verstand ich erst nicht: „Weil ich da Michael wiedersehe." Er erklärte mir dann – wie so häufig mit einem Unterton, der zu sagen schien, dass ich mir das doch hätte denken können: Michael Walzer, der Jesuitenbruder, der mit ihm die Wohngemeinschaft in der Berliner Naunynstraße gegründete hatte. – Als ich anschließend einen Vortrag über meine neue Zusammenarbeit mit Islamischen Theologen hielt, hörte er aufmerksam zu. Nachher sagte er mir nur: „Und die Sufis?"

2.6 Der persönliche Name Gottes – Das mitgehende Gebet

Gottes Herz ist beschriftet, unsere Namen sind in ihm eintätowiert.

Das habe ich einmal von einem muslimischen Weggefährten gelernt. Ich kam an einer Moschee vorbei. Dort wurde ich von muslimischen Männern angesprochen, die sich an meinen Tätowierungen stießen. Schon seit vielen Jahren trug ich an meinem Arm eintätowierte Dornenzweige. Die Männer sagten mir, dass die Tätowierung im Koran verboten sei. Es entwickelte sich ein Gespräch über Dornen und Tätowierungen. Daraufhin sagte einer der Männer: „Gottes Herz ist tätowiert durch die Liebe." Ich war sehr froh über diesen Hinweis und ging auf der Straße weiter. Einige Minuten später kam ich an einer katholischen Kirche vorbei. Im Eingang stand eine Jesus-Figur mit einem offenen Herzen, um das sich ein Dornenstrauß rankte. Das war für mich die christliche Antwort auf den Hinweis des muslimischen Bruders auf der Straße.

Ähnlich ist in unserem Herzen eine Sehnsucht eingeschrieben, die uns auf den Lebensweg mitgegeben wurde. Diese Tätowierung zu entdecken, ist der erste Schritt der folgenden Übung, die gut mit einer Begleitperson entlang der folgenden Fragen vorangehen kann:

„Worüber ärgerst du dich?

Da manche Menschen keinen leichten Zugang zu ihrem Ärger finden, kann die Frage auch weiterhelfen: „Was macht Dich traurig?" In beiden Fällen reagiert die eigene Sehnsucht auf ein Verhalten, das ihr in die Quere kommt: „Wie sollte es sein, dass Du Dich freuen kannst?"

Jetzt kommt die dahinterliegende Sehnsucht zu Wort. Erst vielleicht etwas abstrakt umschreibend. Doch diese Fragen können Hinweise auf die eigene Sehnsucht zu Tage bringen.

Geschieht diese Übung in einer Exerzitiengruppe, dann können alle etwas zu dem Suchprozess beitragen, indem sie wiederholen, was sie gehört haben. Ein Blitzen in den Augen des Übenden zeigt dann, wenn die Antwort der Gruppe etwas auslöst und einen Hinweis enthält.

„Wie nenne ich den, der mir die Sehnsucht ins Herz legte?“

Es hat sich als vorteilhaft für die begleitende Person gezeigt, die schon im Gespräch gefallenen Worte zu nutzen und mit ihnen einen Vorschlag zu machen, wie sich diese Sehnsucht als Anrede Gottes ausdrücken ließe. Es ist also gut, genau zuzuhören. Bewährt hat sich, Formulierungen zu suchen, die Gott mit Du ansprechen: „Du, der mir diesen Wunsch ins Herz gelegt hast, mit Dir möchte ich sprechen.“ Dieser Wunsch kam ja, wenn wir gut zugehört haben, über die im Schmerz gespürte Sehnsucht von der begleiteten Person und bringt deshalb auch etwas über sie in Worte.

Jetzt schließt sich eine dritte Frage an: Die Unterstützer können möglichst mit den Worten des Übenden Vorschläge machen: „Du, der du mir ... anvertraut hast, Du ...“ Irgendwann wird wieder ein zustimmendes Blitzen der Augen zu sehen sein. Dann spürt der oder die Übende eine Resonanz und die begleitende Person ahnt, in welche Richtung sie weiter suchen kann. Sie kann darauf vertrauen, dass ihr das rechte Wort kommt oder es ihr bald gesagt wird. Doch auch die Vorstufen zu seinem persönlichen Namen Gottes können zum begleitenden Gebet auf den Straßen beitragen. Ich selbst konnte nach einigem Nachdenken Gott mit einem provisorischen Namen ansprechen. Ich habe dann den Hinweis bekommen, Gott persönlich mit den Worten anzusprechen: „Du Halunke! Du zeigst Dich immer neu jenseits meiner doch scheinbar gut begründeten Vorstellung eines gerechten Lebens. Ich danke für diese überraschende Befreiung und das Erinnern an den Weg, den Du mit mir gehen willst. Ich will neu auf Dich hören.“

Ich lade alle Leser:innen ein, sich diese Frage einmal selbst zu stellen: Wie rede ich Gott im Gebet an? Wie nenne ich ihn im Gespräch? Welche Autorität ist Gott im Alltag für mich?[34]

---

[34] Vgl. Vitus Seibel (Hg.), Was bedeutet Dir Jesus Christus? Ignatianische Impulse 33, Würzburg, siehe auch die Entwicklung des Gottesnamens in der Bibel im Anhang.

BUCH DREI: LEBENDIG IM GEGENÜBER LEBEN

Christian machte immer wieder die Beobachtung, dass die existenziellen Impulse zum liebevollen Gegenüber (vgl. Buch 2) mit Rollenwechseln verbunden sind. Der Ruf an mein Herz und die Dynamik meiner inneren Sehnsucht führen mich gerade auch in dem Sinn über mich hinaus, dass sie mich über meine Rolle hinausführen, und auch über die Rolle hinaus, die ich dem Gegenüber zuschreibe und in der es sich selbst bewegt. Durch den Rollenwechsel entsteht die Befreiung. Die Einladung dazu findet im Alltag immer wieder statt.

Klaus Mertes

3.1 Der fundamentale Rollenwechsel (Klaus Mertes)

„Rollenwechsel“ – das ist ein Thema, mit dem sich Christian ein Leben lang beschäftigte. In seinen hinterlassenen Notizen findet sich in diesem Zusammenhang nur der kurze Hinweis auf den Philipperhymnus: „Er war wie Gott, hielt aber nicht daran fest, wie Gott zu sein, sondern entäußerte sich, wurde wie ein Sklave und den Menschen gleich.“ (Phil 2,6) Inkarnation als Rollenwechsel, das bedeutet nicht nur: Wechsel einer Rolle, die man wieder ablegen kann, um in die alte Rolle zurück zu schlüpfen. Dann wäre es nicht Inkarnation.

„Das Wort ist Fleisch geworden“ (Joh 1,14). Wie ist dieser Rollenwechsel der Inkarnation so zu verstehen, dass er nicht bloß äußerlich bleibt? Als Christian mich 2019 in St. Blasien besuchte, kreisten wir mehrere Stunden um diese Frage. Wir waren einig, dass der Rollenwechsel Christi nicht nur äußerlich zu verstehen ist. Das war die Voraussetzung, auf der das Gespräch basierte.

Christian näherte sich dem Rollenwechsel von der Inspiration der Arbeitergeschwister her, genauer: Von den französischen Priestern, die den Kriegsgefangenen als Gefangene in die deutschen Lager folgten, um ihnen nahe zu sein und ihr Schicksal zu teilen. Das gehört zu Christians Anfangsmotivation, die ihn den Weg zu den Arbeiterpriestern, später zu Siemens in Berlin und in die Naunynstraße führte. Auf diesem Weg lag Potential für mehrfache Rollenwechsel. Zunächst der Rollenwechsel vom Priester zum Lagerarbeiter: Der Einwand aus der inneren und äußeren Priesterwelt lautetet: „Ist dieser Rollenwechsel überhaupt möglich? Du gehörst zum Orden, bist gut abgesichert. Das ist doch alles letztlich nur ein Spiel und kein Ernst!“ Die Erwiderung lautete: Wenn der Rollenwechsel nicht möglich ist, dann ist die Nachfolge Christi nicht möglich. Jesu Leben und sein Tod einschließlich der Kreuzigung waren kein Spiel.

Dann gibt es da den Rollenwechsel vom Gefängnisbesucher zum Gefangenen. In Artikeln und Gesprächen formulierte Christian die Frage: Warum erzählt die Apostelgeschichte so viele Geschichten von Gefangennahme und Gefängnisaufenthalten der Apostel, und warum sitzen Christen als Christen heute nicht mehr im Gefängnis – jedenfalls hierzulande –, sondern betreten es „nur“ in der Rolle der Besucher oder Seelsorger. Christian verstand das Gefängnis ja als einen „großen Tabernakel mitten in der Stadt“. Das hing mit seiner Überzeugung zusammen, dass Besuch von Gefangenen Besuch Christi im Gefängnis ist. Er nahm die Gerichtsvision wörtlich: „Ich war gefangen, und ihr habt mich besucht.“ (Mt 25,36) Er näherte sich dem Gefängnis suchend, hörend, nach der Stimme des Evangeliums in den Geschichten der Gefangenen lauschend – eine Haltung, von der er auch RAF-Gefangene nicht ausschloss. Das fiel mir persönlich besonders schwer zu verstehen, wegen meiner persönlichen Verbindung mit Personen, die Opfer des RAF-Terrors waren.

Jedenfalls: der Wechsel vom Gefangenenbesucher zum Gefangenen bedarf der Unterscheidung. Nicht jeder, der im Gefängnis sitzt, steht in der Nachfolge des gefangenen Jesus. Es kommt schon auf den Grund an, weswegen einer oder eine im Gefängnis sitzt. So absurd es klingen mag: Als Christ im Gefängnis zu sitzen kann einem nur geschenkt werden. Wer Straftaten in der Absicht inszeniert, ins Gefängnis zu kommen, ist nur äußerlich auf dem Weg der Apostel in der Kirche, pseudoradikal. Eines Tages kam dann das Geschenk: Christian musste ins Gefängnis gehen, weil er eine Polizistin wegen rassistischer Übergriffe auf seine türkische Betriebsgruppe zurechtgewiesen und nach erfolgter Anzeige gegen ihn das Strafgeld nicht bezahlt hatte. Das war der Rollenwechsel. Am Eingangstor verliehen ihm die Kollegen von der türkischen Betriebsgruppe den Titel „Löwe der Gerechtigkeit“. Dann betrat er „auf Wolke sieben“ das Gefängnis und war dort zwei Wochen lang inhaftiert. Sein hinterlassener Bericht über diese Zeit ist in diesem Buch dokumentiert.

Für das Leben in der Naunynstraße wurde dann der Rollenwechsel vom Gast zum Gastgeber kennzeichnend. Christian empfing die Gäste in der Naunynstraße als potentielle Gastgeber, wie es ja auch im Evangelium erzählt wird. „Ich muss heute bei dir im Haus zu Gast sein“, sagt Jesus zu Zachäus (19,9). Christian war Zachäus, der Gast Jesus. Auch umgekehrt vollzog Christian gerne den Rollenwechsel: Er war häufig sich selbst einladender Gast und wechselte schnurstracks bei seinen Gastebern in die Rolle des Gastgebers, mit seiner Geschichte und seiner Botschaft, entsprechend der Mission der Jünger: „Wenn ihr in ein Haus kommt, so sagt als erstes: Friede diesem Haus.“ (Lk 10,5) Das Motiv des Rollenwechsels zwischen Gast und Gastgeber wurde dann auch grundlegend für die Sprache der Exerzitien auf der Straße, besonders mit Bezug auf die Emmaus-Geschichte. Das bedeutete immer auch: Schuhe ausziehen! Den Gastgeber im Gast entdecke ich nur, wenn ich in jeder Begegnung neu bereit bin, die Rolle des Gastgebers zu verlassen.

Im Verhältnis von Gast und Gastgeber waltet ein Machtgefälle. Je mehr Christian als Gastgeber Gast werden wollte, umso mehr geriet er in das Macht-Paradox hinein: „Wer unter euch Erster sein will, soll der Diener aller sein.“ (Mk 10,44) Das ist die Logik des permanenten Rollenwechsels: „Wer vorn und oben ist, begibt sich nach hinten und unten – und ist damit vorn und oben.“ (Thomas Söding) Ich glaube, dass man an diesem Paradox immer auch (nicht nur, aber auch!) scheitern muss. Christian hat dieses Scheitern in Kauf genommen. Vielleicht ging es nicht anders. Er wollte der Bruder aller sein, aber er war auch Patriarch. Er wollte hören, aber er konnte auch brüllen. Er wollte demütig sein, konnte aber auch anmaßend sein. Das Paradox des permanenten Rollenwechsels hatte einen Preis, auch für andere – zum Beispiel den Preis unklarer Machtverhältnisse. Es gab in der Naunynstraße informelle Machtstrukturen und auch Gewaltverhältnisse, denen Christian nicht gewachsen war, denen er sich nicht stellte, durch die Bewohnerinnen und Bewohner auch Schaden nahmen. Das gehört zur ganzen Wahrheit dazu, die hier auch – ganz im Sinne Christians – erwähnt werden soll. Christian wäre nicht Christian, wenn er an einem idealisierten Bild von ihm nicht Anstoß genommen hätte.

Jedenfalls: Unter Jesus-Nachfolge verstand Christian, die Menschwerdung des Sohnes praktisch nachzuvollziehen. Deswegen war ihm der Philipperhymnus so wichtig. Er wollte ein Buch mit seinen Erfahrungen dazu schreiben. Er hat es nicht mehr geschafft. Vielleicht nicht nur, weil ihm nicht die Zeit dazu blieb, sondern auch deswegen, weil es ihn überforderte. Auch hier gilt es ja zu unterscheiden: Es gibt Überforderungen, auf die man sich nicht einlassen sollte. Es gibt aber auch Überforderungen, denen man sich nicht entziehen kann. Wenn ein persönlicher Ruf vorliegt, ist es sogar eine Überforderung, sich zu entziehen. Letzterer Fall ist ein Hinweis darauf, dass ein persönlicher Ruf vorliegt. Rollenwechsel zu leben war Christians Berufung.

3.2 Jesus und die Frau, die gesteinigt werden soll (Joh 8,1–11) – Vom beschuldigenden Gesetz zur beschuldigten Frau

Eine des Ehebruchs beschuldigte Frau wird zu Jesus gebracht, damit er sie zur Steinigung freigebe. Damit wollten sie ihm eine Falle stellen. Jesus verzichtet darauf, die Umstehenden daran zu erinnern, dass für einen Ehebruch zwei Personen vor Gericht stehen müssten – kein Mensch kann die Ehe alleine brechen. Stattdessen geht er zu der beschuldigten Frau und schreibt vor ihr in den Sand. Dort, mitten im Zentrum des Geschehens, hätten auch ihn die Steine getroffen.

Geheimnisvoll ist die Frage, was Jesus wohl in den Sand geschrieben haben mag. Vielleicht schrieb er, was er häufig auch sagte: „Hab keine Angst." Ich kann mir auch vorstellen, dass er die Namen der Gegner in den Sand schrieb, wie es in einem Gebet des Propheten Jeremia heißt: „Alle, die dich verlassen, werden zuschanden. Die sich von mir abwenden, werden in den Staub geschrieben." (Jer 17,13)

Jesu Provokation ließ die Angreifer noch mehr brüllen. Da erhob er sich und sagte ihnen den prüfenden und beschämenden Satz: „Wer von euch ohne Sünde ist, werfe als erster einen Stein auf sie.“ (Joh 8,7) Dann bückte er sich wieder und schrieb weiter vor der Frau in den Sand. Der nächste Wind wird die Namen der Ankläger wegwehen.

Indem sich Jesus neben die Frau stellt, wechselt er die Rolle. Er lässt sich nicht in seiner Eigenschaft als Schriftgelehrter ansprechen, sondern tritt an die Seite der beschuldigten Frau und wird damit selbst zu einem Beschuldigten.

3.3 Im Hause des Zöllners (Lk 19,1–10) – Vom Unterdrückten zum Unterdrücker

Eine Geschichte eines Rollenwechsel hat sich mir durch die Erfahrungen von Straßenexerzitien besonders erschlossen:

Aus der Kriegszeit stehen in Ludwigshafen noch viele Hochbunker. Wegen der dichten Bebauung wurden sie nicht gesprengt. Zum Eingang der Bunker führen kleine Treppen mit etwa zehn Stufen. Dorthin stellte sich eine Begleiterin und wir lasen das Evangelium:

> „Dann kam Jesus nach Jericho und ging durch die Stadt. Und siehe, da war ein Mann namens Zachäus; er war der oberste Zollpächter und war reich. Er suchte Jesus, um zu sehen, wer er sei, doch er konnte es nicht wegen der Menschenmenge; denn er war klein von Gestalt. Darum lief er voraus und stieg auf einen Maulbeerfeigenbaum, um Jesus zu sehen, der dort vorbeikommen musste. Als Jesus an die Stelle kam, schaute er hinauf und sagte zu ihm: Zachäus, komm schnell herunter! Denn ich muss heute in deinem Haus bleiben. Da stieg er schnell herunter und nahm Jesus freudig bei sich auf. Und alle, die das sahen, empörten sich und sagten: Er ist bei einem Sünder eingekehrt. Zachäus aber wandte sich an den Herrn und sagte: Siehe, Herr, die Hälfte meines Vermögens gebe ich den Armen, und wenn ich von jemandem zu viel gefordert habe, gebe ich ihm das Vierfache zurück. Da sagte Jesus zu

ihm: Heute ist diesem Haus Heil geschenkt worden, weil auch dieser Mann ein Sohn Abrahams ist. Denn der Menschensohn ist gekommen, um zu suchen und zu retten, was verloren ist." (Lk 19,1–10)

Der Bunker im Hintergrund symbolisierte für uns beim Zuhören den Geldbunker des reichen Zollpächters und damit auch die Ausbeutung durch die Römer, deren Fremdherrschaft dem Volk die Würde nahm. Im Gottesdienst versuchten wir das szenisch darzustellen. Eine Exerzitienbegleiterin stand oben auf der Treppe. Nachdem die Exerzitiengruppe das Evangelium gehört hatte, ging ich hin und lud sie mit den Worten Jesu ein: „Zachäus, komm schnell herunter! Ich muss heute in deinem Haus bleiben."

Die Übenden in Ludwigshafen hatten sich aber so mit den von der römischen Besatzungsmacht Unterdrückten identifiziert, dass sie spontan zu schreien begannen: „Jesus, das kannst du doch nicht machen!" Vielleicht dachten sie: „Jesus, du musst doch bei uns bleiben!"

Durch ihre spontane Reaktion wurde der entschiedene Rollenwechsel Jesu überhaupt erst deutlich. Er macht nicht Halt vor den Reichen und den Verbündeten der Ausbeuter. Seine jüdischen Zeitgenossen begehrten zu Recht gegen die Fremdherrschaft und die steuerliche Ausbeutung auf. Mit ihnen fühlten die Übenden mit und wollten den Rollenwechsel Jesu nicht mitvollziehen. Doch Jesus sah auch die Bedürfnisse des Anderen, des Kollaborateurs, und ging auf ihn zu. Erst dadurch setzte er eine Bewegung in Gang, die den Feind zum Verbündeten machte.

3.4 Jesus und die Samariterin am Jakobsbrunnen (Joh 4,1–42) – Vom Bittenden zum Spender

Auf dem Weg nach Galiläa war Jesus müde und setzte sich an den Jakobsbrunnen, während die Jünger in der Stadt Lebensmittel einkauften. Da bat er eine Frau, ihm Wasser zu schöpfen. Sie wies ihn darauf hin: „Wie kannst du als Jude mich, eine Samariterin, um etwas zu trinken bitten?"

Da antwortete er ihr, dass er lebendiges Wasser habe. Doch das hörte sich unglaubwürdig an, da er kein Schöpfgefäß hatte. Da sagte die Frau zu ihm: „Herr, gib mir dieses Wasser, damit ich keinen Durst mehr habe und nicht mehr hierherkommen muss, um Wasser zu schöpfen!"

Der müde und durstige Jesus, der die Frau um Wasser bittet wird zum Spender lebendigen Wassers unter den nicht geachteten Menschen aus Samarien.

3.5 Rollenwechsel und Krise: Jona weicht dem Ruf Gottes aus – Jesus nicht[35]

Rollenwechsel bringen menschliche Systeme in Unruhe. Sie führen in Krisen. Der Rollenwechsel, den Jesus lebt, ist kein Spiel. Menschen neigen dazu, den Konsequenzen von Rollenwechseln auszuweichen. Die Lehrgeschichte, wie sie im biblischen Buch Jona[36] erzählt wird, macht dies deutlich, besonders wenn man der Jona-Geschichte die Geschichte Jesu gegenüberstellt:

Jona hört den Ruf Gottes, nach Ninive zu gehen und das Volk der Stadt für seine Schlechtigkeit zu kritisieren (Jona 1,2). Er bekommt Angst vor dieser Aufgabe und flieht. Jesus dagegen lebt sein Ja zum Leben ganz; er geht häufig so weit, sich in die Rolle der Menschen hineinzuversetzen und bringt sich damit wieder und wieder in Gefahr. Schon in der Kindheitsgeschichte erzählt Lukas davon.

Das öffentliche Leben fängt für Jesus mit seinem Ja in der Taufe an und dieses Ja setzt sich in vielen Begebenheiten seines Lebens fort. So auch in seiner Heimatstadt: Die Predigt Jesu in der Synagoge hat bei den Menschen von Nazareth, die ihn ja gut kannten, so viel Zorn ausgelöst, dass sie ihn vom Abhang eines

---

[35] Vgl. Oskar Herwartz, https://nacktesohlen.wordpress.com/oskar-herwartz-jona-muss-nach-ninive.

[36] Auf dem Hintergrund dieser beliebten Lehrgeschichte wird die Darstellung der Evangelien noch plastischer. Mein Vater wies mich auf diesen Zusammenhang hin. Zwei Bücher von ihm in einem Band: Oskar Herwartz, Johanna und Ein Gespräch mit Lukas, Langwarden 2000.

Berges in den Tod stürzen wollten. Aber er ging mitten durch die Menge weg (Lk 4,28–30). Einer drohenden Steinigung nach einer Predigt in Jerusalem ging er aus dem Weg und wich ins Ausland aus (Joh 10,31–40).

Nach dem Abschiedsmahl mit den Aposteln kurz vor seinem Tod wird die Situation noch bedrängender. Jesus muss sich jetzt entscheiden. Er entscheidet sich, seinen Weg konsequent weiterzugehen. Er ist kein Mietling, der die Herde in der Gefahr verlässt (Joh 10,12). Doch er muss seine Jünger alleinlassen.

Jesus sieht die Gefahr, die nicht durch einen äußeren Feind auf ihn zukommt, sondern aus der Mitte seiner Jünger.[37] Sie werden ihn beim Angriff der Feinde im Stich lassen. Sie werden ihn an die Verantwortlichen verraten, die ihn umbringen werden.

Am Abend vor der Verhaftung spürt Jesus, dass ihn ein Jünger am Tag zuvor verriet. Er spricht ihn an und fordert ihn auf: „Was du willst, tue es bald." (Joh 13,27) Spätestens an dieser Stelle verstellt er sich selbst den Weg zum Ausweichen.

3.6 Jesus lebt den Rollenwechsel ganz

Angst ist ein Gefühl, das die Menschen oftmals bestimmt. An manchen Stellen hat sie gute Gründe. Aber der Glaube löst die Angst vor dem Tod und vor vielen anderen Bedrohungen des Lebens ab. Solches erzählt die Geschichte von Mose und den Schlangen. Giftige Schlangen kamen über das Lager des Volkes Israel. Die Menschen verloren das Vertrauen in Gott und bekamen Angst. Viele von ihnen wurden gebissen und starben. Da bemerkten sie, dass sie gemurrt hatten gegen die Fürsorge Gottes, und sie schrien nach Mose. Sie suchten wieder den Kontakt mit Gott. Mose betete. Dann machte er nach Gottes Anweisung eine Schlange aus Erz, das Symbol ihrer Angst, heftete sie an eine Fahnenstange und sagte ihnen: Wenn ihr von einer Schlange gebissen worden seid, dann seht auf diese Schlange –

---

[37] Hier nur einige Hinweise: Rangstreit (Eifersucht) (Lk 22,24–27), Verleugnung (Lk 22,54–62); Verrat (Lk 22,47–48).

kommt wieder zum Glauben auf die Hilfe des Herrn – und ihr werdet am Leben bleiben. (Num 21,6–9)

Als der Ärger der Verantwortlichen über Jesu Lehre so stark war, dass sie ihn folterten und schlussendlich töteten, da wurde er am Kreuz erhöht. Diese Formulierung für das Kreuzesgeschehen wählt der Evangelist Johannes und nimmt damit das Bild von der erhöhten Schlange als Vorbild für die Kreuzigung Jesu (vgl. Joh 3,14 f).

Wieder dreht sich die Sicht: Menschlich fühlen wir den Verlust der Ehre durch die demütigende Weise, wie Jesus getötet wird. In der Geschichte wurden immer neue qualvolle und demütigende Weisen erfunden zu töten – zur Abschreckung oder zur Festigung der eigenen Macht. Doch im Glauben wird der Ausgestoßene erhöht, ihm kommt die Achtung zu, die ihm gebührt. Der Blick zu ihm weckt den Glauben; er macht dazu bereit, von dem Gedemütigten Heilung zu erhoffen. Das Kreuz lädt nicht nur zum Umdenken ein, sondern dieses Mordinstrument wird zum Zeichen des Heils. Die Angst ist besiegt. Der für Begegnungen offene Glaube hat sie ersetzt.[38]

3.7 Suche nach Antworten: Das Erfüllen des Gesetzes

„Liebe Deinen Nächsten, wie Dich selbst.“ (Mk 12,31) Das ist der Kern des Gesetzes, auf den Jesus wiederholt die Aufmerksamkeit gerichtet hat. Das Gebot der Nächsten- und Selbstliebe bringt uns ständig an die Grenzen des Menschenmöglichen. Ohne den liebenden Blick und den Dialog wird das Leben rechthaberisch. Ein friedliches Zusammenleben wird schwierig und das Leben wird zu einer tödlichen Gefangenschaft.

In der himmlischen Gemeinschaft werden wir einmal frei von allen Rollenfestlegungen sein. Wir können eine von Rollen befreite Gemeinschaft schon jetzt einüben. Das ist der entschei-

---

[38] Anschaulich wird das im Austausch zwischen Jesus und dem mit ihm Gekreuzigten: Jesus steht ihm in dieser verzweifelten Situation bei (Lk 23,43).

dende Schritt, den wir gehen, wenn wir uns in die Rollen der anderen hineinversetzen.

Natürlich brauchen wir vorübergehend Gesetze zum Schutz von Leben, denn in einer Gesellschaft ohne Empathie wird Leben verletzt. Wenn wir uns nicht in die Situation der anderen hineinversetzen, kann es zu unberechtigten Schuldzuweisungen kommen: „Die Armen seien an ihrem Schicksal selbst schuld, da sie nicht gesund gelebt oder genügend in der Schule gelernt hätten."

Wenn wir bei solchen Vorstellungen bleiben, leben wir wieder in der Blase unserer eigenen Bilder vom Anderen. Wir sind von den anderen und ihren Inspirationen getrennt. Dann empfehlen wir anderen vielleicht einen Rollenwechsel; wir meinen zu wissen, was die tun müssten, um z. B. aus den Drogen oder anderen Gefangenschaften zu entfliehen. Wir sehen dann aber unsere eigenen Gefangenschaften und Süchte nicht. Wir verlieren so den Hunger auf unsere Befreiung, denn wir sind in unserem Leben selbst in Rollen gefangen. Aber die Freiheit von allen Festschreibungen und Einengungen ist uns doch verheißen!

3.8 Die Andere und den Anderen in uns selbst entdecken

Jetzt wird es verwirrend, denn den oder die Andere können wir oft genug auch in uns selbst entdecken. Vielleicht beginnt dieser Prozess damit, dass wir uns die Argumente des Gegenübers so aneignen, dass sie für die eigene Position taugen. Dieser Prozess wird noch intensiver, wenn wir die Gefühle und inneren Bewegungen des Gegenübers intuitiv in unserem eigenen Körper spüren, in Freundschaften und auch in der sexuellen Begegnung. Dabei ist es zentral, dass er oder sie immer noch Gegenüber bleibt, ohne von uns vereinnahmt zu werden. Das erleben wir in gelingenden Liebesbeziehungen, aus denen nicht selten gemeinschaftliches Handeln entsteht.

Die andere Person spüren – in dieser liebenden Verbindung spiegelt sich der göttliche Impuls, den uns Jesus offenbarte, wie Paulus schreibt (Phil 2,5–7). Er war wie Gott, hielt aber nicht daran fest, wie Gott zu sein: Er ging aus sich selbst heraus und wurde Mensch. Und so ging er in sein Gegenüber ein – ein mystischer Rollenwechsel. [Christian schreibt: Weiter!]

3.9 Die andere in uns selbst
(Maria Jans-Wenstrup)

Meine Partnerin Gabriele und ich haben länger über diesen Textanfang von Christian gesprochen und von diesem Gespräch her nehme ich seine Einladung an, daran ein wenig weiterzuschreiben.

Zunächst leuchtet mir unmittelbar ein, dass dieses „Entdecken der Anderen in mir selbst" in einer Liebesbeziehung geschieht. Empathie, Einfühlungsvermögen ist etwas, das auch in beruflichen Zusammenhängen und einfach im zwischenmenschlichen Kontakt wichtig ist. Da ist es ein Ideal, ein Ziel, um das ich mich bemühe. Mir scheint, bei einem Menschen, den ich liebe, geschieht es einfach, weil ich so offen und bereit bin, mich emotional einzulassen, mich berühren zu lassen: Dadurch, dass du mir nahe bist, tut es mir weh, wenn dir etwas weh tut, spüre ich deine Freude auch in mir. Da ich viel mehr als Person beteiligt bin, reagiere ich aus meiner Tiefe. Weil ich mich weniger distanzieren kann und will, spüre ich Schmerz und Freude, Hoffnung und Angst unmittelbarer mit.

Das ist klar meine Erfahrung. Es ist aber auch problematisch und da beziehe ich mich auf Christians Mahnung, dass die Andere „immer auch Gegenüber bleibt". Ich halte es für überlebenswichtig für eine Beziehung, die Andere wirklich die Andere sein zu lassen: Ich will den Schmerz, den ich spüre, nicht für deinen halten, auch wenn er aus dem kommt, was du erzählst; dein Schmerz fühlt sich trotzdem ganz anders an als das, was aus deinem Erzählen heraus in mir entsteht.

Konkret merken wir das an unserer Trauer. Wir beide haben vor einigen Jahren unseren je liebsten Menschen durch plötzlichen Tod verloren. Das ist ein Erfahrungshintergrund, der uns intensiv verbindet. Bei uns beiden wird – meistens zum Glück zeitversetzt – die Trauer um diesen Verlust immer mal wieder heftig lebendig. Das miterleben macht auch die andere traurig. Aber: Ist das dann ein Spüren der Trauer der anderen in mir selbst? Oder wird durch das Erleben dieser Trauer bei der anderen die meine von neuem angerührt und ich reagiere mit meiner ureigenen Trauer? Das lässt sich nicht auseinanderhalten und muss man auch nicht. Es ist sogar wahrscheinlich, dass das, was wir beide mit dem Wort „Trauer“ bezeichnen, sich für uns jeweils sehr verschieden anfühlt.

Dieser Versuch der Durchdringung hilft mir, mir die Versuchung bewusst zu machen, die andere zu vereinnahmen, indem ich ihre Gefühlswelt zu verstehen meine. Und dieser Versuchung zu widerstehen, soweit das geht. Das Anderssein der Anderen zutiefst anzuerkennen, ist Grundlage für eine achtungsvolle Beziehung, aber es beinhaltet auch ein gewisses Maß an Einsamkeit, die wir annehmen müssen. Von dieser Seite aus gesehen ist es ein Geschenk, ja ein Wunder, dass wir bei so großer Verschiedenheit uns so nahe sein können.

BUCH VIER:
GEISTLICHE ÜBUNGEN AUF DER STRASSE IN DREI ETAPPEN

Rollenwechsel verunsichern. Der Mut zum Rollenwechsel besteht darin, sich auf das Wechselspiel von Gewissheit und Verunsicherung einzulassen (vgl. Buch 3). Damit ich mich im Rollenwechsel nicht verirre, ist die in den Exerzitien geübte Haltung der Reflexion hilfreich. Sie wird im geistlichen Gespräch miteinander praktiziert, ein Gespräch, das wir auch im Alltag brauchen. Die Exerzitien vermitteln Sprache für geistliche Erfahrungen, eine Sprache, die im Alltag weiter gesprochen werden kann. Die Geschichte von Emmaus war für Christian beispielhaft für einen alltagstauglichen Reflexionsprozess, der die Exerzitien an ihrem Ende mit dem beginnenden Alltag nach den Exerzitien verbindet.

Klaus Mertes

ERSTE ETAPPE:
INS JETZT KOMMEN

4.1 Offen und aufmerksam unterwegs

Bei Straßenexerzitien gehen die Teilnehmenden meistens einzeln, neugierig, ohne besondere Eile durch die Stadt oder aufs Land. Sie wissen zunächst nicht sicher, wohin sie sich wenden sollen. Doch durch die Offenheit und Verlangsamung können sie Dinge und Menschen sehen, die ihnen gewöhnlich nicht aufgefallen wären. Sie entdecken das Leben anderer Menschen oder verschiedene scheinbar zunächst unbedeutende Hinweise. Das kann z. B. ein Straßenschild sein: Einbahnstraße oder Kreisverkehr. Solche Zeichen können an eigene Fragen erinnern. Die Teilnehmenden spüren, dass in ihnen ein Hunger ausgelöst wird oder eigene Fragen lebendig werden. Dann folgen die Übenden diesen Anstößen und lassen sich an den Ort führen, an dem sie eine Antwort bekommen oder sich selbst neu begegnen können. Der neue Blickwinkel öffnet ihnen auch die Augen für die Beziehungen zu anderen Menschen oder Themenfeldern. Alte Entscheidungen können überprüft und neue Perspektiven sichtbar werden.

Am Abend kehren alle, die sich den Tag über in ihrer Aufmerksamkeit übten, zurück und erzählen in der Gruppe von den Erfahrungen ihres Tages. Alle hören ihnen zu. Darunter sind die beiden einladenden Begleiter:innen, meist eine Frau und ein Mann. Sie haben in eigenen Exerzitien befreiende, ihr Leben erneuernde Erfahrungen gemacht. Auch alle anderen in der Gruppe hören mit ihren Erfahrungen auf jene der Mitübenden, fragen nach und helfen der erzählenden Person, die Spuren des anwesenden Gottes zu entdecken. Dieser Gesprächsprozess unterstützt die übende Person, sein oder ihr Leben neu zu ordnen und auszurichten. Das kann als kleinere oder größere Bekehrung erlebt werden. Die eigene und auch die bei anderen miterlebte Erfahrung nehmen die Teilnehmenden mit zurück in die bekannte, doch nun neu zu entdeckende Welt, mit ihren familiären, beruflichen, politischen, religiösen und ganz persönlichen Straßen jeder/jedes Übenden.

Im Alltag springen wir oft über das Jetzt hinweg. Wir verweilen noch in Gedanken bei etwas Vergangenem oder beschäftigen uns schon zielgerichtet mit dem Zukünftigen. Doch vieles bleibt dem schnellen und nur selektiv interessierten Blick verborgen. Deshalb ist für die Übenden entscheidend, über eine innere Schwelle zu gehen, den Wunsch nach Effektivität und Gewinn hinter sich zu lassen. Auch ein Ergebnisdruck und alle Vorstellungen, wie etwas sein sollte, die wie eine Mauer zwischen der Wirklichkeit und den Übenden stehen, sollten keine Rolle mehr spielen. So können die Übenden unverstellt und aufmerksam die ihnen zufallenden Impulse entdecken.

Auf dieser Schwelle wird die Erzählung aus dem schon fortgeschrittenen Leben von Mose während seiner Arbeit als Hirte eingebracht: „Er ging über die Steppe hinaus“ (Ex 3,1).

Er ließ damit alle im Alltag wichtigen Erfahrungen und Vorentscheidungen zurück und stellte sich der Wirklichkeit hier und jetzt. Auch die in den Exerzitien Übenden sind zu diesem entscheidenden Schritt, dem Ausstieg aus der Geschäftigkeit[39], eingeladen, um in die unverstellte Aufmerksamkeit zu kommen, also offen zu werden für eine tiefere Begegnung ihrer ganzen Existenz in dem gegenwärtigen Moment. Meist gehen die Übenden an ihnen fremde Orte, ihr Leben verlangsamt sich und sie bemerken dann die vorher übersehenen Ereignisse.

4.2 Die allen offene Straße

Alle für die persönliche Suche notwendigen Elemente können auf den uns zugänglichen Straßen entdeckt werden. Darin können sie auch Spuren von Jesus finden, der von sich sagte: „Ich bin die Straße, die Wahrheit und das Leben.“ (Joh 14,6)

Wo finden wir den Auferstandenen auf der Straße?

Mitten unter den Menschen mit ihren Themen lebt der Auferstandene auf der Straße und er lässt sich durch die auf ihn hinweisenden Spuren finden. Die Unbegrenztheit der Straße macht dies möglich: Die in die Weite führende Straße ist ja auch ein Bild Gottes, da er alles umfasst und überall anwesend ist, im Nächsten und auch in den Übenden selbst.

Die Straße kann uns mit ihrer Reizvielfalt und der Fülle an Impulsen überfordern. Wir sind ihrer Reizüberflutung ausgesetzt und müssen uns immer wieder entscheiden: Wo und wie kommen wir in die aufmerksame hörende Ruhe, die es möglich macht, andere und uns selbst nicht nur in Funktionen oder anderen Zuordnungen wahrzunehmen? Wenn das gelingt, kann sich auf der Straße unsere innere Ausrichtung spiegeln; durch ein Stichwort können wir auf eine in uns gespürte Freude oder Neugierde stoßen, die nach einer Antwort sucht.

So verstanden kann auch die Natur zur Straße und damit zum Übungsort werden.

---

[39] Englisch: Step out of the traffic.

Die Nacht ist eine besondere Zeit für solche Übungen. In der Nacht werden die meisten Straßen still, so still kann unser Herz aber auch mitten im Trubel des Tages werden. Jesus ließ sich regelmäßig an diese Stille erinnern, wenn er sich nachts einsam zum Gebet auf einen Berg zurückzog (vgl. Mt 14,23; Lk 6,12). Und sie begleitete ihn auch in turbulenten Zeiten seines Lebens, in denen er in der Einsamkeit vielerlei Konflikte durchlebte. So kann die alte Praxis der Mönche eine Hilfe in den Zeiten existenziellen Suchens sein: den Nachtschlaf zu unterbrechen, um sich im Gebet neu auf Gott auszurichten. Zeiten der Schlaflosigkeit können gute Zeiten sein, auf Gott zu hören. Natürlich kann es nicht darum gehen, sich selbst durch Schlafentzug zu foltern, eine Praxis, die auch in der privaten Lebensführung verbreitet ist.

4.3 Einstieg in die Exerzitien: Hilfestellungen aus der Bibel

Die Einstimmung und Aussendung der Jünger Jesu (Lk 10,1–11)

Der Bericht über die Aussendung der zweiundsiebzig Jünger:innen beginnt mit der Ermahnung, die Fessel der Aufmerksamkeit zurückzulassen:

„Geht, ich sende euch wie Schafe mitten unter die Wölfe. Nehmt keinen Geldbeutel mit, keine Vorratstasche und keine Schuhe! Grüßt niemanden unterwegs!“ (Lk 10,3–4)

„Schafe mitten unter die Wölfe.“ Die Übenden sollen sich über die Welt, in der wir zusammen mit Wölfen leben, nicht täuschen. Wir können sie nicht vertreiben, sie gehören zu dieser Welt und die Hoffnung, im direkten Machtkampf mit ihnen zu bestehen, ist eine Illusion. Diese Zustandsbeschreibung ist der Ausgangspunkt für die Übungen: Welche Wölfe würden wir gerne füttern und zähmen; sie damit in unsere Herzen lassen, um dann starke Begleiter zu haben?

„Nehmt kein Geld mit." Diese Mahnung verstehe ich so, dass die Übenden das Futter für die Wölfe zurücklassen sollen. Die Wölfe würden immer ihrem Instinkt folgen und Euch fressen. Verlasst Euch also nicht auf die Macht des Geldes. Nehmt es gar nicht erst mit! Verzichtet auch darauf, geldwerte Dinge mitzunehmen oder euch auf Beziehungen zu stützen, sodass ihr kein Geld braucht. Nehmt auch diese versteckten Ersatzmittel nicht mit!

„Lasst auch eure Schuhe zurück." Das heißt: Gebt acht auf die Wirklichkeit vor Ort![40]

Die Anweisung „Grüßt nicht unterwegs" spielt auf eine biblische Erzählung an, die nicht besonders geläufig ist, weshalb diese Anweisung Jesu anfangs unverständlich scheint. Bibelkundige Juden aber kannten sie aus dem zweiten Buch der Könige:

Elischa verheißt der kinderlosen Schunemiterin auf ihre Bitte hin, dass sie ein Kind bekommen wird. Doch als das Kind groß wird, erkrankt es und stirbt in den Armen seiner Mutter. Als sie Elischa aufsucht, schickt dieser seinen Schüler Gehasi, um das tote Kind wieder ins Leben zurückzuholen: „Mach dich auf den Weg. Wenn du jemand begegnest, so grüße ihn nicht; und wenn dich jemand grüßt, so antworte ihm nicht." (2 Kön 4,29) Gehasi darf keine Zeit verlieren, denn es geht um Leben und Tod. Grüßen ist im Orient mehr als ein Höflichkeitsgestus. Die Orientalen praktizieren in der Begegnung einen intensiven Austausch, sie diskutieren, machen Geschäfte und gehen manchmal auch mit in die Häuser und genießen die Gastfreundschaft. Grüßen kann viel Zeit beanspruchen.

In dem Sinne kann die Mahnung auch für die in den Exerzitien Übenden gelten: Sie sollen ganz ihrer Sehnsucht folgen und sich nicht von dieser Richtung ablenken lassen.

---

[40] Vgl. Kapitel 4.6 zu Ex 3.

Hagar (Gen 16)

Die Ägypterin Hagar ist die Magd von Sarai, der Frau Abrahams. Weil Sarai keine Kinder bekommt, schlägt sie Abraham vor, Hagar als Leihmutter zu berufen, an ihrer statt den verheißenen Stammhalter zur Welt zu bringen. Als Hagar nach der Begegnung mit Abraham schwanger wird, drangsaliert Sarai sie. Abraham unterstützt sie darin: „Siehe, sie ist deine Sklavin, sie ist in deiner Hand. Tu mit ihr, was in deinen Augen gut erscheint!" Nachdem er dies zu seiner Frau gesagt hatte, entzieht sich Hagar ihrer Herrin und läuft überfordert in die Wüste. Das bedeutet eigentlich den Tod des Kindes und auch der Mutter. Doch an einer Wasserstelle angekommen, trifft Hagar einen Engel, der ihr einen wilden Sohn und reiche Nachkommenschaft verheißt.

Da nannte sie den Herrn, der zu ihr gesprochen hatte: El-Roi. Sie sagte nämlich: „Habe ich nicht nach dem geschaut, der nach mir schaut?" (Gen 16,13)

Hagar war eine abhängig Beschäftigte, eine Fremde aus Ägypten, dem Land, in dem Israel später unterdrückt wird. Von dieser Frau wird erzählt, dass sie als erster Mensch in der Bibel Gott mit dem Namen anspricht, den sie aufgrund ihrer eigenen Erfahrung gefunden hat.

Diese Erzählung ist für die Übenden eine Ermutigung, selbst nach dem persönlichen Namen Gottes zu suchen und sich von ihm begleiten zu lassen. Das entspricht einer Praxis der Sufis: Die Meister geben den Übenden jeweils einen oder mehrere der 99 Namen Gottes aus dem Koran mit auf ihren Weg, um im betenden Kontakt mit Gott zu bleiben. Die Kriterien der Sufis für die Auswahl solcher persönlichen Namen Gottes sind mir nicht bekannt. Die Ägypterin Hagar fand den Namen, der ihr persönlich geschenkt war.

Auch die Übenden wollen ihrem eigenen Namen für Gott auf die Spur kommen, um wie Hagar eine Begleitung auf dem weiteren Weg zu haben.

Die Berichte über die Versuchung Jesu (Mt 4,1–11; Lk 4,1–13) beginnen mit der Taufe im Jordan (Mt 3,13–17; Lk 3,21–22). Hier bekennt sich Jesus als zu seinem Volk mit seiner Glaubensgeschichte zugehörig. Er spricht sein großes JA. Dann wird er von dem Widersacher in die Wüste geführt und nach einem vierzigtägigen Fasten geprüft, auf seine Bereitschaft NEIN zu sagen, um das gesprochene Ja zu schützen.

Richtungsweisend ist das dreimalige Nein, das Jesus dem Versucher entgegenschleudert.[41] Er sagt einem reinen Versorgungsdenkens ab sowie der Macht und dem Beifall für eine Zirkusnummer. Solche Angebote finden sich in vielen Versuchungen des Alltags wieder: Vom Anspruch auf sofortige Wunscherfüllung bis hin zur Drogensucht, von den unterschiedlichen Formen des eigenen Geltungsbedürfnisses bis zum vielfältigen Machtmissbrauch in der Gesellschaft.

Die Erzählungen bei Matthäus und bei Lukas beginnen mit der die Versorgung sicherstellenden Versuchung, Steine in Brot zu verwandeln. Wie auch später in seinem Leben widerspricht Jesus mit einem Wort aus der Bibel: „Der Mensch lebt nicht vom Brot allein." (Lk 4,4 als Zitat aus Dtn 8,3) Matthäus ergänzt das Zitat: „sondern von jedem Wort, das aus Gottes Mund kommt" (Mt 4,4). Die Lebensmittel sind wichtig, doch sie alleine sichern das Leben nicht.

Dies kann bei der persönlichen Suche nach dem Leben eine Orientierung sein.

In der zweiten und dritten Prüfung des Getauften greift auch der Versucher zur Bibel: Lukas erzählt weiter: Jesus wird auf die Zinne des Tempels geführt und soll sich dort hinunterstürzen. Die Engel würden ihn sicher auffangen. Da hört Jesus auf zu argumentieren und weist das als Zirkusnummer zurück: „Du sollst den Herrn, deinen Gott, nicht auf die Probe stellen" (Lk 4,12). Ähnlich abrupt endet die Erzählung im Matthäusevange-

[41] In der gottesdienstlichen Praxis ist die Voraussetzung für die Taufe das „Widersagen", also NEIN sagen können.

lium: „Weg mit dir, Satan! Denn in der Schrift steht: Den Herrn, deinen Gott, sollst du anbeten und ihm allein dienen.“ (Mt 4,10)

Ende einer Diskussion. Der Versucher buhlte um Begründungen, um Jesus in die Beziehung aus Zweifeln und Selbstüberschätzung hineinzuziehen. Aber Jesus weist das mit großer Klarheit ab.

4.4 Lieder und Gebete für den Weg

Wenn sich der Kontakt mit dem unsere Befreiung begründenden Gott im Gebet fortsetzt, dann steht er uns beim Entdecken seiner Botschaft bei und zeigt uns einen Weg, im Wahrnehmen zu bleiben und durch viele Hindernisse hindurchzugehen.

Immer können wir damit rechnen, dass Gott uns erwartet. Dies gilt auch und besonders dann, wenn wir nicht mit ihm rechnen.

Die Menschen halten sich auf unterschiedliche Weise bereit, damit ihr Herz für Gott ansprechbar bleibt. Für viele Menschen ist Musik mehr als Worte, da sie direkt ins Herz geht. Ein häufig wiederholtes Lied kann helfen, sich für Gott zu öffnen; es kann zu einem Ohrwurm werden, der auch später dabei helfen wird, Gott zu erinnern.

Eine Teilnehmerin schreibt:

„Für mich waren betende Lieder:

- Wechselnde Pfade, Schatten und Licht; alles ist Gnade, fürchte dich nicht.
- Lasst uns dem Leben trauen, weil Gott es mit uns lebt.[42]

In ihrem Rhythmus konnte ich atmen und gehen, bis der Schöpfer selbst, erst unbemerkt dann voller Fröhlichkeit, in mir sang und ich ihm lauschend nachging.“

---

[42] Aus den Schriften von Alfred Delp, der kurz vor Kriegsende in Plötzensee umgebracht wurde.

Ebenso können die folgenden Gebete aus der franziskanischen Tradition[43] und von Nikolaus von der Flüe Übende begleiten und zu Wegweisern durch den Tag werden:

Herr, lass mich trachten,
nicht, dass ich getröstet werde, sondern dass ich tröste;
nicht, dass ich geliebt werde, sondern dass ich liebe.

Nimm alles von mir,
was mich hindert zu Dir.
Gib alles mir,
was mich fördert zu Dir.
Nimm mich mir und gib mich ganz zu eigen Dir.[44]

4.5 Buddhistische Anregungen

(Heinz-Jürgen Metzger[45])

Ohne voneinander zu wissen, begannen Christian und ich vor mehr als 20 Jahren Übungen unserer Tradition aus der Stille und den strukturierten Abläufen von Tagungshäusern in das Alltagsleben deutscher Großstädte zu tragen: Christian führte Exerzitien auf der Straße durch, ich Straßen-Retreats. Schon bald trafen wir uns zu einem ersten Erfahrungsaustausch. Doch es blieb nicht bei einem Treffen, wir trafen uns immer wieder, teilten Erfahrungen und Ideen, wurden Freunde. 2019 setzten wir dann um, was wir immer mal angedacht hatten, eine gemeinsame Veranstaltung, zu der wir Christ:innen und Buddhist:innen einluden: Exerzitien auf den Straßen – Begegnungen jenseits der Stille. Neun Tage verbrachten Christian und ich zusammen mit sechs Teilnehmenden in Berlin.

Im Folgenden möchte ich auf die Texte eingehen, die Christian unter dem Titel „Anregung von meinem buddhistischen Freund

---

43 Das folgende Gebet, Franz von Assisi zugeschrieben, stammt aus dem frühen 20. Jahrhundert aus Frankreich.

44 Nikolaus von Flüe (1417–1487).

45 Heinz-Jürgen Metzger ist Zen-Mönch und spiritueller Leiter der BuddhaWeg-Sangha (www.buddhaweg.de).

Heinz-Jürgen Metzger (Solingen)" bei einem gemeinsamen Kurs von Christen, Buddhisten und anderen Suchenden hinterlassen hat.

Der amerikanische Zen-Meister Bernie Glassman (1939–2018) gründete die *Zen Peacemakers*, die die Praxis von Zazen, der sitzenden Meditation in Stille, und soziales Engagement zusammenführen. Sehr wichtig war ihm, mit Zen-Praktizierenden an Orte zu gehen, an denen sich Leid besonders stark manifestiert. So begann er, Retreats im ehemaligen KZ Auschwitz und auf den Straßen von Großstädten durchzuführen.

Grundlage dieser Retreats sind die *Drei Grundsätze* Nicht-Wissen, Teil sein, Handeln in Einheit. Christian schreibt dazu:

„Im Nichtwissen bleiben

Bernie Glassman hat dazu aufgefordert, all das loszulassen, was wir wissen (oder zu wissen glauben), um uns in völliger Offenheit wirklich auf die gegenwärtige Situation einzulassen, um zu sehen, was jetzt ist. Erst nachdem wir die gegenwärtige Situation ohne durch Vorwissen gefärbte Brillengläser betrachtet haben, greifen wir sinnvoll auf das Wissen zurück.

In der gegenwärtigen Situation wird deutlich, über wie wenig wirkliches Wissen wir verfügen. Wir wissen nicht, wie unsere persönliche, unsere familiäre, unsere gesellschaftliche, unsere wirtschaftliche Situation in zwei Wochen oder zwei Monaten aussehen wird."

Wissen stammt immer aus der Vergangenheit. Leben geschieht aber immer jetzt. Um sich in Exerzitien oder einem Retreat auf der Straße den Menschen, denen man begegnet, wirklich zuwenden zu können, ist es erforderlich, all das wegzulassen, was wir zu wissen glauben.

„Die Wirklichkeit wahrnehmen – Teil sein

Das Corona-Virus, das vor wenigen Wochen zum ersten Mal in China aufgetreten ist, bedroht inzwischen die Gesundheit von Menschen auf allen Kontinenten. Das Verhalten jedes einzelnen Menschen hat Einfluss weit über die Grenzen des jeweils sichtbaren Einflussbereichs hinaus."

Wir sind immer Teil von einem Ganzen, das weit über das hinausgeht, was wir gerade wahrnehmen. In einem Retreat oder Exerzitien auf der Straße reicht es nicht, einfach nur anwesend zu sein, man muss wirklich Teil der Situation werden, wirklich arm werden, auch wenn man es nur für ein paar Tage wird (und die Gehaltszahlungen weiterhin auf dem Bankkonto eingehen).

„Handeln aus der Einheit heraus

Wenn wir tief verstehen, dass wir nicht getrennt sind von allem, was ist und geschieht, orientiert sich unser Handeln in Gedanken, Worten und Taten an der wahrgenommenen Einheit.

Das heißt nicht, dass wir gegen unsere persönlichen Bedürfnisse und Interessen verstoßen müssen, sondern es fordert uns auf, den Einfluss zu sehen, den unser Handeln auf andere hat, und dann eine Entscheidung zu treffen, die unserer Verantwortung uns selbst und anderen gegenüber gerecht wird."

Wenn wir wirklich Teil des Lebens auf der Straße werden, handeln wir nicht mehr aus unserem Wissen und unseren vorgefassten Meinungen heraus, sondern aufgrund der Erfahrung, die wir mit den Menschen teilen, die auf der Straße leben (müssen).

Bei Exerzitien auf der Straße kehren die Teilnehmenden abends in eine einfache Unterkunft zurück, in der sie sich eine Mahlzeit mit Lebensmitteln kochen, die sie von eigenem Geld gekauft haben. Demgegenüber reisen die Teilnehmenden an Straßen-Retreats mit leeren Händen an, ohne Geld, nur mit der Kleidung, die sie am Leib tragen, einem Ausweis und ggf. einer Rückfahrkarte. Hierzu merkt Christian an:

„Auf die Straße mit leeren Händen gehen

Losgehen mit leeren Händen

Mit der Dankbarkeit atmen zu können – Die Zeit nehmen hungrig zu werden – Nur an einem Ort bleiben – Dankbar unternehmungslustig – gelebt zu haben und es nicht mehr können – Zeit zu haben, ohne zu wissen wie lange – Weglegen des immer Neuen, des Mehr haben wollen, des interessant sein zu wollen und jede Form einer Sucht.

Auf den anderen zugehen mit leeren Händen

Mit Freude auf das Dasein – Der Andere ist ein Mensch wie ich – Die Natur als Begleitung annehmen.

Mit leeren Händen sich selbst begegnen

Mit Trauer über die eigene Schuld – Mit Schmerz über die Krankheitsphase – Mit Freude über die einzelnen Begegnungen."

An jedem Morgen sind Christian und ich im Tiergarten spazieren gegangen, haben den vorherigen Tag reflektiert und darüber gesprochen, welche Impulse wir für die kommenden Stunden setzen wollten. Die Spaziergänge waren schön und für uns beide bereichernd, waren kürzer oder länger, je nachdem, was Christian sich zumuten konnte oder wollte.

In den Gesprächen nach den *Exerzitien auf den Straßen – Begegnungen jenseits der Stille* waren wir uns einig, dass wir, aufbauend auf unseren Erfahrungen, einen weiteren Kurs anbieten wollten. Leider ist es dazu nicht mehr gekommen.

ZWEITE ETAPPE: AUFMERKSAM IN BEZIEHUNG TRETEN

4.6 Eine Sprachschule

Da die Teilnehmenden bei Straßenexerzitien aus unterschiedlichen Traditionen mit jeweils eigenen Sprachen kommen, scheint mir sehr wichtig, am Anfang eine gemeinsame Sprache zu entwickeln. Ich selbst hatte oft keine Worte für die Begegnung mit meinem Gott. Darum wurde mir die Erzählung über die Ur-Begegnung von Mose mit Gott (Ex 3) wichtig. Die Bilder vom „brennenden Dornbusch, der nicht verbrennt", vom Weg „über die Steppe hinaus", vom „Heiligen Boden" und vom „Schuhe ausziehen", helfen mir, mich mitzuteilen und kreativ zu beschreiben, worauf es mir ankommt. Sie sind wie eine Sprachschule. In Ehrfurcht angemessene Worte für das Heilige zu finden, bedeutet, Gott ohne Schuhe zu begegnen.

Anfangs erzählen die Begleitenden die Geschichte von Mose:[46] Mit eigenen Worten, frei vorgetragen erinnern sie an die Zeit der Morde: Alle männlichen Nachkommen des Volkes Israels sollen sofort nach der Geburt ermordet werden. Doch die Tochter des Pharaos nimmt einen dieser Jungen auf, nennt ihn Mose (aus dem Wasser gezogen) und „erzieht ihn als ihren Sohn. Mose wurde in aller Weisheit der Ägypter ausgebildet, er war mächtig in Wort und Tat."[47]

Mit vierzig Jahren bricht er auf, sein Volk zu suchen, das Fronarbeiten verrichtete und viel Unrecht erleiden musste. Darüber kommt Mose in Wut und erschlägt einen der Aufseher. Er hofft auf eine Revolte. „Er dachte, seine Brüder würden begreifen, dass Gott ihnen durch seine Hand Rettung bringen wolle; doch sie begriffen es nicht." So fasst Lukas in der Apostelgeschichte das Leben von Mose zusammen (Apg 7,25).

Um der Verfolgung zu entgehen, flieht Mose in die Steppe, wo er abends den Töchtern Reguëls, des Priesters von Midian, an der Tränke hilft, als sie mit ihren Tieren von anderen Hirten beiseitegedrängt werden (Ex 2,16 f.). Daraufhin nimmt ihr Vater Mose in die Familie auf. Mose heiratet Zippora, eine der sieben Töchter von Reguël, und der vertraut ihm die Tiere der Sippe an. Dem Ehepaar werden zwei Söhne geboren. Einer bekommt den Namen: Gerschom – das heißt Ödgast – denn Mose sagte: „Gast bin ich in fremdem Land" (Ex 2,22). In dem Namen begegnet uns die Sehnsucht von Mose nach seinem Volk. Nach weiteren vierzig Jahren[48] trieb Mose „das Vieh über die Steppe hinaus und kam zu dem Gottesberg Horeb. Dort erschien ihm ein Engel des Herrn in einer Flamme des Dornbusches. Er schaute hin, da brannte der Dornbusch und verbrannte doch nicht. Mose sagte: Ich will dorthin gehen und mir die außergewöhnliche Erschei-

---

[46] Darauf legt Ignatius von Loyola in der Begleitung wert: Die Begleitenden sollen sich dem Bibeltext stellen und das benennen, was sie darin anspricht. Dadurch öffnen sie auch anderen den Zugang.

[47] Christian verweist hier auf die Nacherzählung des Geschehens durch Stephanus in Apg 7,21 ff.

[48] So wieder die Interpretation in Apg 7,31.

nung ansehen. Warum verbrennt denn der Dornbusch nicht?" (Ex 3,2f.)

Aus dem brennenden Dornbusch wird er angesprochen und bekommt seine Lebensaufgabe: Die Befreiung seines Volkes aus der Unterdrückung.

Da die Übenden diese Geschichte oftmals sehr gut kennen, können sie sich darauf beziehen, wenn sie die Erfahrungen des Tages erzählen. Die Sprachbilder bieten eine Struktur dafür an. Die Begleitenden können mit diesem Geländer genauer nachfragen. Die Worte der Erzählung helfen, die Erfahrungen auf der Straße zu erkunden:

Wo bist Du mit Deiner Sehnsucht über die Steppe, über Deinen Alltag hinausgegangen?

Wo hast Du etwas erst Unauffälliges entdeckt, und wurdest ähnlich wie Mose überrascht und bist hingegangen?

Hast Du dort Deine Schuhe ausgezogen und bist ins Hören gekommen?

Bemerktest Du eine Botschaft der Befreiung, wie sie Mose bekam? Seine Berufung geschieht in der jüdisch-christlichen Tradition bei der Begegnung Gottes in der Wüste am brennenden aber nicht verbrennenden Dornbusch.

Alternativ kann auch eine andere Lehrgeschichte genommen werden. Zum Beispiel in der Weihnachtszeit die Ankündigung der Geburt Jesu: Auch sie bietet Sprachbilder, um von den eigenen Erfahrungen zu erzählen: Der Prozess der Einwilligung bei Maria (Lk 1,26–56) und bei Josef (Mt 1,18–25). Sicherlich können auch Erzählungen aus anderen religiösen Traditionen eine Hilfe sein, sich bereit zu machen, zu hören und zu sehen.

Mit der bildgewaltigen Sprache der Bibel kann die übende Person nun weitererzählen, wo sie die Spuren des zur Welt gekommenen Gottes entdeckte und welche Aussagen ihr so wichtig wurden, dass sie die Schuhe (des Herzens) auszog, um still auf Gottes Botschaft zu hören.

Nach und nach entdecken die Übenden mit ihren persönlichen Filtern und Wahrnehmungsweisen die für sie anregenden Töne von den sehr unterschiedlichen Sprachen der Straßen. Jede Straße ist auf andere Weise herausfordernd: Eine Spielstraße, eine Schnellstraße, eine Straße mit Kirchen, Läden für Gebrauchsgegenstände oder Luxus, Fabriken oder anderen Arbeitsstätten, Gartenwege oder Wege in Sportstätten, im Museumsdorf, zum Flüchtlingslager oder einer Gedenkstätte, im Erholungspark oder auf dem Friedhof, am Flughafen oder Bahnhof. Überall treffen wir auf andere Menschen und Sprachen.

4.7 Wohin sollen die Übenden aufbrechen?

Jeder Ort kann für die Übenden zu einem heiligen Ort der Begegnung mit Gott werden, einem Ort, wo Gott uns anspricht und wir ihn verstehen können. Auch wenn sie anfangs hilflos losgehen, so werden sie sicherer in der Wahrnehmung, dass sie gerufen werden, wie auch immer sie den Rufenden benennen mögen. Vorteilhaft ist es oft, den bekannten Lebensbereich zu verlassen und sich unerkannt auf den Weg zu machen. Doch auch dieser Hinweis ist kein Gesetz. Gott kann uns überall finden und wir können es überall bemerken, wenn wir unsere Wahrnehmung geschult haben.

Der Engel Gottes, der eine Botschaft für uns hat, ist nicht an rationale verständliche Vorgehensweisen gebunden. Das ist wie in allen Liebesbeziehungen. Die im wörtlichen Sinne zufälligen Orte, die einem also zufallen, sind immer eine Überraschung. Es ist wichtig, Raum für diese Unberechenbarkeit zu eröffnen. Das vorausgesetzt, kann ein Hinweis sein, dass Gott gemäß den biblischen Geschichten eher bei denen zu finden ist, die beiseitegeschobenen werden, als bei denen, die im Überfluss leben. Deshalb sollte der Lebendige eher an den Orten der Bedrängten gesucht werden.

Bei der Suche die eigene Frage ernst nehmen

Wenn die Übenden sich mit einer ureigenen Frage auf den Weg machen, können sie die Menschen vor Ort direkt fragen, ob sie darauf eine Antwort haben. Die Frage kann aus ganz verschiedenen Bereichen kommen, vom Ärger mit der Schwiegermutter bis zu der Frage: Wo finde ich Gott? Auch wenn der erste Hinweis nicht sofort zum Ziel führt, vertiefen die Übenden ihre Fragen, indem sie sie stellen. Sie kommen in Bewegung und können mit den erhaltenen Hinweisen nach einem oder mehreren Versuchen zum Ziel gelangen. Dann tritt eine große Freude ein und die Übenden setzen mit der Antwort ihren Weg weiter fort.

Geschichtliche Erinnerungsorte

Die Antwort auf die eigenen Fragen kann bei den Übenden im Kontext ihres Volkes zu finden sein. Entscheidende Etappen der Geschichte sind an den öffentlichen Erinnerungsorten nachzuvollziehen. Sie können helfen, die Resonanz an den Orten in der eigenen Sehnsucht zu spüren und nach den Konsequenzen zu fragen. So sind diese häufig schmerzhaften Orte eine Hilfe, sich an die Seite der Bedrängten dort zu stellen.

Erinnerungsorte der eigenen Geschichte

Auch die eigenen Lebensabschnitte werden an den persönlichen Erinnerungsorten wieder lebendig. Dort nehmen sich die Übenden länger Zeit und spüren ihren eigenen Lebensthemen nach, bis sie begreifen, wie sie dort von ihrer Sehnsucht und auch Gott geführt wurden. Dies dankbar wahrzunehmen und in die Kommunikation mit Gott zu kommen, führt weiter auf der Straße zu einem verantwortlich gestalteten Leben.

Aktuelle Orte gelebten Widerstandes oder existenzieller Themen

Noch dichter nehmen wir an den aktuellen Orten des Widerstandes die gegenwärtigen Fragen in der Gesellschaft wahr. Welche Reaktionen spüren wir dort? Können wir uns mit in die Reihe der Protestierenden stellen? Welche eigenen Argumente haben wir? Spüren wir bei ruhiger Betrachtung die Motivation zu einem eigenen Engagement? Suppenküchen in kirchlicher, selbstverwalteter oder staatlicher Trägerschaft, Heime, Krankenhäuser, Pflegestationen, Altenheime, Drogenentzugskliniken können solche Orte sein. Hier können die Übenden ihr eigenes Engagement in Augenschein nehmen und von den Mitübenden eine Rückmeldung bekommen. Sie können ihre eigenen Entscheidungen herausfordern und nach einer Antwort Gottes fragen.

Auch Orte, die an die Endlichkeit der Menschen erinnern, können dazu herausfordern, die anstehenden noch schlummernden Fragen zu entdecken.

Brüche als Chance wahrnehmen

„There is a crack in everything, that's how the light gets in." (Leonard Cohen, Anthem)

Alles hat Brüche und genau dies sind die Stellen, an denen das Licht hineinfällt! Kann man noch schöner sagen, was der Himmel ist?

Wir brauchen die Aufmerksamkeit für diese besonderen Licht-Fenster, Situationen, in denen wir wie die Hirten in ihrem Alltag sagen: „Auf, lasst uns hinübergehen nach Bethlehem!" Die Hirten erleben die große Freude darüber, dass dieses Kind zu ihnen gekommen ist, dass sie gemeint sind. Wenn wir wie die Hirten am Rande stehen, da wo manches nicht mehr stimmt in unserem Leben, wo wir ins Wanken geraten, können wir Gottes liebende Sehnsucht nach uns hören und darauf antworten und hinübergehen nach Bethlehem. Dort werden wir staunend empfangen.

4.8 Die abendliche Begleitung

Das Hören auf die Erfahrungen der Übenden zeichnet Exerzitien aus. Alle erzählen vor den Mitübenden und den selbsterfahrenen Begleitenden. Alle können auf das Vorgetragene reagieren und ein Stichwort geben, das den Übenden weiterhilft. Sie haben sich mit der Berufung Mose am Dornstrauch auseinandergesetzt und können mit der dort gelernten Sprache nachfragen, wie zum Beispiel: Welche Schuhe hast du dort ausgezogen oder sind dir dort ausgezogen worden? Und was hast du dann gespürt?

Im Vertrauen auf die Anwesenheit Gottes können irgendwann auch angstbesetzte Orte aufgesucht werden, besonders wenn eine Gruppe offen über ihre auch schmerzhaften Erfahrungen und ihr Scheitern erzählen kann. Wenn Übende nur von gelungenen Aktionen erzählen, dann mag dies die Begleitenden anfangs freuen. Doch sie werden prüfen, wie tragfähig die Erfahrungen sind, und selbstkritisch nachfragen, hungrig darauf, dass die Begleiteten mystische Erfahrungen machen dürfen, die ihnen weiterhelfen.

In die Offenheit treten

Wie können die Übenden in ihrem Verhalten und dem Verhalten anderer gegenüber offener werden? Vor dieser Frage stehen alle Gläubigen, so unterschiedlich die Religionen oder Weltanschauungen auch sein mögen, die ihnen Richtung und Halt geben.

Deshalb ist die Offenheit der Suchenden und der Austausch untereinander ein großes Geschenk. Meistens treffen sich schon in dem oder der Einzelnen, aber noch mehr in einer Gruppe verschiedene Spiritualitäten oder Glaubensrichtungen, die einander mit ihren Erfahrungen bereichern können, das Erlernte und Erfahrene nochmals aus einem anderen Blickwinkel anzusehen. Dieser Prozess muss in gegenseitiger Achtung verlaufen. Es kann nicht darum gehen, die anderen von der eigenen Perspektive überzeugen zu wollen, aber natürlich auch nicht darum, die eigene Sichtweise zu verbergen. Ja, diese Offenheit dem Anderen gegenüber, verbunden mit der Bereitschaft, die eigenen Lebensgewohnheiten in Frage zu stellen, ist herausfordernd. Doch es geht in den Exerzitien eben in jeder Hinsicht um die noch größere Offenheit Gott gegenüber. Der Prozess in dieser ersten Etappe ist eine Übung für die ganze Zeit der Offenheit. Gottes Handeln ist uns noch weniger begreifbar als vielleicht das vom Mit-Übenden oder einem Menschen auf der Straße, der als Bote Gottes dem oder der Übenden den entscheidenden Lebensimpuls geben kann.

In der ersten Etappe der Exerzitien und immer wieder im Leben geht es also um das große Geschenk, die Ohren frei zu bekommen, um auch leise Töne, im mitmenschlichen Bereich und in der Beziehung mit Gott, hören zu können. Das fällt nicht immer leicht. Doch ein spiritueller Prozess, bei dem wir um ein hörendes Herz bitten, beginnt immer wieder mit der Bereitschaft, auch Ungewohntes zu hören. So wurden die Propheten und das Volk Israel aufgefordert, vorbehaltlos zu hören. Mit der Ermahnung „Höre Israel" beginnt das zentrale Gebet der Juden und sie tragen oft Erinnerungen an diese Aufforderung – vergleichbar mit Tätowierungen – bei sich am Körper.

4.9 Ein ökumenisches Begleitkollektiv – eine Basisbewegung

Exerzitien werden grundsätzlich von Menschen begleitet, welche die dabei angestoßenen Prozesse aus eigener Erfahrung kennen. Das ist bei Straßenexerzitien nicht anders. Sie sind in ihrer Struktur den ignatianischen Exerzitien ähnlich. Während diese aber vorrangig in Einzelgesprächen begleitet werden, geschieht die Begleitung von Straßenexerzitien in Gruppen von maximal fünf Übenden. Oft gibt es zwei parallele Gruppen mit jeweils zwei Begleitpersonen, meist eine Frau und ein Mann. Dadurch werden 14 Menschen zu einer Gemeinschaft auf Zeit: bei den gemeinsamen Mahlzeiten, den Morgengebeten und den Gottesdiensten. Da die anderen Übenden die Berichte der Weggefährten mithören, können sie einander begleiten und dadurch ihre eigenen Erfahrungen vertiefen. Die Gruppe kann die Impulse der Begleitenden unterstützen oder auch manchmal korrigieren. Die Begleitenden entwickeln ein Gespür für die Prozesse der

Gruppe. Diese Prozesse beschränken sich natürlich nicht auf die Austauschgespräche am Abend.

Manchmal machen Übende einen Weg auch zu zweit. Ihre Wahrnehmungen können trotzdem sehr unterschiedlich sein und sie werden im Erzählen am Abend nebeneinander stehen bleiben. Jede und jeder sieht mit der eigenen Sehnsucht unterschiedliche Aspekte der Wirklichkeit.

So bekommen die Übenden ganz nebenbei auch Erfahrung darin, andere zu begleiten. Wenn sich dabei für die Begleitenden bei Übenden auffällige Begabungen zeigen, die anderen in ihren Anliegen zu verstehen und zu unterstützen, dann sprechen sie diejenigen nach dem Kurs an und eröffnen die Möglichkeit, zusammen mit einer erfahrenen Person eine Exerzitiengruppe mit zu begleiten. Diese Frage soll ohne Druck und Verpflichtung erst im Anschluss an die Exerzitien erwogen werden. Viele Übenden fühlen sich durch eine solche Rückmeldung ermutigt und lassen sich darauf ein, einmal zu Begleitenden zu werden. Wenn die Zeit reif ist, beginnt eine Ausbildung „learning by doing" begleitet von anderen Ausbildungen und Lektüre.

So hat sich vorrangig im deutsch- und im französischsprachigen Raum eine Gemeinschaft von Begleiter:innen gebildet. Die Gruppe der Begleitenden kommt aus unterschiedlichen spirituellen Kontexten, Gemeinschaften und Kirchen. Sie ist getragen von dem Grundvertrauen in das Wirken Gottes und die Begabungen der anderen. Die zahlenmäßig kleine Initiative der Straßenexerzitien[49] ist es dabei gewohnt, Grenzen zu überschreiten und sich immer wieder auf neue Formen und Orte für Straßenexerzitien einzulassen.

Einmal im Jahr gibt es an unterschiedlichen Orten ein Treffen aller Begleitenden, bei dem anstehende Fragen erörtert werden. Außerdem gibt es einen regen Mailverkehr, in dem sich über aufkommende Fragen ausgetauscht wird. Kurse und andere Mitteilungen werden über die Webseite www.strassenexerzitien.de kommuniziert. Hier werden auch spezifische Angebote kommuniziert, wie Exerzitien für junge Erwachsene, nur

---

[49] Im Jahr 2022 sind es rund 120 Begleiter:innen.

für Frauen, nur für Männer oder Paare. Bei vielen Gelegenheiten wie Kirchentagen werden auch kurze Exerzitien von einigen Stunden angeboten.

DRITTE ETAPPE: AUFMERKSAM UND DANKBAR ERINNERN – VOM LETZTEN TAG DER EXERZITIEN IN DEN ALLTAG

4.10 Der Rollenwechsel in Emmaus (Lk 24,13–35)

Im letzten Kapitel seines Evangeliums berichtet Lukas von der Situation, als die Frauen vom leeren Grab Jesu zurückkehren und von seiner Auferstehung berichten. In diesem hochdramatischen Moment brechen zwei aus dem Kreis auf, wohl um nach Hause zu gehen. Das ist eigentlich erstaunlich, da eine solche Krise doch die Solidarität aller erfordert. Hatte die beiden die Angst gepackt, bald ebenfalls umgebracht zu werden, wenn die Nachricht vom leeren Grab bekannt wird? Warum bleiben sie nicht, um sich im Kreis der Jünger und Jüngerinnen zu verständigen, was gerade vor sich geht?

Ich habe mich gefragt, was ihr Motiv gewesen sein mag, nach Emmaus zu gehen? Eine Idee darüber hat sich für mich verdichtet: Kleopas und die zweite Person waren ein Paar, die Unterschiedliches erlebt hatten und sich nun darüber austauschen wollen. Kleopas war wohl wie alle anderen Jünger aus gutem Grund dem Ort der Kreuzigung ferngeblieben, um der Gefahr zu entgehen, als Aufständische von den Römern gleich mit gekreuzigt zu werden. Und die zweite Person, deren Name Lukas nicht nennt, könnte vielleicht Maria sein, die Frau des Kleopas, die Johannes in seinem Evangelium erwähnt.[50] Sie stand mit Maria, der Mutter Jesu, und Maria von Magdala unter dem Kreuz Jesu zur Todesstunde.

[50] Joh 19,25.

Frauennamen werden in der Bibel oft nicht genannt, das entspricht der gesellschaftlichen Wahrnehmung über Jahrhunderte, dass sie nicht wichtig seien. Wenn Lukas und Johannes denselben Mann meinten, den sie voneinander abweichend Kleopas (Lk 24,18) und Klopas (John 19,25) nennen, könnten die beiden Jünger ein Paar sein. Für mich ist das gut vorstellbar. Die beiden müssen sich außerhalb des Jünger:innenkreises über ihre sehr unterschiedlichen Erfahrungen austauschen. Sie müssen zu zweit die Frage besprechen, die ihre ganze Existenz betrifft: Glauben sie der Botschaft von der Auferstehung Jesu und wenn ja: Wie geht es für sie weiter? Das können sie nicht in der Mitte der Jünger:innen verhandeln. Die Straße gibt ihnen die Gelegenheit, darüber zu sprechen (Lk 24,14). Die Straße verbindet sie mit den Jünger:innen, die in Jerusalem zurückgeblieben sind.

Auf dem Weg spricht sie ein Mitreisender an und fragt sie: „Was sind das für Dinge, über die ihr auf eurem Weg miteinander redet?" Da bleiben die beiden traurig stehen. Auf diese Frage bekommt er zwei Antworten: Zuerst antwortet Kleopas als Mann allein. Er will den erkämpften Freiraum schützen, den die beiden für das dringend notwendige Gespräch brauchen, indem er eine abweisende, den Fremden als Unwissenden hinstellende Gegenfrage stellt: „Bist du so fremd in Jerusalem, dass du als Einziger nicht weißt, was in diesen Tagen dort geschehen ist?"

Der Fremde reagiert nicht auf die Abweisung, sondern fragt einfach ein zweites Mal: „Was denn?"

Nun antworten ihm beide, dass Jesus für sie ein Prophet war, mächtig in Wort und Tat vor Gott und dem ganzen Volk. Doch die Obrigkeit verurteilte ihn und richtete ihn am Kreuz hin. Die beiden hatten gehofft, dass er Israel von der Fremdherrschaft erlösen würde. Jetzt nach drei Tagen waren Frauen aus ihrem Kreis an seinem Grab und erzählten in großer Aufregung, dass ihnen Engel erschienen seien und sagten: Jesus lebt. Einige wollten die Aussagen der Frauen überprüfen, aber sie fanden nur das leere Grab.

Darauf‌hin antwortet ihnen der Fremde ausführlich und fragt sie:

„Begreift ihr denn nicht? Musste nicht der Messias all das erleiden, um in seine Herrlichkeit zu gelangen?“ Und er legte ihnen die ganze Schrift aus: „Lest ihr die Propheten nur mit dem Kopf?“ Das ist Antwort der Straße: HÖRT MIT DEM HERZEN ZU!

Als sie in Emmaus ankommen, will der Fremde diskret weitergehen, sich nicht aufdrängen oder gar übergriffig werden. Das ist ein wichtiger Hinweis fürs Begleiten: Es schließt das Loslassen mit ein. Da nötigen sie ihn zu bleiben. Er bleibt, und das entspricht Jesu Anweisungen in der Bergpredigt.[51]

Bei Tisch kommt es zum Rollenwechsel, der ja eine häufige Wendung in der Bibel ist (siehe oben). Der Fremde wird zum Gastgeber: Er nimmt das Brot, spricht den Lobpreis, bricht das Brot und gibt es ihnen. Maria und Kleopas gehen die Augen auf. Sie erkennen den Auferstandenen am Brotbrechen. Doch dann sehen sie ihn nicht mehr. Im Rückblick verstehen sie, dass sie schon im Laufe des Tages auf besondere Weise von dem Fremden berührt waren: „Brannte nicht unser Herz, als er mit uns redete?“

An Schlaf ist nicht mehr zu denken. Sofort machen sich die beiden auf, um nach Jerusalem zurückzukehren; sie wollen ihre Freude mit den anderen teilen. Auf dem Weg zurück kommen sie noch einmal an den Orten vorbei, an denen ihre Herzen brannten. Sie kommen in Jerusalem zu den anderen, und zunächst hören sie erst einmal zu: Die Elf sind überzeugt, dass Jesus auferstanden ist. Die beiden Rückkehrer bestätigen das und erzählen von ihren Erfahrungen.

Und dann kommt ein Satz, der wie ein Gewölbeschlussstein die Erzählung zusammenhält: „Während sie noch miteinander redeten, trat er selbst in ihre Mitte.“ Auf diesen Satz führt die Handlung hin; er bietet die Deutung für das ganze Geschehen der Perikope: Das miteinander Reden öffnet die Sinne hin zu dem Auferstandenen: Jesus wird in ihrer Mitte sichtbar. Der Boden ist bereitet, ihn wahrzunehmen. In den liturgischen Lesun-

---

[51] Vgl. hierzu Mt 5,41: „Wenn dich einer nötigt, eine Meile mit ihm zu gehen, dann geh zwei mit ihm.“

gen aller christlichen Kirchen fehlt dieser tragende Schlussstein der Erzählung. Auch in den meisten Bibelausgaben, wird dieser Satz der nächsten Perikope zugeordnet. Das ist ein Irrtum, der den Kern der Erzählung außer Acht lässt.

„Während sie noch miteinander redeten", zeigt sich also Jesus in der Versammlung der Freunde und Freundinnen in Jerusalem. Er grüßt sie mit dem Friedensgruß, seine Friedensbotschaft sprengt alle Mauern der Angst.

Am vorletzten Tag der Exerzitien lädt die Emmaus-Geschichte ein, noch einmal, und sei es in Gedanken, an die Orte zu gehen, an denen den Übenden wichtige Einsichten geschenkt wurden. Sie sind eingeladen, sie nochmals anzuschauen, damit sie sich weiter entfalten können.

Dieses Evangelium enthält wichtige Elemente des Prozesses der Straßenexerzitien:

a) Das Aufbrechen mit einer ungelösten Frage
b) Das schweigende Zuhören und Warten
c) Den Fremden einladen, neugierig werden und sich stören lassen von dem Unerwarteten
d) Anhalten, ggf. die Schuhe ausziehen
e) Der Rollenwechsel: der Gast wird zum Gastgeber[52]
f) Achten auf das brennende Herz und alles, was sich oft erst im Rückblick erschließt
g) Erzählen am Abend bis sich die Botschaft erschließt.

In Emmaus sehen wir das Embryo aller christlichen Gemeinschaften: Jesus, Mann und Frau. Die in der Genesis beschriebene Erschaffung des Menschen als Mann und Frau wird erneuert (Gen 1,27). Die Geburt ist nahe! Menschen, die mit Gott verbunden sind, wollen zur Welt kommen.

---

[52] Vgl. Susanne Szemerédy, Vom Gastgeber zur Geisel des Anderen. Religiöse Erfahrung bei Exerzitien auf der Straße, Münster 2013.

„FING UNSER HERZ
NICHT FEUER…"
IC XC
IC XC

Zu den beiden Bildern:

Die Ikone, die die Emmaus-Perikope darstellt, wurde vom Benediktiner Br. Ansgar im Kloster Nütschau bei Lübeck neu geschrieben. Sie hängt in Jerusalem.

Hier ist erkennbar, dass die beiden auf dem Weg nach Emmaus eine Frau und ein Mann sind. Aber auch hier fehlt die Begegnung am dritten Ort: Die Versammlung der Freunde und Freundinnen in Jerusalem.

Da die Ereignisse in Jerusalem in den meisten Darstellungen der Emmausgeschichte fehlen, habe ich Künstlerinnen und Künstler gebeten, eine Darstellung mit allen Etappen dieses Evangeliums zu erstellen. Die hier abgedruckte Darstellung ist ein Geschenk, das mir Irja Warns machte (www.farbwunder.de).

4.11 Die Rückkehr in den Alltag
(Andrea Scherer)

Lieber Christian,

in zwei Anläufen versuche ich, auf deinen Text über die Rückkehr in den Alltag zu reagieren. Der erste Anlauf geschah, als ich diesen Sommer in Bosnien-Herzegowina unterwegs war, weil ich mich den Spuren des vorletzten Krieges in Europa nähern wollte, der zweite nachdem mir der Zugang zur Ukraine ganz überraschend auch in diesem Kriegsjahr möglich wurde und ich sogar zu Exerzitien dorthin eingeladen war.

Sarajewo Juni 2022

So oft hast du, Christian, in den letzten Jahren deines Lebens mit mir darüber gesprochen, was in einem Buch oder Beitrag dazu festzuhalten sei, wie es nach Exerzitien auf der Straße gut weitergehen kann. Und immer schien es mir, dass dir das, was wir dann gemeinsam zusammentrugen, nicht reichte. So ist der Entwurf, der mir jetzt aus deinem Nachlass zugekommen ist, für mich ein Baustein und auch ich werde nur einen weiteren Baustein hinzulegen können. Aber wir sind viele und gemeinsam werden wir sehen, was sich da zusammenfügt, mit unserem Suchen und Gottes Wirken.

Du gliederst deinen Text „Erster Hinweis am Ende der Exerzitien" in drei Punkte, wobei du den ersten Punkt mit *Erste Regel* überschreibst, die beiden weiteren mit *Zweiter* und *Dritter Hinweis.*

Da du feste Regeln bei Straßenexerzitien so gar nicht mochtest, überrascht mich die erste Zwischenüberschrift *Erste Regel* zunächst einmal. Wenn ich mir diesen Textteil genauer anschaue, fällt mir auf, dass du darin aber, so scheint es mir, gar keine „Regeln" aufstellst, sondern eher naturgegebene Regelmäßigkeiten benennst: Du vergleichst die Übenden mit einem Auto, bei dem es auch ein wenig ruckelt, wenn es von einem Gang in einen anderen schalten muss. Genauso zwangsläufig müssen Übende, die in den Exerzitien gewonnene Langsamkeit wieder an die Geschwindigkeit des Alltags anpassen:

„Jetzt muss ein tragfähiger Übergang in den Alltag gefunden werden. In ihm soll sich ja die neue Sicht auf das Leben widerspiegeln, auch wenn sie eine vertiefte Bestätigung der vertrauten Perspektive ist. Schnell fallen wir wieder in alte Gewohnheiten und vergessen die befreienden Erfahrungen. Bei dem Wechsel der Lebensgeschwindigkeiten kommen wir leicht ins Stolpern."

Du konstatierst, der Übergang von den Exerzitien in den Alltag brauche Zeit, sei eine bewusst zu lebende Zeit, wünschenswert ein paar Urlaubstage zusätzlich, in denen der Übergang geübt werden kann. Keine Illusion machst du dir darüber, dass die in den Exerzitien in ihre Grenzen verwiesenen (ungeliebten oder unguten) Geister aufgegeben haben, nein, du schreibst vielmehr:

„All die Geister, die beiseitegeschoben waren, kommen wieder zurück." Du sagst klar: „Das wird Kraft kosten."

Die Übenden werden nicht in der Verlangsamung der Exerzitien bleiben können. Aber sie seien „sehender gegenüber sich und anderen geworden. Die existenziell sensibler gewordene Wahrnehmung ist gestärkt." Es wurden befreiende Erfahrungen gemacht.

Für diese Erfahrungen sind wir verantwortlich. Es sind Geschenke, die wir erhalten haben in den Exerzitien, und für die wir verantwortlich sind wie der Kleine Prinz für die Rose, die er sich gezähmt hat, so verstehe ich dich. Die unguten Geister, die nervigen, anstrengenden Umstände des Alltags, sind die gleichen geblieben, aber ich habe mich in den Exerzitien verändert, ich habe neue Erfahrungen gemacht, hinter die ich nicht mehr zurückgehen oder die ich jedenfalls nicht mehr vergessen möchte.

Im Abschnitt *Zweiter Hinweis* vergleichst du das Ankommen der Übenden in ihrem Zuhause mit der Ankunft der Emmausjünger bei den Aposteln in Jerusalem.

„Auch die Menschen zu Hause machten während der Zeit der Exerzitien Erfahrungen, die für sie wichtig waren. Das Hören auf ihre Erfahrungen hat immer Vorrang, wie die Rückkehrer aus Emmaus zuerst Hörende wurden und auf die Erzählungen der anderen gehört haben. Erst dann konnten sie auch erzählen und ihnen wurde zugehört. Ja in der Regel können die Rückkehrer auch erst dann verstanden werden, wenn sie zuhören können. Dann fühlen sich die Zurückgebliebenen ernst genommen und haben ein offenes Ohr.

Der Prozess ist nicht anders als auf der Straße, auf der die Übenden ja auch nicht gepredigt haben, sondern zuerst einmal zugehört haben. Die sprechende Straße setzt sich im Alltag fort. Nun muss der Transfer ohne die abends Zuhörenden gelingen. Vielleicht finden sich Menschen, die dabei beistehen. Es ist eine Zeit der Bewährung, des Bewahrens und neuen Entdeckens, wie sich das Geschenk der Straßenexerzitien auf den Straßen des Alltags fortsetzen will."

Die Bewährung beschreibst du so, dass sich nun erweisen kann, ob das Zuhören in den Exerzitien nur „taktisch oder spielerisch war" oder das Entdecken-Wollen in den neuen Umständen, jetzt angepasst an den Alltag, konsequent fortgesetzt wird und du fragst, „wie es gelingen kann, dass der Boden bereitet ist, für den in den Exerzitien erhaltenen Samen."

Der bereitete Boden, so verstehe ich dich, das sind das Zuhören und die existenziell sensibler gewordene Wahrnehmung; die in den Exerzitien erhaltenen Samen sind die neue Sicht und die befreienden Erfahrungen, die in den Exerzitien geschenkt wurden.

Im *Dritten Hinweis* empfiehlst du *Rituale des Übergangs* zu suchen, die helfen, sich an die Anstöße der Exerzitien zu erinnern, indem wir uns *Ankerplätze* schaffen, an denen wir als Übende im Alltag die persönliche Suche an den Punkten fortsetzen können, die uns in den Exerzitien wichtig geworden sind. Die Ankerplätze seien dabei so unterschiedlich wie wir selbst unterschiedlich sind:

„Für die einen kann eine regelmäßig freigehaltene Zeit und/oder auch ein Ort eine Hilfe sein, sich zu erinnern und einen Freiraum des Erinnerns zu schaffen. Andere haben einen Austauschkreis, in dem die neuen Erfahrungen des Alltags eingebracht werden können. Es hilft auch weiter, sich gegenseitig zu erinnern. Manche lassen sich von Gott persönlich wecken, ohne die eigene Verantwortung zu vergessen. Das ist wohl für jede:n ein spannender Prozess, der sich in jeder Altersphase neu bewähren muss."

Als du das schriebst, lebtest du schon in Berlin-Kladow, der Senioreneinrichtung der Jesuiten. Und du hast oft betont, was für eine Herausforderung diese Lebensform für dich ist; aber auch, dass du gerade das Seniorenheim als „Straße" erlebt hast, wo du mit dir und allen, denen du dort begegnetest, Erfahrungen der Exerzitien fortsetzen und Bewährung üben und erfahren durftest.

Letztlich war dir immer eines wichtig: Den Auferstandenen suchen und finden in allen Erfahrungen deines Lebens, in all seinen Verkleidungen, immer zu ihm und mit ihm auf dem Weg sein: Gott in jedem Dornbusch vermuten, in all den dornigen Umständen unseres Alltags, Jesus, den Auferstandenen in jedem Fremden sehen, der scheinbar nichts versteht und dann für uns zum Gastgeber wird und uns das Brot bricht, die Augen immer neu öffnen dafür, dass sich überall heiliger Boden auftun kann, weil Gott uns überall begegnen will. Das ist dein ganz großer Wunsch, Christian, so habe ich es erlebt, dass die Exerzitien auf den Straßen unseres Lebens so weitergehen, dass wir die Sehnsucht nach Gott, die Suche nach Jesus, dem Auferstandenen, immer wachhalten, jeden Tag und jede Stunde unseres Lebens.

Potsdam, September 2022

Vom 08.08. bis 16.08.2022 habe ich nun Exerzitien in Morshyn in der West-Ukraine gehabt und bin daher zurzeit in der Lebensphase „Nach den Exerzitien".

Mein Begleiter in Morshyn sagte mir am Ende der Exerzitien: „Das Ende der Exerzitien ist immer ein Anfang." Und so lebe ich jetzt nach diesen Tagen der Stille und des dichten Kontakts mit Dir, Jesus (vier Meditationszeiten am Tag und täglicher Austausch mit meinem Begleiter) wieder in meinem Alltag.

Der Übergang in den Alltag war abrupt: Gerade aus der Ukraine heraus, fiel mein Vater ins Koma und wir mussten den Familienurlaub, den wir gerade aufnehmen wollten, nach wenigen Stunden abbrechen. Dadurch hatte ich viel Zeit, eine Woche im Krankenhaus an Vaters Bett zu sitzen und auf ihn, auf mich selber und auf Dich, meinen Gott, zu schauen und zu hören.

Jetzt, nach dieser akuten Phase, begleiten mich viele Bilder, Gefühle, Worte und Halbsätze aus Bibelstellen in meinen Alltag hinein, die mir in den Exerzitien in der Ukraine wichtig waren.

Ich lasse mir immer mal wieder Zeit, dem nachzuspüren. Oft geschieht es wie von selber: Du, Gott, bringst dich in mir in Erinnerung. Und ich freue mich, wenn du mich an unsere dichten Erfahrungen der Exerzitien erinnerst. Diese Erfahrungen sind ein Bund zwischen dir und mir und wenn ich im Alltag daran erinnert werde, denke ich daran, wie Gott zu Noah sagte, dass er den Regenbogen als Zeichen des Bundes zwischen Gott und allem Lebendigen nehme und er, Gott, sich jedes Mal dieses Bundes erinnere, wenn er einen Regenbogen am Himmel erblickt. Welche Freude: Gott selbst erinnert sich der Beziehung, die er zu uns und zu mir eingegangen ist (Gen 9,13–16)!

Deshalb sind alle Erfahrungen aus den Exerzitien für mich heiliger Boden, Boden, der deshalb heilig ist, weil Gott mir dort begegnet ist und mir im Alltag weiter begegnen will.

Einmal die Woche nehme ich meine Aufzeichnungen aus den Exerzitien und lese und meditiere sie langsam noch einmal und schaue, was sich jetzt aktuell dabei regt und komme mit dir, Jesus, darüber ins Gespräch. Ich lausche und höre auf mein Herz und auf dich und schaue, welchen Weg du nach diesen Exerzitien jetzt mit mir gehen willst.

Mich begleitet Ps 63,2–3: „Gott, du mein Gott, dich suche ich … Darum halte ich Ausschau nach dir im Heiligtum.“ Das war die erste starke Erfahrung dieser Exerzitien: Mein „Heiligtum“, das sind die Exerzitien! Nicht irgendein fester Ort oder Tempel. Du lässt dich im Kriegsland ebenso finden wie in meinem Alltag: Jeden Tag sehnst du dich nach mir, deshalb sehnt sich meine Seele nach dir und sucht dich immer wieder in Exerzitien, wo ich übe, meine Ohren zu öffnen und mein Herz zu wecken und zu lauschen und zu warten auf dich, meinen Gott.

Mich begleitet die alles verändernde Freude der Emmausjünger, die, kaum dass sie Jesus in der Mahlgemeinschaft erkannt haben, mit brennendem, frohem und liebendem Herzen in die Gemeinschaft der Jüngerinnen und Jünger nach Jerusalem zurückgekehrt waren, „obwohl dort Krieg war“, sagte einer meiner ukrainischen Mit-Exerzitanten. Diese Freude habe ich so oft in Deinen Augen gesehen, Christian, und sie war und ist ansteckend!

Mich begleitet der „Sieg Jesu am Kreuz“, ja, so nannte es mein ukrainischer Begleiter und es war klar, dass Kampf und Sieg, Niederlage und Vernichtung in diesen Tagen in meinem Exerzitienland sehr konkrete und ganz und gar existenzielle Begriffe sind, die niemanden unberührt lassen und nicht irgendwie Gegenstand theoretischer oder frommer Überlegungen sind. Am Ende der Exerzitien sagte der Begleiter uns, dass der Krieg während der Exerzitien leider nicht zu Ende gegangen sei, er habe es heimlich gehofft, aber dass er gesehen habe, dass der Herr in diesem Krieg schon gesiegt habe, weil Jesus in diesen Exerzitien gesiegt habe in jedem von uns mit seiner Liebe und der Kraft seiner Begegnung.

Ich habe versucht mit dem Evangelisten Johannes (Joh 19,25–30) auf Jesus am Kreuz zu schauen und mit dem ersten Korintherbrief (1 Kor 3,16–17) darauf, wie Gott „zerstört". Im ersten Korintherbrief rief er mir zu: „Wisst ihr nicht, dass ihr Gottes Tempel seid und der Geist Gottes in euch wohnt? Wer den Tempel Gottes zerstört, den wird Gott zerstören."

Das waren für mich gewichtige Erfahrungen in diesen Exerzitien, die nachwirken:

Joh 19, 25–30: Wie kämpft Jesus am Kreuz? Wie ist er „König" am Kreuz? Wie „zerstört" er am Kreuz? Jesus hat selbst am Kreuz Beziehung gestiftet: zwischen seiner Mutter Maria und dem Jünger Johannes. Ich kann ihm alle Gewalt und allen Hass anvertrauen! Ich kann ihn um Vertrauen bitten, ihn bitten, dass er erlöst, wo wir nur unsere Ohnmacht kontemplieren können und es auch tun müssen, weil sie ein Teil unserer Wahrheit ist.

Da kam wieder Christian als überraschender Begleiter in meine Exerzitien und mir fiel ein, wie er mir viele Jahre zuvor mal davon berichtet hat, welch überwältigende Erfahrung es für ihn war, als er eines Morgens auf dem Weg zur Arbeit mitten in Berlin wahrnahm, wie Gott Vater und Gott Sohn in ihm miteinander sprachen, dieses liebevolle Aufeinanderhören von Vater und Sohn und Christian als Tempel der Anwesenheit Gottes! Er erzählte dies mitten im Verkehrslärm in Kreuzberg, aber mit strahlenden Augen, die die Gegenwart Gottes in ihm und seine Freude an der göttlichen Begegnung in ihm und mit ihm in unaussprechlicher Weise spiegelten.

Mein Gott, wie viele Tempel, in denen du wohnst, werden in diesen Tagen durch Gewalt zerstört?! Wo ein Mensch zerstört wird, da wird dein Heiligtum zerstört.

Ja, aber was heißt es, dass du, Gott, zerstörst? Wie und was zerstörst du? Unseren Hass, unsere Blindheit, unsere Beziehungsunfähigkeit, unseren Kleinmut und unsere Verzweiflung?

Da kam meine Frage in den Exerzitien an Christian, der ja vier Tage vor Kriegsbeginn verstarb, zu Tage: „Was hättest du zu diesem Krieg und all den vielen Waffen gesagt, zu diesem Angriffs- und Vernichtungskrieg?"

Und ich hörte mitten in der Meditationszeit Christians Antwort, hörte das, was er in der Naunynstraße zum Friedensgruß immer sagte, wenn wir gemeinsam Gottesdienst feierten um den alten Holztisch herum, der dort die Mitte des Lebens war: „ER ist der Friede. Christus *ist* unser Friede!" Er sagte nicht das liturgisch Vorgesehene: „Der Friede sei mit euch.", sondern „ER ist der Friede. Christus, der selbst der Friede ist, ist mit Dir!"

Und das wurde mir zur Antwort in diesen Exerzitien, die mich ganz stark in den Alltag in Deutschland zurückbegleitet hat: Ob Krieg oder Frieden: Jesus, du bist mein Friede! Dich suchen, auf dich warten, egal, wie die äußeren Umstände sind.

Mitten im Krieg die Freude nicht vergessen, den Lobpreis, die Dankbarkeit für jede Begegnung, für alles Lebendige. Mitten im Alltag trotz eigener Ohnmacht den nächsten Schritt wagen in der Hoffnung auf Gott und seine Kraft, damit Friede und Versöhnung in uns siegen und die Welt sich ihnen öffnen kann.

Und wenn ich mit dir, Christian, im Alltag oder in der Begleitung von Straßenexerzitien in Situationen feststeckte, in denen wir beide nicht weiterwussten, dann kam es immer wieder vor, dass du mich spontan in den Arm nahmst und sagtest: „Andrea, es ist so gut, dass du da bist."

Das werde ich nie vergessen, diese überwältigende Kraft der Begegnung, wie ein riesiger Segen, der den Himmel offenhält! Und unsere Füße tief in Gottes gutem Grund verwurzelt. Ich danke Dir so sehr! Und ich habe in den letzten Exerzitien deine Lebendigkeit in Gott gespürt und deine Begleitung genossen.

Wir sind in Christus verbunden, der unser Friede ist.

Dank, Freude und Lobpreis unserem Gott für unser Leben in Ihm und miteinander!

Das Gespräch mit Blick auf den Tag ist zum einen ein Rückblick mit der Frage, wo den Einzelnen eine Spur aufgefallen ist. Bist Du dorthin gegangen, als du den Ruf gespürt hast?

Zum anderen findet das Gespräch mit dem Blick nach vorne statt. Ein Bild dafür ist mir die Geschichte vom Volk Israel geworden, das mit Josua am Jordan mit Blick auf das gelobte Land steht (Jos 1). Der Blick der Übenden geht auf den Alltag, der vor ihnen liegt. Auf ihn hin leben wir.

Es geht nicht darum, die Übenden unter Druck zu setzen, dass sie sofort etwas von dem Erfahrenen umsetzen müssen. Aber die Zielrichtung soll im Blick bleiben: das ist die Wirklichkeit des anwesenden Gottes und der Anderen.

Am Ende dieser besonderen Zeiten des Übens und Erkennens stehen wir, vergleichbar der Situation von Josua und dem Volk Israel am Jordan, an der Grenze zum gelobten Land. Von hier können wir auf dieses Land unseres neuen Alltags sehen, wie das Volk Israel, das nach dem langen Weg der Befreiung durch die Wüste nun am Grenzfluss zum verheißenen Land steht. Wir haben verschiedenen Lernetappen hinter uns und den Alltag vor uns. Hier bleibt Mose, der ausgewiesene Führer auf dem Weg, zurück; er stirbt mit dem Blick auf das gelobte Land und wird hier begraben. Wird sich das Volk im neuen Land mit den gelernten Grundsätzen – dazu gehören die zehn Gebote auf den Steintafeln im heiligen Zelt – ganz auf die Führung Gottes verlassen? In vielen Prüfungen wurden sie vorbereitet, die ihnen geschenkte Freiheit in gelebter Beziehung zum Unaussprechlichen, der die Quelle der uns geschenkten Freiheit ist, dankbar fortzusetzen. Werden sie den Respekt vor dem Unaussprechlichen mit in das vor ihnen liegende Land nehmen? Oder werden sie wieder in das „man muss" zurückfallen und wie die anderen Völker nach einem eigenen König rufen und nach unfrei machenden Strukturen, weil sie sich nicht allein auf die Führung Gottes verlassen können. Werden sie sich dem Spott der anderen Völker beugen und sich ihnen anpassen? Wie gut war die Vorbereitung auf das neue Leben – für das Volk Gottes nach der langen Wanderung über den Lehrpfad durch die Wüste und für uns nach der geschützten Zeit unserer Übungen. Wie setzen wir die neu gewonnenen Perspektiven in unserem Handeln für unser Leben und für die Gesellschaft um?

An dieser Grenze steht Josua, der Nachfolger von Mose, und wird von dem Unaussprechlichen ermutigt, mit Respekt vor den Bewohnern des vor ihm liegenden Landes das ihnen verheißene Land zu betreten. Heimlich werden zwei Kundschafter vorausgeschickt, um die nächsten Schritte zu planen.

Welche Schritte können wir nach diesem Vorbild für uns am Ende der Übungszeit erkennen? Wie können wir das vor uns Liegende, den uns neu geschenkte Alltag, jetzt respektvoll erkunden? Wir kehren nicht in etwas Altbekanntes zurück. Zum einen, weil die Menschen, die wir zu kennen meinten, sich auch verändert haben, und zum anderen, weil wir selbst vieles neu sehen und wir auch so wahrgenommen werden wollen. Für diesen Neubeginn wollen wir uns jetzt öffnen. Wir stehen auf einer Straße mit vielen Möglichkeiten.

Als das Volk über die Grenze ins gelobte Land zog, waren viele kleine Schritte notwendig, damit die in der Wüste erlernte innere Einstellung mitkommen konnte.

Das Erinnern

Vorweg gingen die Priester mit der Bundeslade, also den göttlichen Geboten. Sie betraten das Flussbett des Jordans, der zu dieser Jahreszeit über alle Ufer getreten war; in dem Moment war das Flussbett trocken. In der Mitte des Jordans, also auf der Grenze, blieben sie stehen und das Volk zog an ihnen vorbei in das neue Land, und kann sich dabei an die vielen Befreiungsschritte auf dem Weg erinnern: diese Erzählung enthält viele Momente des großen Befreiungsweges, als das Volk durch das Rote Meer aus Ägypten in die Freiheit geführt wurde.

Das Erinnern ist der priesterliche Dienst, der jedem Menschen anvertraut ist. Es braucht Situationen des Erinnerns, um auf dem Lebensweg weiterzukommen. Bei aller Offenheit für kreative, nie dagewesene Prozesse hilft die Erinnerung an einmal Gelerntes, um weiter fortzuschreiten.

So zogen sie alle trockenen Fußes in die neue Heimat. Um sich an diesen Augenblick zu erinnern, nahmen sie zwölf große Steine aus dem Fluss, entsprechend der Anzahl der Stämme, und stellten sie als Gedenksteine im neuen Land auf. Jetzt wurden alle noch Unbeschnittenen als Zeichen der Zugehörigkeit zum Volk Gottes beschnitten.

Was hilft, uns an unsere Übungen zu erinnern und jeweils zu der dort gefundenen Ausrichtung zurückzukommen? Nehmen wir ein nicht auslöschbares Zeichen aus den Übungen mit, ähnlich wie die Männer beim Einzug beschnitten wurden? Mit welcher Zeremonie treten wir in die Zeit der Sesshaftigkeit ein, in der andere Regeln nötig sind? Die betont eigenverantwortliche, anarchistische Phase, in der die Gleichheit aller gelebt wird, beschreibt noch einmal ausführlich der nächste Abschnitt der Bibel, das Buch Richter.

Das neue Gemeinwesen wird aber nicht nur vom guten Willen der Einzelnen getragen. Auch neue strukturelle Maßnahmen werden nötig sein.

BUCH FÜNF: GOTTESDIENST FEIERN

Das geistliche Leben im Alltag bedarf der Erinnerung an die zurückliegenden Erfahrungen in den geistlichen Übungen. Das Volk zu erinnern ist die Aufgabe der Priester, als Israel den Jordan zum „Alltag" in Kanaan hin durchschreitet (vgl. Buch 4). Auch die Exerzitien lebten und leben von der Übung der Erinnerung. Sie findet im Gottesdienst statt. In den Gottesdiensten während der Exerzitien wird dabei in ganz besonderer Weise „geübt", dass die erinnerten Heils-Erfahrungen und Weisungen nicht bloß zurückliegen, sondern jetzt geschehen und für jetzt Bedeutung haben. Durch die Gottesdienste während der Exerzitien stehen die Gottesdienste im Alltag in diesem Licht der Vergegenwärtigung. Ich brauche die Gottesdienste, um erinnert zu werden, und ich brauche sie, um mich für die Gegenwart Gottes im Alltag heute zu öffnen.

Klaus Mertes

5.1 Gottesdienste bei Exerzitien auf der Straße (Klaus Mertes)

Bei den ersten Exerzitien auf der Straße, zu denen Christian (zusammen mit Alex Lefrank) 1995 ordensintern einlud, wurde jeden Abend vor dem Essen und vor dem Gespräch eine Eucharistie gefeiert. Das entsprach der Regel unserer traditionellen jesuitischen Exerzitien-Praxis. In den Jahren danach blieb es zunächst dabei.

Doch die Regel wurde auch immer mehr zum Problem, nicht zuletzt deswegen, weil die Situation auf der Straße und die Pluralität der Übenden in Spannung standen zu den Zulassungsbedingungen zur Kommunion, wie sie in der katholischen Kirche für die Feier der Eucharistie gelten. Das führte gelegentlich zu inneren und dann auch äußeren Spaltungen während der Gottesdienste. Christian übersprang zwar die interkonfessionellen Hindernisse, lud auch Pfarrerinnen, die Begleiterinnen waren, ein, das Abendmahl für die Gruppe zu feiern, aber das reichte nicht. Auf der Straße gab es diese Hindernisse ja nicht, auch gerade nicht in der Begegnung mit „Heiligen Orten". Die Schwellen waren andere. „Zieh deine Schuhe aus!" (Ex 3,4) Oft war den Teilnehmenden gerade auch deswegen, weil sie von der Straße kamen, die hohe theologische und christologische Sprache der Eucharistie zu voraussetzungsreich. Wer sich entschied, auf die Straße zu gehen, ging bewusst „über die Steppe hinaus" (Ex 3,1), auch über die Steppe der bisher gewohnten Frömmigkeitssprache hinaus. Es ging mir selbst auch so. Oft kam ich während der Übungstage abends zurück und empfand die klassische Eucharistiefeier als – im Hinblick auf den Exerzitien-Prozess – verfrüht. Ich war noch gar nicht so weit, im Jerusalemer Abendmahlssaal anzukommen. Ich war erst ein wenig auf der Straße unterwegs gewesen, „ohne Schuhe, ohne Geldbeutel, ohne Vorratstasche" (Lk 10,4), und auch ohne die liturgisch eingeübte Sprache im Hinterkopf. Jerusalem war noch weit weg, und Rom noch weiter.

Es gab allerdings von Anfang an eine Feier, die als Eucharistie-Ersatz fungierte: Die Fußwaschung, meist am vorletzten Abend der Exerzitientage. Sie kannte keine Zulassungsvoraussetzungen amtlicher Art. Im Johannesevangelium wird sie statt des letzten Abendmahles berichtet, wie es die Synoptiker darstellen. Das hängt mit den unterschiedlichen Chronologien zusammen. Im Johannesevangelium lesen wir nur von einem nicht näher gekennzeichneten „Mahl" (Joh 13,2) am Vorabend des Pascha, nicht am Abend des Pascha, wie bei den Synoptikern. Christian war in späteren Jahren sehr angeregt von einer Bemerkung, die Benedikt XVI./Joseph Ratzinger in einem seiner Jesus-Bücher geschrieben hat, und verweist in seinen nachgelassenen Notizen immer wieder darauf: „Aber was war Jesu Letztes Mahl dann eigentlich? Und wie kam es zu der gewiss sehr frühen Auffassung von seinem bevorstehenden Pascha-Charakter? ... Jesus wusste von seinem bevorstehenden Tod. Er wusste, dass er das Pascha nicht mehr werde essen können. In diesem vollen Wissen lud er die Seinen zu einem Letzten Mahl ganz besonderer Art ein, das keinem bestimmten Ritus zugehörte, sondern sein Abschied war, in dem er Neues gab, sich selbst als das wahre Lamm schenkte und damit *sein* Pascha stiftete."[53]

[53] Benedikt XVI., Jesus von Nazareth II, Freiburg 2011, S. 133.

Ein zweiter Impuls kam hinzu: Berichte von Übenden über „Eucharistien auf der Straße“, wie wir sie nannten. Sie wurden in den Reflexionsgesprächen an Abenden erzählt. Über diese Erfahrungen ist viel berichtet worden. Sie haben eine einfache Struktur: Übende werden auf der Straße von Personen zum Essen eingeladen – zum Kaffeetrinken in einem Pappverhau, zum Teilen eines Schokoriegels in der Obdachlosenküche, zur Teilnahme an einem Pausensnack von Bauarbeitern, zum gemeinsamen Verzehr einer Orange beim Warten vor einem Gefängnis. Es wuchs in den Jahren immer mehr die Bereitschaft, solche Erfahrungen als „Eucharistien auf der Straße“ zu deuten, also als Begegnungen mit dem Auferstandenen im gemeinsamen Essen und Trinken, ganz einfach: „Wir, die wir mit ihm nach seiner Auferstehung gegessen und getrunken haben“ (Apg 10,41). Denn im Rückblick auf solche zufälligen Einladungen „brannte uns das Herz“ (Lk 24,32). Es gab dann in den Gruppen nicht nur etwas zu erzählen, sondern es meldete sich auch die Frage: Waren die ersten Begegnungen mit dem Auferstandenen vielleicht auch „nur“ ganz einfache Begegnungen auf der Straße, zum Beispiel mit einem zufällig am See Tiberias stehenden „Grillmeister“ – wie Christian gerne formulierte –, oder eben mit einem zufällig dazukommenden Passanten auf dem Weg nach Emmaus, der sich zum Gastgeber in „unserem“ Haus wandelt und das Brot mit uns teilt, nachdem er den Kiddusch gesprochen hat.

Das alles führte in ein vertieftes Nachdenken über den Zusammenhang von Eucharistie, Auferstehung und den gemeinsamen vor- und nachösterlichen Mählern mit Jesus und den Mählern auf der Straße. Die kirchliche Eucharistie- bzw. Abendmahlfeier ist aus solchen Begegnungen und Erinnerungen entstanden. Es ist klar, dass das „Letzte Abendmahl“ darin deswegen eine besondere Bedeutung hat, weil es eben das Abschiedsmahl Jesu ist, in dem er sein ganzes Leben in den Blick nimmt und deutet. Braucht es aber nicht, um wieder neu eine Beziehung zu diesem Letzten Abendmahl zu gewinnen, den „Blick zurück nach vorne“ (Ansgar Wucherpfennig hat unter diesem Titel ein Büchlein geschrieben, in dem er auch Christians Sicht auf die Emmaus-Geschichte einarbeitet), also den Schritt vor das letzte Abendmahl, um wieder nach vorne auf es zugehen zu können. Jedenfalls: Die Frage nach der Gestalt der gemeinsamen Gottesdienste wurde immer mehr zu einer Frage danach, ob die Gottesdienste selbst nicht Teil der Übung auf der Straße werden sollten.

Christian berichtet in seinen nachgelassenen Notizen von gemeinsamen Gottesdiensten auf der Straße. In der Tat: Unsere Gottesdienste wanderten langsam immer mehr auf die Straße, nicht immer, aber doch dann, wenn sich die Gelegenheit ergab. Es begann damit, dass wir häufiger Eucharistiefeiern durch Wortgottesdienste ersetzten – mit Bibliolog, Bibliodrama und/oder mit einer gemeinsamen symbolischen Handlung. Vorbereitet wurden diese Gottesdienste vom Leitungsteam, am Vormittag nach der Aussendung der Übenden auf die Straße. So konnten wir, statt einen vorher gefassten Gesamtplan umzusetzen, von Tag zu Tag auch liturgisch auf die Erfahrungen reagieren, die wir selbst an den jeweiligen Orten entdeckt hatten, wo unsere gemeinsame Behausung war.

Wir legten Wert darauf, dass der Gottesdienst kein erster, vorweggenommener Gruppenaustauch werden sollte. Er sollte eher wortkarg gestaltet sein, dafür aber von einer gemeinsamen Symbolhandlung, einigen Liedern und einem biblischen Text geprägt, der ein Element des morgendlichen Impulses vertiefte oder auf eine neue Etappe der Exerzitien vorbereitete. Wenn wir Gottesdienste auf der Straße feierten, so war schon das schweigende Hingehen zu dem Ort – ein Gedenkort, ein Stolperstein, eine Flüchtlingsunterkunft, eine Kirche, ein Altarbild, ein Friedhof – Teil des Gottesdienstes. Manchmal nahmen wir auch einen Gegenstand mit auf die Straße; wir versammelten uns um ihn, um still zu beten, gemeinsam zu summen und das Wort Gottes in Verbindung mit diesem Gegenstand zu hören, um das Wort Gottes eben nicht nur zu hören, sondern auch zu sehen: Eine Dornenkrone, ein Plakat, Räucherstäbchen, ein Blumenstrauß, ein Stein – was auch immer.

Die letzten beiden Tage der Exerzitien auf der Straße (meist Samstag und Sonntag) sind dem Emmaus-Evangelium gewidmet. In Emmaus bricht der Gast seinen Gastgebern das Brot. Dieser Gottesdienst konnte und kann als Eucharistiefeier gefeiert werden, muss es aber nicht. Der Text des Evangeliums berichtet ja nur von dem einfachen Kiddusch-Gebet. An der Geste und diesem Gebet erkannten ihn Kleopas und Maria. Warum sollte diese Geste nicht reichen für den Gottesdienst am Vorabend des letzten Tages, der vom Emmaus-Evangelium geprägt ist? Ich ziehe das inzwischen auch deswegen vor, weil der letzte Tag, nämlich der gemeinsame Besuch eines öffentlichen kirchlichen Gottesdienstes, noch mehr der Dynamik der Exerzitien auf der Straße („Blick zurück nach vorne") folgt: Wir – jedenfalls wir Christgläubige, die an diesen Übungen teilnehmen – gehen nach den Exerzitien nicht mehr *zurück* in die gewohnte kirchliche Abendmahlsfeier, sondern nach *vorne* in die offiziell-kirchliche Feier, erneuert durch die Begegnungen auf der Straße. So finden dann die Exerzitien tatsächlich ihren Abschluss in Jerusalem, ja sogar: in Rom.

5.2 Erfahrungen

Hamburg-Altona

Seit Sommer 2000 finden in der evangelischen Gemeinde St. Trinitatis in Hamburg-Altona regelmäßig Exerzitienkurse statt. Trotz vieler Veränderungen in der Gemeinde werden wir dort immer wieder im Gemeindezentrum oder in der Notkirche sehr freundlich aufgenommen.

Die schöne Kirche liegt über dem Fischmarkt, also nahe der Elbe und auch der Reeperbahn. Die sehr schöne Suppenküche Alimaus, der alte jüdische Friedhof, eine Moschee sind leicht zu erreichen. Wenn um zehn Uhr am Sonntag die Glocken zum Gottesdienst läuten, dann beendet der früh beginnende und gut besuchte vielfältige Fischmarkt den Verkauf und die Menschen strömen nach dem Tanzen und mit Einkäufen vollgepackt nach Hause – einige auch an der Kirche vorbei.

Wir hatten wieder einen Kurs für zehn Personen ausgeschrieben und waren für die beiden Kleingruppen mit jeweils zwei Begleiter:innen gekommen. Doch angemeldet hatten sich nur fünf Personen: Ein in London eingeschriebener Theologiestudent aus Sri Lanka, eine Ordensschwester aus Ungarn, ein rüstiger Mann aus Süddeutschland, der in der Ausbildung zum Diakon Berührung mit Randgruppen suchte, eine Frau aus Norddeutschland und ein Priester aus Westfalen. Wir Begleiter:innen bereiteten das Abendessen zum Empfang vor und berieten die Situation:

Sollten zwei von uns jetzt selbst Exerzitien machen oder wieder abreisen? Für die Begleitung dieser überschaubaren Gruppe wurden nur zwei von uns gebraucht.

Da tauchten sieben obdachlose Männer von der Reeperbahn auf und fragten, was wir hier vorhätten. Einige kannten sich im Gemeindehaus aus, da sie schon einige Male im Keller übernachtet hatten. Daraufhin boten wir ihnen einen Kaffee an und erzählten von den Straßenexerzitien. Dann luden wir sie ein, sich zu beteiligen. Fünf von ihnen sagten spontan zu und blieben. Nun wurden alle angereisten Begleiter gebraucht.

Nach dem Abendessen, wahrscheinlich wie so oft Pellkartoffeln und Quark mit Kräutern aus dem Garten, begannen wir mit dem ersten Treffen. Wir stellten uns gegenseitig vor, auch die Motive, warum wir an dieser besonderen Zeit teilnehmen wollten. Dann kam der erste Impuls für die Exerzitien. Doch wie schicken wir obdachlose Menschen auf die Straße, damit sie dort Neues erleben?

Da sich eine Gruppe entschied, beim abendlichen Austausch mit Rücksicht auf den Mann aus Asien auf Englisch zu sprechen, mischten sich die beiden Gruppen nur zaghaft. Doch einer der Obdachlosen ging zu den Englischsprachigen und die Schwester aus Ungarn kam zu den obdachlosen Männern.

Die Teilnehmer:innen schliefen nun erst einmal im Keller des Gemeindehauses, ein neues Erlebnis für alle. Dieses Zusammenrücken und auch das abwechselnde Kochen der Teilnehmenden fördert in der Regel schnell die Erfahrung, gemeinsam unterwegs zu sein und sich gegenseitig beizustehen. Dann erfahren alle wie die offene Straße, auf der die Übenden den Tag über alleine unterwegs waren, sich auch abends beim Austausch fortsetzt – mitten in der Gruppe. Bei diesem Kurs trafen nun in besonderer Weise zwei fremde Welten aufeinander. Die Übenden wollten einander nicht nur gegenseitig ertragen, sondern auch täglich einen Gottesdienst zusammen feiern, also den überall anwesenden Gott in unserer Mitte begrüßen, in der Hoffnung auf einen Ruf von ihm, der unser Leben wieder neu ausrichtet.

Die Vorbereitung der Gottesdienste liegt – im Gegensatz zum Morgengebet, dem Einkaufen, dem Kochen, also den alltäglichen Verrichtungen, deren Durchführung die Übenden unter sich ausmachen – in der Hand der Begleitenden, damit keiner vom persönlichen Suchen durch diesen geistlichen Dienst gebunden wird.

Dabei können die drei biblischen Impulse der Exerzitien in den Gottesdiensten nochmals eine intensivere Auseinandersetzung finden. Doch die Begleiter:innen sind auch aufmerksam, andere Themen aufzunehmen, die in den Gesprächen auftauchten.

Im Ringen um das Wort Gottes sind wir in den Jahren in Hamburg auch einige Male in ein Kaufhaus gegangen und haben die Geschichte vom brennenden aber nicht verbrennenden Dornbusch und dem Auftrag an Mose vor dem Eingang zu einem Hosenladen im Keller gehört. Das Kaufhaus wurde unter internationalem Protest über einem unter Hitler geschändeten jüdischen Friedhof gebaut. Der Kaufhausbau wurde erst durch die Vermittlung eines Rabbiners aus Jerusalem möglich. Er schlug vor, einen Betondeckel zu gießen und dann darauf das Kaufhaus zu errichten. Im Kaufhaus wird an diesen konfliktreichen Schlichtungsprozess auf einer Tafel im offenen Treppenhaus erinnert. Auf anderen Tafeln wird an die hier Begrabenen erinnert. Auf der zentralen Tafel steht der Hinweis auf unseren Bibeltext und die Anweisung: „Zieh die Schuhe aus, hier ist heiliger Boden."

Ähnlich wie auf der Straße wird im Gottesdienst die ganze geschichtliche und auch körperlich mitfühlende Aufmerksamkeit herausgefordert und die eintretende Stille ist gefüllt mit vielen noch nicht ausdrückbaren Einsichten, die am Abend in der kleinen Gruppe ausgesprochen werden können.

Häufig werden in Exerzitien auch Missstände schmerzhaft erfahren. In diesen Krisen wollen wir häufig spontan weglaufen, wie es der biblische Prophet Jona tat. Zu einem solchen Weglaufen kam es bei einer Krise bei einem aus der Gruppe der Obdachlosen. Er kaufte sich eine Flasche Schnaps und legte sich dann in ein Sex-Kino auf der Reeperbahn, um seinen Rausch auszuschlafen. Seine Abwesenheit fiel einer Teilnehmerin auf und sie suchte ihn daraufhin auf der Reeperbahn. Ihr fiel auf, wie gut sich die

Menschen ohne festes Obdach in der Stadt gegenseitig kannten und wussten, wo sie die anderen finden konnten. So ließ sich die Schwester von ihnen führen und stand im richtigen Moment ohne Berührungsängste in einer Gruppe Obdachloser vor dem Kino, wo der Gesuchte geschlafen hatte und jetzt ausgeschlafen herauskam.

Im Laufe der Jahre feierten wir den uns von Gott geschenkten Dienst an vielen Orten der Stadt. Besonders eindrücklich ist mir im Jahr 2015 ein Gottesdienst in der Kirche St. Paul am Hafen in Erinnerung. Sie wurde nachts als Notunterkunft für Geflüchtete genutzt. Die Schlafsäcke lagen tagsüber am Rand des Raumes und über das Grundstück der Kirche war eine Dokumentation verteilt, die den Fluchtweg nachzeichnete und der vielen Toten unterwegs gedachte. An diesem Ort der Gastfreundschaft durften wir unseren Gottesdienst feiern. Mittags bekamen die hier notdürftig ohne Arbeit Überlebenden in „unserer" Gemeinde ein Mittagessen.

Sehr deutlich bemerkten wir: Hier sind wir mit unserem Mitgefühl nicht allein. Die befreiende Botschaft die von diesem Ort ausging ermunterte uns, auch einen Schritt auf unserem Weg weiterzugehen.

Auffällig war noch das Erlebnis des Priesters aus der Gruppe. Er besuchte eine Suppenküche. Jeder bekam ein eingepacktes Kuchenstück. Er las das schon ältere Verfalldatum und entsorgte das Teil. Später am Tisch bemerkte jemand, dass er ohne Nachtisch war, teilte daraufhin sein Kuchenstück und bot es dem Mitessenden an. Dieses Entgegenkommen lehnte er aufgrund des Verfalldatums ab. Als er abends davon erzählte, antwortete einer aus der Runde: „Da hast Du das Abendmahl verweigert." Dieser Satz von einem obdachlosen Menschen öffnete dem Priester sofort die Augen und schob alle bürgerlichen Sitten auf die Seite; wir hörten mit ihm die Botschaft Jesu in der Erzählung.

Solche Momente sind nicht planbar, aber sie ereignen sich und wir bemerken sie nur selten. Die Exerzitien auf der Straße sind eine große Chance, sie wahrzunehmen und sich daran zu erfreuen. Im Laufe der Zeit hören wir in ihnen, wie Gott zu uns spricht und uns ins Handeln ruft.

Zum Abschluss feiern wir regelmäßig mit der Gemeinde den Sonntagsgottesdienst und danken für ihre Gastfreundschaft. Und eine Gewohnheit entstand, vorher vom Fischmarkt einen großen Blumenstrauß als Altarschmuck zu holen. Außerdem übernahmen wir vier Begleiter regelmäßig die Predigt. Nach zehn Tagen liegen so viele Zeugnisse vor, dass eine eigene Vorbereitung für diese Predigt wegfallen kann. Auch scheinen die liturgisch vorgesehenen Texte immer gerade für uns ausgesucht zu sein.

Ähnliches gilt für die vielen Ereignisse in den zehn Tage, die auch gut zu den Fragen der Übenden passten.

Ludwigshafen

Dort werden wir von einem Bildungshaus eingeladen. Neben den intellektuellen Auseinandersetzungen mit den Fragen des Alltags in der Gesellschaft und besonders in den Gewerkschaften will die Leitung auch eine Offenheit für das Thema Spiritualität. Doch ein Tagungshaus mit Seminarräumen ist kein Exerzitienhaus, in dem die Besucher die nötige Stille finden, um die Regungen ihrer Herzen wahrnehmen zu können.

Wir brauchen kein stilles Haus mit Räumen für die Meditation. Uns genügen zwei Seminarräume zum Ausrollen der Schlafsäcke und Isomatten. Aber wir brauchen auch einen geschützten Bereich, wo wir unsere Mahlzeiten kochen und essen können und wo der Austausch der Tagesereignisse möglich ist. Und wir vertrauen auf den Prozess der Gruppendynamik, in dem sich auch der Geist Gottes ausdrückt, der ja bekanntlich, weht wo er will (Joh 3,8).

Das Heinrich-Pesch-Haus beherbergt schon seit langer Zeit eine Behindertengruppe im unteren Geschoss. In der Ferienzeit können wir für Exerzitienkurse ihren Clubraum mit einer kleinen Küche nutzen. In zwei benachbarten Seminarräumen rollen wir unsere Isomatten und Schlafsäcke aus. Dann ist der Betrieb des Hauses weit weg. Doch auch das Haus kann mal zur Straße der Begegnung werden, auf der Spuren Gottes zu entdecken sind. Auf jeden Fall kehren wir gern abends in das gastfreundliche Haus zurück. Es ist nun für die Teilnehmer:innen der Start- und Rückkehrpunkt unserer Erkundungen der Doppelstadt Ludwigshafen mit der chemischen Industrie und Mannheim mit einer fürstlichen Geschichte. Die beiden recht unterschiedlichen Städte bieten viele Anknüpfungspunkte für die eigenen Fragen. Auch der Rhein, der die beiden Städte voneinander trennt, fordert zur Wahrnehmung eigener Hoffnungen und Ängste heraus. So wurden die verbindenden Brücken zu einem wichtigen Thema. Es begann mit der Beobachtung, dass sie etwas schwanken, wenn ein Zug oder ein schwerer Transporter darüber fährt. In dem Wahrnehmungsmodus der Exerzitien bemerkte eine Teilnehmerin ihre Ängste, ob sie unbeschadet an das andere Ufer kommen würde. Viele Ängste nutzen die Gelegenheit der Exerzitien, sich zu zeigen. Beim abendlichen Erzählen blättern sie sich auf. Auch wenn die Überquerung des Flusses beim ersten Mal abgebrochen wurde, konnte am nächsten Tag die Übung fortgeführt werden. So verlor eine Angst nach der anderen ihre Kraft und führte zu einem neuen Sehen der Wirklichkeit. Durch die Erzählungen konnte die Gruppe diesen Leidensweg und die Befreiungen miterleben und schloss den Prozess mit einem Gottesdienst auf einer kleinen Brücke neben dem Haus ab. Diese Brücke führt über eine Straßenbahntrasse und verbindet einen sehr armen Stadtteil mit Häusern für Familien, die aus ihren Wohnungen geklagt wurden, mit der Stadt. Die Lärmbelästigung dieser Menschen wurde so groß, dass die Stadt die Brücke für den Autoverkehr mit einer Schranke sperrte, sodass sie nur noch Fußgänger und Radfahrer passieren konnten. Auf dieser Brücke neben der Schranke feierten wir dann Gottesdienst, im Hinterkopf die Brückenerfahrungen über dem Rhein, der die Bundesländer Rheinland-Pfalz und Baden-Württemberg voneinander trennt. Auch unsere kleine Brücke steht auf einer Grenze zweier Stadtteile, die voreinander geschützt werden sollen. Ein sehr schlichter Gottesdienst auf der Grenze half uns, die Herausforderung der Botschaft Christi greifbarer zu machen.

BUCH SECHS: DIE RÜCKKEHRFIBEL

Sich an die zurückliegenden geistlichen Erfahrungen erinnern zu lassen (vgl. Buch 5) bedeutet nicht, dass sich diese Erfahrungen im Alltag wiederholen sollen oder gar werden. Es gibt bei Gott wie im Leben keine bloße Wiederholung. Begegnungen mit dem Auferstandenen werden nicht aus der Vergangenheit in die Gegenwart zurückgeholt. Vielmehr zeigt sich derselbe Auferstandene in Alltagssituationen auf neue Weisen. Er ist derselbe, und dennoch zeigt er sich neu. Das sagt auch Paulus. Sein Brief an die Epheser faszinierte Christian besonders im Hinblick auf die Frage nach der Rückkehr in den Alltag. Schuhe ausziehen (Ex 3,4) kann in den Exerzitien dran sein, Schuhe anziehen (Eph 6,15) dann wieder im Alltag – und manchmal auch umgekehrt.

Klaus Mertes

6.1 Der Paulusbrief an die „Epheser“

Der Brief an die Epheser ist ein Paulusbrief. Als Überbringer wird Tychikus (Eph 6,21; Kol 4,7) genannt, der ihn wohl nach Laodicea bringt (Kol 4,13). Er nahm auch den Brief an die Kolosser (Eph 4,7) mit, den er jedoch diskret behandeln musste, da dort die Konflikte in der Gemeinde benannt werden. Beide Briefe werden also von derselben Person überbracht.

Ich folge hier einer Auslegung von Norbert Baumert und Maria-Irma Seewann[54]. Sie gehen in ihrem Kommentar von einer besonderen Chronologie der Briefe Philemon, Kolosser und Epheser aus, und verstehen sie als die ersten Briefe des Apostels Paulus: In dem kurzen Brief an Philemon tritt Paulus für die

[54] Vgl. Norbert Baumert, Maria-Irma Seewann, Brief an die Epheser, S. 177–367, in: Israels Berufung für die Völker, Würzburg 2016.

Freiheit eines Freundes ein. Auch für den Brief an die Gemeinde in Kolossä gibt es einen Konflikt in der Gemeinde, auf den Paulus mit seinem Schreiben reagiert, damit dort wieder Frieden einkehrt. Doch der Brief an die Epheser, der von demselben Boten überbracht wird, benennt in alten Handschriften keinen Adressaten und auch keine ebenfalls grüßenden Mitautoren. Das ist ja sonst bei den Briefen eine Gewohnheit, die auch dazu geeignet ist, die Gemeinden miteinander zu verbinden. In diesem Brief wendet sich Paulus speziell an die Juden, die Jesus Christus als den angekündigten Messias erkannt haben. Sie haben ihren alten Glauben nicht weggelegt, sondern er ist in Jesus erfüllt worden und sie haben weiter die Aufgabe, diese Ankündigung des Messias vor aller Welt zu bezeugen und diese Botschaft für die ganze Menschheit offenzuhalten.

Diese Hinwendung zu Christus war also für die dortigen Juden eine Glaubensvertiefung. Eine solche wird auch in den geistlichen Zeiten erlebt. Darum ist der Epheserbrief als Grundlage geeignet, um die Erfahrungen in den Exerzitien zu reflektieren, die empfangenen Geschenke zu sehen und dafür zu danken und den Glauben neu auszurichten. Es geht den Übenden wie den Adressaten des Epheserbriefes nicht darum, die Glaubenserfahrung als eigenen Verdienst zu verstehen, sondern als Geschenk Gottes, als Antwort auf unser Vertrauen, quasi eine Vorleistung für das Leben in Fülle, das wir einmal erleben werden. Dies geschieht trotz unserer Übertretungen und Sünden, da Gott reich an Erbarmen ist. Er erbarmt sich und macht selbst die Toten lebendig.

Der Begleitbrief ist besonders an die jüdischen Christen gerichtet.[55] Der jüdische Glauben bleibt die Basis; die Rettung der Völker geht davon aus. Das jüdische Volk behält seine universale Aufgabe für die ganze Menschheit.[56] Der Brief erinnert die Juden an ihre bleibende Rolle. Gott hat sich ihnen gezeigt, sie unter den Völkern ausgewählt und jetzt in Christus seine Herrlich-

---

55 Ausgenommen von dieser These ist der Abschnitt Eph 2,11 – 3,23.

56 Vgl. Baumert, Seewann, S. 177–367.

keit aufleuchten lassen. Der erste Hauptteil des Briefes ist dem Dank für dieses Heilsgeschehen gewidmet (Eph 1,3 – 2,10).

Jetzt haben alle Völker Zugang zum Vater

Im zweiten Hauptteil des Briefes werden besonders die angesprochen, die aus allen anderen Völkern Christus nahegekommen sind. Die Grenze zwischen Juden und Nicht-Juden und jede Feindschaft ist aufgehoben. Christus hat in sich die Feindschaft am Kreuz überwunden. Er ist der Frieden für alle, für die Nahen aus dem jüdischen Volk und die Fernen aus den vielen Völkern, damit sie alle als Teil einer einzigen Menschheit wieder zu einem Leib zusammenkommen und neu mit Gott in Verbindung treten.

Nun zu der Frage der Rückkehr der Übenden in die Gemeinde: Sie haben ihren Glauben erneuert und durften ihre Befreiung kosten. Der Epheserbrief erinnert daran, die vergessene Einheit der Menschen wieder für möglich zu halten, sich dafür einzusetzen und sich jetzt über die Überwindung der einmal vorhandenen Grenzen zu freuen. Ein Bild dafür ist das Zerreißen des großen Vorhangs im Tempel in der Stunde von Jesu Tod (Mt 27,51). Mit diesem Geschenk sollen auch die Gemeinden gestärkt werden. Die Kraft dazu kommt von Jesus Christus, der von den Toten auferstanden ist. Ihm ist alles unter die Füße gelegt (1 Kor 15,27).

Der Apostel gibt Rechenschaft über sein Engagement (Eph 3,1–21)

Nachdem der Briefschreiber sich vorgestellt hat – „Ich, Paulus, der Gebundene Christi Jesu (Eph 3,1)[57] für euch, die Völker" –, erklärt Paulus, dass er durch das ihm anvertraute Geheimnis Christi für die Völker gebunden ist. Nachdem Generationen

---

[57] Vgl. auch 4,1. Hier ist eine geistliche Gefangenschaft gemeint, die Paulus an Christus bindet.

ohne dieses Wissen lebten[58], wuchs in ihm als dem Letzten das Verständnis: „Die Völker sind Mit-Erben und Mit-Leib und Mit-Teilhabende an der in Christus Jesus durch das Evangelium erfüllten Verheißung." (Eph 3,6) Paulus wurde als Diener des Evangeliums die Gnade und die Energie anvertraut, den Völkern[59] diese frohe Botschaft des unerschöpflichen Reichtums Christi leuchtend vor Augen zu stellen. In ihm bekommen wir den Freimut und die gewinnende Art, davon zuversichtlich zu reden, weil er uns das zutraut (Eph 3,8–12): „Deshalb bete ich darum, mich von meinen Bedrängnissen um euch nicht verdrießen zu lassen, was für mich Ehrensache ist!" (Eph 3,13, Übersetzung nach Baumert/Seewann)

Zum Schluss betet Paulus für die Völker (Eph 3,14–21)

Paulus beugt seine Knie vor dem Vater, damit er die Empfänger des Briefes durch seinen Geist stark mache, um mit dem inneren Menschen, also mit ihren Herzen, in Christus Wohnung zu nehmen. In diesem Fundament der Liebe verwurzeln sich alle Völker und werden erfüllt von Gottes Liebe, die auch überreich Erkenntnis schenkt. Ihn, der die Kraft der Umsetzung hat, bitten wir, sie mit aller Kraft energisch zu verwirklichen. Ihm sei die Ehre alle Zeit.

6.2 Gott trauen – Alltag nach den Exerzitien
(Marita Lersner)

„Steht also, nachdem ihr Eure Lenden mit Wahrheit gegürtet
und den Brustpanzer der Gerechtigkeit angelegt habt
sowie die Füße fest geschnürt habt mit der Bereitschaft für die frohe Botschaft des Friedens,

---

[58] Paulus selbst durchlebte einen Prozess der Reifung, der mit seiner Berufung begann (Gal 1,16).

[59] Siehe das Gottesknechtlied Jes 49,1–9.

nachdem ihr in alldem ergriffen habt den Schild des Trauens
mittels dessen ihr alle feurigen Geschöpfe des Bösen löschen könnt.
Auch setzt den rettenden Schutzhelm auf.
Und ergreift das Schwert des Geistes,
indem ihr in jeder schwierigen Situation bei jedem Gebet und jeder Bitte im Geist betet,
und auf ihn aufmerksam seid bei jedem Durchhalten und Bittgebet für alle Heiligen." (Eph 6,14–18)

In den Wochen nach Exerzitien bin ich einigermaßen außer mir, diesen Zustand kenne ich mittlerweile ganz gut. Normalerweise brauche ich mindestens 3 bis 4 Tage, um mich wieder zusammenzusammeln und alltagsfähig zu werden. Ich bin dünnhäutig und feinfühlig, schnell euphorisch, aber auch nah am Wasser gebaut, irgendwie wie frisch verliebt – auf eine gute und manchmal auch auf eine unangenehme Weise.

Ja, Exerzitien beleben meine Liebesbeziehung mit Christus. Und meine Sehnsucht nach ihm. Die bringe ich mit in meinen Alltag. Dann kann es passieren, dass sich mitten in einem Gespräch meine Wangen röten, weil mir der Gedanke kommt, dass Christus mich ja tatsächlich liebt. Morgens wache ich mit einer Melodie im Kopf auf, und mir fällt der Text dazu ein: „Die güld'ne Sonne voll Freud und Wonne bringt unseren Grenzen mit ihrem Glänzen ein herzerquickendes liebliches Licht." Und ich nehme das Lied als Gruß meines Geliebten. Oder mir schenkt jemand einen Strauß tiefroter Rosen; er steht an meinem Schreibtisch und ich freue mich über den Liebesgruß Christi.

Der Strauß Rosen ist ein gutes Beispiel, dass die Exerzitienhaltung sich nicht ungefiltert auf den Alltag übertragen lässt. Natürlich darf sich meine Seele auch über die völlig natürliche Liebe und Verbundenheit mit den Menschen im Alltag freuen. Ich darf sie lieben, und darin auch Christus lieben. Das wird auch meine Arbeit beleben. Aber die Rosen kommen ja nun von einem Mann, mit dem ich beruflich zu tun habe. Ich muss mich fragen, ob seine Geste nicht unangemessen ist. Ich muss klarstellen, dass hier keine falschen Erwartungen aufgekommen sind, muss Missverständnisse ausschließen.

Meint der Autor des Epheserbriefes das, wenn er von den gegürteten Lenden spricht?

Die Lenden sind der Ort der Kraft und auch der Erotik. Der Lendengurt gibt Stabilität im Hüftbereich. Die Lenden sollen mit Wahrheit gegürtet werden. Welcher Wahrheit mag es gelingen, Halt in der unberechenbaren Vitalität des Lebens zu geben?

Die Wahrheit der Straße sind die einfachen und klaren Aha-Erlebnisse: Gott lebt und wirkt. Ich bin geliebt. Ich bin mit anderen verbunden. Ich werde gebraucht.

Diese Wahrheit bringt vielleicht meine Wangen zum Erröten, aber sie schafft nicht die Klarheit, welche die Rosensituation verlangt. Da muss wohl noch mehr Rüstung angezogen werden.

Das nächste Stück, das der Paulus des Epheserbriefes anzieht, ist der Panzer der Gerechtigkeit. Ja, einen Brustpanzer brauche ich im Alltag. Ich kann nicht jede Wut der anderen an mich heranlassen, jeden Schmerz mitfühlen und jede Angst durch die offenen Poren meiner Haut dringen lassen. Das würde mich völlig überfordern.

Der Panzer im Epheserbrief hat das Attribut der Gerechtigkeit. Das klingt missverständlich nach Rechthaberei. Aber Gerechtigkeit ist ja eine Eigenschaft Gottes – allein Gott kann den Menschen wirklich gerecht werden. Ist das der Panzer, der mein mitfühlendes Herz schützen kann? Mich verlassen darauf, dass Gott für Gerechtigkeit zuständig ist und nicht ich jedem Menschen in meinem Alltag vollumfänglich gerecht werden muss.

Zu dem Bild des festen Panzers kommt das bewegliche „Schild des Trauens"; so übersetzen es Baumert und Seewann, eine Übersetzung, mit der auch Christian gearbeitet hat.[60] Sie betonen, dass es hier nicht abstrakt um den Glauben geht, sondern darum „dass ihr euch Gott jedesmal und je ganz neu anvertraut"[61]. Damit sollen die feurigen Pfeile des Bösen ausgelöscht werden. Nun kommt das Böse im Alltag selten so feurig daher, sondern vielmehr ganz banal, wie es Hannah Arendt formuliert. Das Stumpfe und Unsensible ist es, was mich von der in Exerzitien erfahrenen Wahrheit wegbringt – auch das Stumpfe und Unsensible in mir selbst. Das „Schild des Trauens" soll

---

60 Vgl. Baumert, Seewann, S. 354–365.

61 Ebd. S. 360.

mir da Hilfe sein? Gott trauen, den Menschen trauen, mich trauen ... Ja, gegen das Stumpfe mag mich dieses Trauen schützen. Ach, das wäre schön, wenn ich den Alltag immer mit „Trauen“ bestreiten könnte.

In meiner beruflichen Verantwortung für Menschen, braucht es aber auch eine gute Dosis Kontrolle. Das gilt besonders in der Arbeit mit Kindern und Jugendlichen, aber nicht nur da. Natürlich will ich Menschen auch wider die Erwartung vertrauen, ihnen etwas zutrauen und damit den Raum geben, ihren eigenen Weg zu finden. Ihnen Macht und Möglichkeit geben, die Kirche und die Gesellschaft mitzugestalten. Aber sie brauchen einen Rahmen, der sie in altersgemäßer Weise fördert; sie brauchen auch einmal die Klarheit der Grenzen; sie brauchen Ja, Ja, und Nein, Nein (Mt 5,37). Und sie sind schutzbedürftig gegenüber dem Machtmissbrauch anderer. Gegen Machtmissbrauch „traue“ ich am liebsten den klaren und demokratischen Ordnungen und ihrer Kontrolle. Sie können ein Schild sein, damit Menschen auch weiterhin der Nähe anderer trauen können.

Der Epheserbrief spricht freilich nicht davon, den Menschen zu trauen, sondern Gott. Gottes heilsames Wirken begegnet mir aber vor allem durch Menschen. Meistens kreuz und quer zu allen Ordnungen. Ich fürchte sogar, dass geordnete, demokratische und transparent protokollierte Abläufe eine Tendenz haben, stumpf zu machen für das Wirken Gottes. Gebt mir ein anderes Mittel, das geeignet ist, meinen Alltag voll „Trauen“ zu leben!

Da sind die Schuhe, die ich wieder anziehen darf: die Bereitschaft für die Botschaft des Friedens. Baumert und Seewann erinnert die Formulierung an Jesaja 52,7: „Ich bin es, der sagt: ‚Ich bin für euch da.‘ Der Freudenbote kommt über die Berge gelaufen! Er bringt die frohe Botschaft und verkündet Frieden und Rettung. Er ruft Zion zu: ‚Dein Gott herrscht als König.‘ Hört ihr es?“

Wieder ist Gott es, der den Rahmen bestimmt: Gott bringt die Freudenbotschaft. Aber wieder sind es die Menschen, die handeln – hier die Freudenbotschaft hören und weitersagen. Ja, die Freude kann das – sie kann kreuz und quer zu allen Ordnungen wieder Vitalität ins System bringen. Gut zu wissen, dass die Freude ihre Boten hat. Ich brauche sie so sehr in meinem Alltag. Meine Schuhe sind ja nur die

Bereitschaft sie zu hören. Und ja: Ich habe in meinem Alltag wirklich oft erlebt, dass mich ein solcher Freudenbote besucht hat.

Ich erinnere mich an eine Szene, von der Renate bei der Trauerfeier von Christian erzählte und die mich sehr beeindruckt hat. In einer spannungsreichen Situation voller Aggression öffnete Christian seine Hände und fing an zu beten. Damit öffnete er in allen die Bereitschaft, den anderen auszuhalten. Diese offenen Hände sind ein gutes Bild für meine Aufgabe im Alltag: Die Gegenwart öffnen hin zu Gott.

Ähnliches kann auch das Schwert des Geistes bewirken, von dem im Epheserbrief die Rede ist, „nämlich ein lebendiges, aktuelles Gotteswort“, wie es Baumert und Seemann formulieren. Es kann nicht darum gehen, das in Exerzitien Erfahrene zu wiederholen, sondern immer nur, darum, ob Gott uns gerade jetzt etwas zu sagen hat. Das Hören haben wir ja in Exerzitien geübt. Es mag sich auch im Alltag weiterüben lassen.

6.3 Überprüfen der gefundenen Grundsätze in der Praxis

Erinnern wir uns, wie der Weg in die Aufmerksamkeit mit den Anweisungen aus dem Lukasevangelium im 10. Kapitel geholfen haben. Es ging darum, die Sorge um Dinge und Beziehungen wegzulassen, um offen zu werden gegenüber allem, was die Existenz betrifft. Jesus kommt auf diese Erfahrung kurz vor seinem Tod zurück. Er fragt nach dem Abendmahl auf dem Weg zum Garten Getsemani seine Begleitung:

„Fehlte euch etwas, als ihr ohne Geld, ohne Schuhe aufbracht? Als ich euch ohne Geldbeutel aussandte, ohne Vorratstasche und ohne Schuhe, habt ihr da etwa Not gelitten? Darauf antworteten sie: Nein.“ (Lk 22,35)

Die Übung, alles Bindende wegzulassen, machen auch die Teilnehmer:innen bei Exerzitien. Doch jetzt, da andere Herausforderungen bevorstehen, sagt Jesus:

„Jetzt aber soll der, der einen Geldbeutel hat, ihn mitnehmen und ebenso die Tasche. Wer dies nicht hat, soll seinen Mantel verkaufen und sich ein Schwert kaufen. Denn ich sage euch: An mir muss sich erfüllen, was geschrieben steht: Er wurde zu den Gesetzlosen gerechnet.“ (Lk 22,36 f)

Der gewaltlose Jesus wird durch den anstehenden Konflikt herausgefordert und geprüft. Daraufhin betet Jesus in der Mitte der ihm besonders nahestehenden Jünger, dass der Kelch des Todes doch an ihm vorübergehe. Die Jünger schlafen ein. Er ist alleine.

Die Situation ist vergleichbar mit der Lehrgeschichte des biblischen Propheten Jona. Schreckt Jesus nun vor dem Tod am Kreuz zurück ähnlich wie Jona vor dem Spott in Ninive? Oder ist Jesus versucht, sich gewaltsam gegen die Übermacht der Römer zu verteidigen wie es die Zeloten wollen?[62] Die Jünger antworten: „Herr, siehe, hier sind zwei Schwerter.“ Die Jünger wollen sich wehrhaft zeigen. Jesus erkennt das Missverständnis und erwidert: „Genug davon!“ (Lukas 22,38)

Als die Soldaten kommen, um Jesus zu verhaften, greift Petrus dennoch mutig wenn auch aussichtslos nach dem Schwert und schlägt einem Soldaten ein Ohr ab. Hatte Jesus nicht den Auftrag erteilt, Schwerter zu besorgen? (Lk 22,36) Jetzt wird die Situation ganz klar: Jesus heilt den verletzten Soldaten und lässt sich gefangen nehmen und wird dann verspottet, gefoltert und gekreuzigt.

Trotz aller Grundsätze werden die Zurückkehrenden im Alltag in neuen Situationen, die sie zuerst nicht überblicken, und dann in der anstehenden Herausforderung wieder Klarheit finden müssen, sich von gesellschaftlich naheliegenden Lösungen zu distanzieren und auf ihr Herz zu hören in Einheit mit dem befreienden Gott. So werden die Geübten durch neue Prüfungen im Alltag gehen. Und sich wie in den Exerzitien auf das mitgehende Gebet verlassen müssen.

---

62 Einige Jünger kamen aus diesen Gruppen.

6.4 Zurück in die Anfängerhaltung: Werdet wie die Kinder

Nicht nur in besonders existenziell offenen, hör-bereiten Zeiten sind wir eingeladen, hinzuhören, wenn wir angesprochen werden oder in uns Gedanken und Gefühle aufsteigen und wieder in die Leichtigkeit eintauchen, etwas ganz Neues zu hören, das wir noch nicht erklären können, obwohl wir es doch könnten. Dann werden wir beschenkt wie Kinder und fragen staunend nach, was geschehen ist, und sind wieder am Ursprung unseres Suchens, in der Offenheit für Schönheit, für Dank an das Geschenk Leben und für vieles mehr. Wir erleben wenigstens einen Moment: Das Jetzt.

Darauf macht Jesus aufmerksam, als seine Jünger sich mal wieder fragten, wer der Größte sei. Das Matthäusevangelium berichtet:

„Jesus fragte: Wer ist denn im Himmelreich der Größte? Da rief er ein Kind herbei, stellte es in ihre Mitte und sagte: Amen, ich sage euch: Wenn ihr nicht umkehrt und werdet wie die Kinder, werdet ihr nicht in das Himmelreich hineinkommen. Wer sich so klein macht wie dieses Kind, der ist im Himmelreich der Größte. Und wer ein solches Kind in meinem Namen aufnimmt, der nimmt mich auf." (Mt 18,1–5)

Ist eine solche Haltung alltagstauglich oder gar notwendig, um Scharlatane zu entlarven? Hans Christian Andersen[63] beschreibt diese Fähigkeit des unverstellten Sehens im Märchen „Des Kaisers neue Kleider".

Auch in neuen Situationen sind wir lernfähig und tragen den göttlichen Impuls in uns, unsere Rolle der Dominanz mit der in der Abhängigkeit zu tauschen und die Wirklichkeit aus der anderen Perspektive zu sehen. Die darin liegende Fähigkeit andere zu beraten, schenkt auch die Möglichkeit sich korrigieren zu lassen. Liebe.

---

[63] Dänischer Schriftsteller 1805–1875.

6.5 Anfängerhaltung
(Mabel Mariotti)

Geht in euren Tag hinaus
ohne vorgefasste Ideen,
ohne Erwartung von Müdigkeit,
ohne Plan von Gott,
ohne Bescheidwissen über ihn,
ohne Enthusiasmus,
ohne Bibliothek –
Brecht auf ohne Landkarte –
und wisst, dass Gott unterwegs zu finden ist,
und nicht erst am Ziel.
Versucht nicht, ihn nach Originalrezepten zu finden,
sondern lasst euch von ihm finden
in der Armut eines banalen Lebens.
(Madeleine Delbrêl)[64]

Ich sitze am Computer mit Euch. Seitdem Du, Christian, die „Raumzeit“ verlassen hast, habe ich langsam gemerkt, dass Du zusammen mit Margit – die dir zwei Jahre zuvor vorgegangen ist – mit mir irgendwie unterwegs seid. Ihr seid leiser geworden, aber die Kommunikation geht weiter. Ich spüre Eure Begleitung, als ob ich mich mitten in den Straßenexerzitien befände. Mein Zugang zu Euch als Begleiter:innen ist nicht immer leicht. Sobald ich ins Jetzt komme, seid ihr aber sofort da, mich zu unterstützen, in die Offenheit zu treten, damit ich mich vom Leben führen lasse.

Heute habe ich auch Eure Fotos vor mir, lächelnd, leuchtend, zuversichtlich. Dann fange ich an, deinen Text zu lesen, lieber Christian, den Text, der mir durch die Gemeinschaft der Begleiter:innen zugeteilt worden ist. Als ich ihn vor ein paar Tagen das erste Mal gelesen habe, fand ich ihn schön. Ein Licht hat mich getroffen, ich wusste aber nicht, worum es ging, und vor allem dachte ich, es wäre schwierig gewesen, etwas dazu zu schreiben. Heute ist es ganz anders.

---

64 Zitiert nach: Madeleine Delbrêl (1904–1964), „Unbehauste Heimat“ (Echter, Würzburg 2017, S. 3)

Heute hat jenes Licht sich in die verschiedenen Farben des Regenbogens umgewandelt und ich sehe und höre anders. Ich sehe, höre und spüre, was ich nicht nur intuitiv, sondern auch mit der Vernunft begreifen und hoffentlich erzählen kann.

Auf diesen Text hat sich etwas sanft gesetzt, wie eine leichte Schicht Schnee. Der Schnee ist das Geheimnisvolle, das mich durch den Text „auf nackten Sohlen" führt. Durch diesen dünnen Schneemantel habe ich drei wunderschöne Schneeglöckchen hervorsteckend gesehen und zwar diese Begriffe: Haltung, Geschenk, Auftrag. Drei Wörter, die ich nun versuche durch deinen Text leuchten zu lassen, kommen mir als eine Zusammenfassung dessen vor, was für mich, und ich glaube auch für Euch, mit dem Alltag nach den Straßenexerzitien zu tun hat. Sie sind m. E. das pulsierende Herz der Straßenexerzitien, das nur weiterleben kann, wenn sich diese Begriffe im Alltag durch ihre Bedeutung, oder besser gesagt, ihre Gabe weiter entfalten.

Du redest über eine *Anfängerhaltung*. Diese Haltung, Christian, habe ich in dir oft gespürt und vielleicht ist es das, was mir an deiner Person von Anfang an so imponiert hat. Das ist die Offenheit, sich nicht von Beredsamkeit, Wissen, gesammelter Erfahrung führen zu lassen, sondern vom Leben, das immer in Bewegung ist, sowie von den Begegnungen. Ich habe mich als Mensch von dir geschätzt und gehört gefühlt. Das war keine Methode eines geistlichen Begleiters, sondern genau die Offenheit, die dir erlaubte, in den Menschen das Göttliche zu sehen. Und ich sowie viele andere haben das gespürt! Die Offenheit war dir so grundlegend, dass du nie wolltest, dass die Straßenexerzitien dein Besitz sein sollen und auch nicht der Besitz einer Gruppe, die bestimmen würde, „wie man das macht". Das wäre schon am Leben vorbei. Um deine Worte zu benutzen, mit so einer Haltung würden wir dann Gott überspringen. Deine Erfahrung, sagtest du mir einmal, sei nur die Plattform, um mit deinem Gegenüber in Kontakt zu treten, damit er oder sie sich in ihrem Anders-Sein besser verstehen und an ihre Sehnsucht, an das Göttliche in sich, kommen können. Diese Anfängerhaltung ist m. E. das Schlüsselwort für den Übergang von den Straßenexerzitien in den Alltag. Es ist ein schönes Wort, aber es bedeutet, bereit zu sein, auch im Alltag auf die Dominanz unseres Wissens, auf die Sicherheit unserer Eloquenz, auf die Verteidigung und Absolutierung unserer Erfahrung zu verzichten. Es bedeutet von allem zu lernen, auch wovon wir lieber wegschauen würden. Mit der Anfängerhaltung werden wir ärmer und nicht reicher, aber es ist genau die Armut, die uns die Tür ins Jetzt öffnet, der einzige Sitz des Lebens. Das ist keine idealisierte Armut. Diese Armut hast du sehr geliebt, wahrscheinlich weil du dadurch immer wieder in die Offenheit gekommen bist, die dir das wunderschöne Geschenk enthüllte, für das es sich lohnte, alles andere wegzulassen.

Nun leuchtet der zweite Begriff: das *Geschenk*, sich beschenken zu lassen. Du schreibst: „Dann werden wir beschenkt wie Kinder und fragen staunend nach, was geschehen ist, und sind wieder am Ursprung unseres Suchens, in der Offenheit für Schönheit, für Dank an das Geschenk Leben und für vieles mehr." Dieser Satz ist so schön und erfrischend, dass er keinen Kommentar braucht. Das ist das Geschenk für diejenigen, die mit der Anfängerhaltung und allem, was mitschwingt, unterwegs sind. Dann ist die Stelle des Matthäusevangeliums aktuell: Nur wer sich wie ein Kind macht, wird ins Himmelreich kommen, und wer ein solches Kind empfängt, empfängt dann Jesus. Das Geschenk ist die Gottheit selbst, empfangen und weitergeschenkt durch die Gastfreundschaft. Das habe ich in der Naunynstraße erlebt, als ich mit Margit acht Monate dort gelebt habe. Die Gastfreundschaft war genau davon geprägt, den Rollenaustausch zwischen Menschen zu üben, die in der Offenheit lebten. Dieses Geschenk ist auch im Alltag da, wenn man alles darauf setzt und dafür aufmerksam bleibt. Die Aufmerksamkeit ist tatsächlich nicht nur eine Haltung der Straßenexerzitien, sondern eine Fähigkeit, die die Menschen bewohnt. Leider sind der Stress, die Schnelligkeit, die Sorgen des Alltages die größten Hindernisse dafür, in dieser grundsätzlichen Haltung zu bleiben. Das Üben auch im Alltag ist daher unabdingbar, sowohl der Aufmerksamkeit als auch der Anfängerhaltung. Dann, ohne es zu merken, werden wir uns langsam wieder in den Exerzitien finden, und das Himmelreich, das Geschenk, die Lebensfreude werden zugänglich, wie du sagst, Christian, wenigsten für einen Moment: das Jetzt.

Das ist aber nicht alles. Die Gabe birgt eine Aufgabe, das Geschenk einen *Auftrag*. Das Kind, das Jesus in die Mitte stellt, ist kein unfähiges unmündiges Wesen. Seine Haltung schenkt ihm die Freiheit, aufzustehen und vor allen Mächtigen der Welt zu sagen, was es sieht. Das Kind ist der oder die Prophet:in. Ich war erstaunt zu sehen, wie du, Christian, die oben genannte Stelle des Matthäusevangeliums in Verbindung mit dem Märchen von Hans Christian Andersen, „Des Kaisers Neuer Kleider“, bringst. Dieses Märchen hat auch Margit immer geliebt und oft zitiert, vor allem wenn in der Kirche oder im Orden so viel unnötige Wiederholung stattfand, oft um von den Menschen gelobt zu werden und vielleicht, durch den Gehorsam gegenüber Übergeordneten, leicht an die Macht zu kommen. Das Märchen spricht m. E. vom Widerstand gegen den Missbrauch. Das ist teure Gnade[65], die Menschwerdung, die durch das Kreuz zur Vollendung kommt. Dieser Auftrag im Alltag ist schwer und befreiend. Er ist manchmal sehr schwer zu erfüllen, weil er unbeliebt macht, er fordert heraus, er stört. Du, Christian, hast das oft gemacht, aber das hat wiederum deine Freiheit erweitert und das Leben ist dir immer wieder von Neuem gegeben worden.

Der Auftrag hat mit dem Widerstand, aber auch mit der Bekehrung zu tun. Beides gehört zusammen, sonst besteht das Risiko, wie es manchmal in der Geschichte geschah, dass der Widerstandskämpfer zum Diktator wird. Am Ende deines Textes schreibst du von der Fähigkeit, die Wirklichkeit aus der anderen Perspektive zu sehen. Die Gabe der Freiheit eines Kindes, das in der Mitte steht und schreit, dass der Kaiser nackt ist, ist die Gabe der Beratung, deren Kehrseite darin besteht, sich korrigieren zu lassen. Ein Wort bleibt allein am Ende deines Textes. Warum hast du dieses Wort ohne einen Rahmen geschrieben? Ohne einen Satz? Das Wort ist Liebe. Vielleicht ist dieses Wort die beste Zusammenfassung deines Textes. Wir kommen von den Exerzitien in den Alltag durch die Anfängerhaltung und werden wie Kinder beschenkt, damit wir unseren Auftrag der Menschwerdung erfüllen, wie in einer Spirale, die sich weiterentwickelt. Der Auftrag mündet dann wieder in die Haltung und öffnet die Tür für das Geschenk, das wiederum zum Auftrag wird. Ist das nicht die Liebe? Gelebte Liebe ist die Reise durch die Spirale bis in die Ewigkeit.

Danke, Christian, und Margit, für die Begleitung durch diesen Text, und darüber hinaus.

---

65 Vgl. Dietrich Bonhoeffer, Nachfolge, München 1976.

BUCH SIEBEN: WURZELN

Die Straßenexerzitien sind nicht vom Himmel gefallen. Am Schluss seines Buches wollte Christian auf die Wurzeln seiner Entdeckung der Straße als Ort der geistlichen Begegnung hinweisen. Die ignatianischen Exerzitien sind die Tradition, aus der er selbst kam. Aber in seinem Alltag als Arbeiterpriester und in der Wohngemeinschaft der Naunynstraße stieß er auch auf andere Quellen. Sie halfen ihm, den Weg der ignatianischen Exerzitien und seiner eigenen Exerzitienerfahrung besser zu verstehen.

Klaus Mertes

7.1 Straßenexerzitien und die 12 Schritte der Anonymen Alkoholiker (AA)

(Christoph Albrecht)

Ich vermute, die meisten Menschen, die sich in den Gruppen der AA beteiligen, haben verstanden, dass ihre Sucht – auch oder vor allem – ein spirituelles Problem ist. Jedenfalls scheinen mir die 12 Schritte der AA ein eminent spirituell orientierter Lösungs- bzw. Befreiungsweg.

Die Straßenexerzitien sind ein eigener geistlicher (spiritueller) Übungsweg – wenn auch vielfältig und bei jeder übenden Person neu und einzigartig. Entstanden sind sie einerseits mit Menschen, die G'tt und G'ttes[66] Wirken im eigenen Leben in den ungelösten Fragen und in der Betroffenheit über die Lebenssituationen und -geschichten bei denjenigen Menschen suchen, die selbst nicht zu den Privilegierten unserer ökonomischen Apartheidgesellschaft gehören. Andererseits sind die Straßenexerzitien auch inspiriert durch Chris-

[66] Die Schreibweise „G'tt" weist auf die jüdische Tradition hin, den Namen Gottes nicht auszusprechen.

tian Herwartz' jahrelange Erfahrung und Auseinandersetzung mit dem Übungsweg der ignatianischen Exerzitien.

Mein Verständnis der Beziehung zwischen Straßenexerzitien und den 12 Schritte der AA ist in den letzten 30 Jahren ebenfalls durch die Begleitung von Menschen entstanden, die als Geflüchtete, Ausgegrenzte oder seelisch Leidende zu geistlich Suchenden und Hoffenden wurden und die durch die ignatianischen geistlichen Übungen Hilfe auf dem Weg der Befreiung fanden. Deshalb möchte ich hier die 12 Schritte der AA in einem ersten Schritt den ignatianischen Exerzitien gegenüberstellen, um dann daraus Bezüge zu den Straßenexerzitien zu finden.

Ziel und Aufbau der ignatianischen Exerzitien

Die ignatianischen Exerzitien sind kein Kurs im bekannten Sinne. Sie bestehen nicht in einem Parcours von Kapiteln oder Aufgaben, die es zu absolvieren gälte, und am Ende gibt es auch keine Überprüfung von irgendwelchen Lernzielen. Die Exerzitien sind grundsätzlich ergebnisoffen, auch wenn Ignatius eine allgemeine Zielsetzung nennt, nämlich die Befähigung, den g'ttlichen Willen immer besser zu suchen und zu finden.

Die geistlichen Übungen, wie die Exerzitien auch genannt werden, folgen zwar einer gewissen Ordnung, doch diese ist an die je einzigartige Erfahrung der Übenden anzupassen. Der je einzigartigen inneren Landschaft der Übenden haben die Begleiter:innen Rechnung zu tragen. Doch es gibt bestimmte Meilensteine, die spirituell erfahrenen Personen bekannt sind. Fünf davon bilden in den Exerzitien Kapitel, die fünf Phasen genannt werden. Diese können sich in ihrer zeitlichen Abfolge überlappen, oder Elemente der einen Phase können plötzlich in anderen Phasen wieder größere Wichtigkeit erlangen. Dies zu erkennen, ist einerseits u. a. Aufgabe der Begleitpersonen, andererseits aber auch Teil der wachsenden Selbsterkenntnis der Übenden.

Die ignatianischen Exerzitien sehen diese fünf Phasen vor:

1. Phase: Prinzip und Fundament
2. Phase: Weg der Umkehr, Vergebung und Befreiung von allem, was der Beziehung mit G'tt im Weg stehen könnte (1. Woche)
3. Phase: Unterwegs mit Jesus in seiner heilsamen und provozierenden Präsenz der Reich-G'ttes-Ansage (2. Woche)
4. Phase: Mit Jesus bis zum Äußersten, in Verkennung, Verrat und Vernichtung (3. Woche)
5. Phase: Auferweckt werden mit Jesus. G'ttes Liebe erfahren als Kraft, die doch stärker ist als alles Gewalttätige, Unterdrückerische, Zerstörerische (4. Woche)

Ignatius hat die Exerzitien in vier Wochen unterteilt, während heute die ignatianischen Exerzitien in fünf Phasen begleitet werden: Das kommt daher, weil für Ignatius die erste Phase nicht eigens eine Woche ist. Allerdings ist sie auch für Ignatius zentral und unabdingbar, sonst hätte er sie nicht „Prinzip und Fundament" genannt. Er setzt sie voraus. Doch wir sehen heute, dass diese erste Phase alles andere als gegeben ist, nämlich nicht nur die theoretische Erkenntnis, sondern eine tiefe innere Erfahrung des unbedingten Geliebtseins von Anfang an. Was Ignatius die erste Woche nennt, ist also bereits die zweite Phase.

Die 12 Schritte der AA und die fünf Phasen der ignatianischen Exerzitien[67]

Im Folgenden kommentiere ich die 12 Schritte der AA (jeweils in Kursivschrift) in Bezug auf die Charakteristik und Dynamik der jeweils vergleichbaren Phase der ignatianischen Exerzitien.

1. Wir geben zu, dass wir dem Alkohol gegenüber machtlos sind und unser Leben nicht mehr meistern können.

Das Eingeständnis der Angewiesenheit auf Hilfe bezieht sich in den Exerzitien nicht primär auf die Erfahrung mit einer Sucht, son-

[67] Vgl. https://www.anonyme-alkoholiker.de/unsere-idee/zwoelf-schritte.

dern besinnt sich auf die eigene Sehnsucht. Dieser Sehnsucht Raum zu geben, sie als Leere auszuhalten und nicht vorschnell mit irgendwelchen anderen Dingen oder Beschäftigungen anzufüllen, ist einerseits aktiver Teil der Übung, indem sich die Übenden einen zeitlichen und räumlichen Rahmen geben und diesen auch einhalten, andererseits ist es aber auch die Offenheit, aktiv-passiv auf diese helfende Wirklichkeit in der Stille zu warten und sich auf sie einzulassen, ohne selber irgendetwas zu produzieren.

In der ersten Phase der Exerzitien, also im „Prinzip und Fundament“, geht es tatsächlich darum, die eigene Sehnsucht nach dem, was ich mir nicht selber geben kann, wahrzunehmen, auszuhalten und auszurichten auf die Quelle aller Freude, aller Liebe, allen Lebens.

2. Wir kommen zu dem Glauben, dass eine Macht, größer als wir selbst, uns unsere geistige Gesundheit wiedergeben kann.

Spirituell suchende Menschen beginnen sich für die Exerzitien zu interessieren, wenn sie realisieren, dass die wesentlichen Dinge im Leben ein Geschenk sind, und dass ihre Sehnsucht nach dem G'ttlichen bereits eine Antwort auf diese bedingungslose Liebe ist. Dies anzunehmen ist ein Glaubensakt, der ebenfalls zum „Prinzip und Fundament“ gehört.

3. Wir fassen den Entschluss, unseren Willen und unser Leben der Sorge Gottes, wie wir ihn verstehen, anzuvertrauen.

Diese Art von Entschluss gehört in den Exerzitien zum „Prinzip und Fundament“. Sie ist nicht bloß eine im Kopf getroffene Entscheidung, sondern vielmehr eine erfahrene Gewissheit des bedingungslosen Geliebtseins, an der in Erinnerung entschlossen festzuhalten auch in Zeiten von Angst und Trostlosigkeit Sinn macht.

4. Wir machen eine gründliche und furchtlose Inventur in unserem Inneren.

In den Exerzitien ist vor allem die „1. Woche“, also die zweite Phase, dazu da, mittels verschiedenster Meditationen und Betrachtungen das Gewissen zu bilden und zu erforschen.

Bei den 12 Schritten der AA wie auch in den Exerzitien ist dieser Schritt bzw. diese Phase nicht denkbar, ohne das, was in den ersten drei Schritten oder in der ersten Phase grundgelegt ist. Alles, was in der ignatianischen Spiritualität Übung zur Klärung, Reue, Vergebung, Befreiung ist, setzt das „Prinzip und Fundament“ des tiefen Vertrauens in G'ttes Güte und Macht voraus. Erst auf dem tragenden Boden der Erfahrung oder des Schrittes ins Grundvertrauen ist es möglich, sich furchtlos an die unerfreulichen, eventuell beschämenden oder gar existenzbedrohenden Aspekte der eigenen Biographie und Identität heranzutasten.

5. Wir geben Gott, uns selbst und anderen Menschen gegenüber unverhüllt unsere Fehler zu.
6. Wir sind völlig bereit, alle diese Charakterfehler von Gott beseitigen zu lassen.
7. Demütig bitten wir ihn, unsere Mängel von uns zu nehmen.

Die Schritte 5, 6 und 7 der AA gehören in den Exerzitien auch noch in die „1. Woche“, also in die zweite Phase. Das Eingeständnis der eigenen Fehler- und – im biblischen Jargon ausgedrückt und reflektiert – Sündhaftigkeit, hat nichts selbst Erniedrigendes, sondern es öffnet den Weg zu einer Befreiung. Die Wahrheit macht frei. Wahrhaftigkeit gegenüber meinem eigenen Versagen ermöglicht mir erst, mich zu öffnen auch für die Kraft der Vergebung und Versöhnung, die immer auch Geschenk ist, um das wir bitten und das wir einander schenken können.

8. Wir machen eine Liste aller Personen, denen wir Schaden zugefügt haben, und werden willig, ihn bei allen wiedergutzumachen.
9. Wir machen bei diesen Menschen alles wieder gut – wo immer es möglich ist –, es sei denn, wir verletzen sie oder andere dadurch.

Die ignatianischen Exerzitien geschehen in einem Rahmen, der mich aus dem Alltag und aus dem unmittelbaren Kontakt mit den mir bekannten Menschen herausnimmt. In anderen Sprachen spricht man ja deshalb auch von Retreat oder Retraite.

Die Schritte 8 und 9 der AA bedeuten für die Übenden in den Exerzitien allerdings die Momente, in denen klar wird, was sie für die Zeit nach den Exerzitien zu entscheiden haben. In der Anerkennung meines Wunsches, wiedergutzumachen, was ich an Schaden angerichtet habe, lasse ich in meinem Bewusstsein die Erkenntnis über meine Fehler oder über das Falschgelaufene konkret werden.

Indem ich alles einzeln benenne und in den Konsequenzen für die betroffenen Menschen meditiere, gebe ich einerseits dem Schmerz und der Reue Raum, andererseits lasse ich mich damit auch auf die Auseinandersetzung mit den Möglichkeiten und Grenzen eines jeden Versöhnungsprozesses ein:

Was kann ich tatsächlich wiedergutmachen?

Was ist nicht wiedergutzumachen und schreit doch nach Vergebung und Neuanfang?

Wo bewahrt mich die Vergebung und Befreiung G'ttes vor Verbitterung oder bleibender Selbstverurteilung?

10. Wir setzen die Inventur bei uns fort, und wenn wir Unrecht haben, geben wir es sofort zu.

Die ignatianischen Exerzitien sind eine je einzigartig und individuell angepasste Hinführung in die Vertrautheit mit Jesus Christus. Die dritte und vierte Phase, also die „2. Woche" und die „3. Woche" lassen die Übenden das Leben und die Passion Jesu betrachten. In Bezug zu seiner Hingabe schärft sich die Klarheit über die eigenen tiefen Wünsche, Sehnsüchte, Hoffnungen auf ein erfülltes Leben im Dienst am g'ttlichen Plan mitzuwirken.

Die ständige Bereitschaft, eigenes Fehlen zu erkennen und – während der Exerzitien – sich selbst und der Begleitperson einzugestehen, hat nichts Moralisierendes. Vielmehr öffnet sie für das „magis" G'ttes: Für G'tt ist immer noch mehr möglich, aber frei von jeglicher Idee, etwa nicht zu genügen.

11. Wir suchen durch Gebete und Besinnung die bewusste Verbindung zu Gott – wie wir ihn verstehen – zu vertiefen. Wir bitten ihn nur, uns seinen Willen erkennbar werden zu lassen und die Kraft zu geben, ihn auszuführen.

Die „4. Woche" der Exerzitien, also die fünfte und letzte Phase, lädt ein zur Begegnung mit dem auferstandenen Jesus Christus. Zu wissen, mit Jesus in seiner Auferstehung verbunden zu sein, führt zum „Gebet zur Erlangung der Liebe" und zur völlig freien Hingabe: Nichts Anderes mehr ist wichtig, aber im Licht des Auferstandenen vielleicht auch nicht nichtig, sondern alles, sofern es am guten Platz ist, auch richtig.

12. Nachdem wir durch diese Schritte ein spirituelles Erwachen erlebt haben, versuchen wir diese Botschaft an Alkoholiker weiterzugeben und unser tägliches Leben nach diesen Grundsätzen auszurichten.

Dieser 12. Schritt der AA öffnet den Horizont der Aufmerksamkeit über das persönliche Erleben und das eigene soziale Umfeld hinaus. In den Exerzitien entspricht diese Öffnung der Bereitschaft, sich auf die Hoffnungen und Nöte der Menschen um sich herum und in der Gesellschaft einzulassen – während der Exerzitien in der Verbundenheit des Gebets, nach den Exerzitien im Interesse, im geteilten Leben, im sozialen Engagement und in der Beteiligung an gesellschaftspolitischen Prozessen. Die Exerzitien, und darin vor allem die fünfte Phase, münden in einen Sendungsimpuls insofern sie sich an G'ttes selbstmitteilender Liebe orientieren, die für Menschen und Schöpfung erfahrbar werden soll.

Wege aus der Sucht und Wege mit der Sehnsucht

Als ich im Sommer 2002 zum ersten Mal Exerzitien auf der Straße machte, war die Erfahrung des Unterwegsmeditierens nicht neu. Ich kenne auch Formen wie Wander- oder Pilgerexerzitien. Daher weiß ich, wie die Umgebung, die Landschaft, die wechselnden Witterungsverhältnisse auf die Art und den Verlauf von Betrachtungen, Meditation und jede Art von stillen Übungen Einfluss nehmen können. Doch bei allen diesen Formen gehört die Wahl des Ortes, wo ich die Betrachtung mache, zur Bildung des Rahmens für die entsprechende Übung. Das heißt, ich selbst, oder die Person, die für die Route verantwortlich ist, bestimmt den Weg, also die Orte für die entsprechenden Meditations-Übungen.

In den Straßenexerzitien hingegen werden wir eingeladen, draußen auf der Straße jede Zielstrebigkeit abzulegen, aufmerksam durch das Quartier zu gehen, und erst da zu verweilen, wo mich etwas anrührt, betroffen macht, und mich womöglich in Kontakt bringt mit einem meiner ungelösten Lebensthemen. Das ist der Punkt, an dem die Erfahrung einsetzen kann, welche zur Haltung im ersten der 12 Schritte der AA führen kann. Um die Sehnsucht, welche die Übenden in die Exerzitien lockt, deutlicher zu erkennen, hat uns Christian Herwartz schon 2002 dazu aufgefordert, auch mal den unangenehmen Gefühlen von Ärger und Trauer Raum zu geben: All das, was uns im Leben immer wieder schädlich und störend in die Quere kommt, führt uns möglicherweise direkt zur Kehrseite unserer Sehnsucht. Diese Kehrseite mit ihren Auswirkungen für das eigene subjektive Erleben genauer zu kennen, kann hilfreich werden, wenn es darum geht, für die eigene tiefe Sehnsucht nach geglücktem, erfülltem Leben treffende Namen zu finden. Dass es hier nicht um ein Machen geht, sondern um das Vertrauen, schon eben an diese Orte geführt zu werden, wo mir Heil und Leben geschenkt wird, sehe ich als stärkste Verbindung zu den drei ersten der 12 Schritte der AA.

Ein großer Unterschied zwischen den (klassischen) ignatianischen Exerzitien und den 12 Schritten der AA liegt in der Abwesenheit der Gruppe. In den Exerzitien gibt es zwar meistens eine Gruppe für gemeinsame Gebetszeiten und die Liturgie, doch die Begleitung geschieht in einem individuellen Setting. In Straßenexerzitien gibt es die Gruppe meistens. Christian Herwartz nannte nicht lange vor seinem Tod, wie hilfreich die kleine (Begleit-)Gruppe für die Übenden ist, und worin die Straßenexerzitien ein gemeinsames wichtiges Element mit den kleinen Gruppen der AA haben. Ich habe zwar auch schon Menschen individuell in ihren Straßenexerzitien begleitet, und die allererste Erfahrung, die Christian Herwartz auf die Idee der Straßenexerzitien brachte, war die persönliche Bitte eines Mitbruders, er möge ihn begleiten, wenn er seine Jahresexerzitien in den Straßen Kreuzbergs mache. Doch seither achten wir in unzähligen Straßenexerzitien tatsächlich darauf, die Erfahrung in kleinen Begleitgruppen möglich zu machen.

Als größte Gemeinsamkeit von Straßenexerzitien und den 12 Schritten der AA sehe ich tatsächlich die Verbindung zwischen G'ttvertrauen und der Selbsterkenntnis, gewisse zentrale Aspekte des Lebens nicht in der Hand zu haben. Wer der eigenen tiefen Sehnsucht nach geglücktem Leben in Frieden, Gerechtigkeit und Verbundenheit einmal ernsthaft Raum gegeben und angefangen hat, ihrer Spur im täglichen Erleben zu folgen, kommt nicht umhin, oft eine

Spannung zwischen der großen Verheißung und der vielfach lebens- und friedensfeindlichen Wirklichkeit, der so viele Menschen ausgesetzt sind, auszuhalten. An dieser Spannung nicht zugrunde zu gehen, sondern mit ihr konstruktiv und kreativ, mutig und demütig umzugehen, ist wohl eine Lebensaufgabe. Die Exerzitien sind dazu für unzählige Menschen schon eine effektive und nachhaltige Hilfe geworden, gerade auch unter schwierigen Bedingungen im Alltag gute Entscheidungen zu treffen.

Die 12 Schritte der AA wurden ebenfalls für Viele zur praktisch wirksamen Hilfe, gut mit den Spannungen umzugehen, denen Suchtbetroffene ausgesetzt sind. Doch hier zeigt sich vielleicht am deutlichsten auch noch einmal ein Unterschied zwischen diesen beiden Übungswegen: Während ein zentrales Ziel der 12 Schritte ein Wegkommen von der Sucht ist, oder mindestens zur Fähigkeit führen möchte, sich von der Sucht nicht mehr bestimmen zu lassen, geht es mit den Exerzitien und den Straßenexerzitien darum, die Sehnsucht klar und bewusst zu leben – und zwar nicht so, dass sie in Depression und Handlungsunfähigkeit führt, sondern getragen und genährt ist von Vertrauen, Liebe und Hingabe.

7.2 Nachklingen oder (Aus-)Wirkungen von Straßenexerzitien für mein Leben Tag für Tag (Johannes)

Die Begegnung mit den Straßenexerzitien (Straßex) ist für mich untrennbar mit meinem Kennenlernen und Leben mit der Person von Christian (Herwartz SJ) verbunden. Von 1992 bis 1993 hatte ich das große Glück während meines JEV-Jahres (Jesuit European Volunteers) von Christian und Ralf Klein SJ begleitet zu werden. Während dieser Zeit machte ich meinen Zivildienst in einem Heim für hilfsbedürftige Menschen in Berlin. Nachträglich betrachtet war das eine der prägendsten Begegnungen meines Lebens. Sie trug entscheidend mit dazu bei, dass ich in der Kirche geblieben bin, Theologie studiert habe und das sicherlich ganz anders angegangen bin als noch vor diesem Jahr.

Die Begegnungen mit Christian waren am Anfang alles andere als angenehm für mich, hatte er mich doch Mal nebenbei von meinem

Sockel klerikaler Überheblichkeit herab in die Tristesse meines eigenen Lebensalltages geholt. Diese mit viel Trauer, Scham, Tränen und Minderwertigkeitsgefühlen verbundene Zeit ist rückblickend der Beginn- und Wendepunkt meines Lebens hin zu Aussöhnung und Heilung mit mir selbst geworden.

Das einfache Requiem von Christian vom 7. März 2022, gehalten von Klaus Mertes SJ in der Berliner Canisiuskirche, war insofern für mich ein würdiger Abschluss eines Lebensabschnittes. Ich hatte während des ganzen Gottesdienstes Weinkrämpfe, es war als ob für mich die Zeit jetzt ohne Christian auch ein Abschluss war der Versöhnung mit meinem bisherigen Leben, eine Reifung. Ich habe mich zum ersten Mal bewusst erwachsen, im Sinne von Loslassen von allen bisherigen fesselnden Lebensbanden, gefühlt.

Ich schreibe dies so ausführlich, weil ich ohne Christian wahrscheinlich nie so intensiv mit den Straßenexerzitien verbunden worden wäre. Außerdem waren und sind die Straßenexerzitien für mich so etwas wie die Möglichkeit, ein Mittel, die Erfahrungen meines JEV-Jahres in verdichteter Form weiter mit in mein fortschreitendes Leben nehmen zu können und immer weiter und immer wieder neu so ganz anders in die Gottsuche eintreten zu können.

Während ich diese Zeilen schreibe, kommen mir zwei Zitate von Christian in den Sinn, die er immer wieder Ignatius von Loyola zugeschrieben hat.

Erstens: „Du kannst den Papst beraten, dann solltest du aber bei Armen wohnen!" Zweitens: „Wer sich einen Armen zum Freunde macht, macht sich zum Freund des Königs der ewigen Herrlichkeit!"

Auch wenn ich mittlerweile eine relativ gesettelte und abgesicherte Mittelschichtexistenz führe, mit drei Kindern und Reihenhaus, fasst dieses erste Zitat gut zusammen, wie die Exerzitien für mich „nachwirken". Nämlich nie zu vergessen, dass alles Gute im Leben geschenkt und Gnade ist. Darüber hinaus ist es ebenso hilfreich darin, „Randständigen" als Bruder auf Augenhöhe zu begegnen und nicht als „Experte".

Diese Demut und Einfachheit ermöglicht es mir erst, Ausgegrenzte nicht nur zu kennen, sondern ihnen ein wirklicher Freund zu werden. Aber das ist ebenso immer nur Geschenk, ich konnte dies jedenfalls bisher nie selber machen.

Die Kriterien der Unterscheidung im Exerzitienprozess sind für mich wie folgt:

Ankommen – mich bereiten – meine Sinne reinigen und schulen – Gott einen Platz bereiten – versuchen Gott zu erkennen – Rückmeldungen Anderer zur Überprüfung, Präzisierung und Schärfung.

Ankommen:

Für mich heißt das im Moment der Exerzitien ankommen im Hier und Jetzt mit Geist, Seele und Körper, wo ich gerade bin und wo die Exerzitien stattfinden.

Mich bereiten:

Mir bewusst werden, wie es in diesem Moment gerade um mich steht, herauszufinden, was mich von mir selbst ablenkt und auf Pfade der Zerstreuung und Zerstörung führen will und innerlich genau hinzuhören, was mich auf dem Weg in ein glückliches und freies Leben führen will.

Meine Sinne reinigen und schulen:

Ich habe in meinem Leben erfahren müssen, dass es Pfade gibt, die mir Lebensglück und -zufriedenheit vorgaukeln, mich aber nur schlussendlich auf Pfade des Todes und der süchtigen Zerstörung führen wollen. Mir dies bewusst zu machen und darum auf den Knien zu bitten, dass dieses für die Zeit der Exerzitien von mir genommen werden möge und ich gerne die Pfade des glücklichen Lebens erlernen möchte mit allen Sinnen, steht ganz am Anfang des Exerzitienprozesses. Exerzitien sind mir eine fokussierte und verdichtete Zeit für die Suche nach Gott, Trainingslager für meine alltäglichen Lebensaufgaben.

Gott einen Platz bereiten:

Wenn ich Gott in mir begegnen möchte, ist es für mich nicht schlecht, wenn ich ihm auch bewusst die Türen öffne, mich meditativ in der Ruhe ihm hörend nähere. Signalisiere: Ich bin jetzt zuhause, es ist aufgeräumt, du kannst jetzt gerne zu mir kommen.

Versuchen Gott zu erkennen – Rückmeldungen Anderer zur Überprüfung, Präzisierung und Schärfung:

Im Herausgehen im konkreten Sinn aus meinem Alltag und dem Eintauchen in eine andere Lebenswelt ist mir Gott immer wieder neu begegnet. Im abstoßenden und eingekoteten Ambiente der Obdachlosigkeit, im liebevollen Lachen der zahnlosen Frau im Bahnhofsviertel, wenn ich ihr eine Sonnenblume schenke, in dem von Gewalt kündenden blauen Auge der sichtlich geschlagenen Frau in der Suppenküche, in der Schönheit der spielenden Kinder in der Aufnahmeeinrichtung, im entgrenzenden gemeinsamen Lachen in der Psychiatrie, im Sich-Berühren der Hände auf dem Glas der Trennwand im Knast. Ich kann dort exemplarisch, wie im Brennglas, der Zweischneidigkeit der Welt, zerstört und bedroht und zart und schön, begegnen.

Die Rückmeldung der anderen Exerzitienteilnehmer hilft mir dabei, das Erlebte noch einmal tiefer anzuschauen und zu verstehen und meine Wahrnehmung zu überprüfen.

Es unterstützt mich aber auch dabei, alles Zerstörerische zu lassen: Ausgrenzendes – Gewalt – übermäßiges Essen – Süchte.

Ich bin in einer Alkoholikerfamilie aufgewachsen. Alkohol ist immer eine Familienkrankheit und so bin selbst ich als Kind einer solchen Familie geprägt von Co-Abhängigkeit, arbeitssüchtigem Verhalten, blinder Wut und vielem derartigen mehr.

Wie für viele andere Menschen ist für mich das 12-Schritte-Programm der Anonymen Alkoholiker (AA) zu einem Rettungsring geworden. Die tägliche Arbeit und das Teilen der Bestandsaufnahme des eigenen Ist-Zustandes ist für mich zu einem festen Lebensbestandteil geworden in Kombination mit der Meditation nach den Wüstenvätern von John Main und Laurence Freeman, um meine Verwurzelung in Gott nicht zu verlieren, mich selber auszuhalten und den Lebensalltag. Es ist ein spirituelles Lebensprogramm. Der Benediktiner Thomas Keating, ehemaliger Abt und Exerzitienmeister beschreibt das in seinem Buch „Divine Therapy & Addiction. Centering Prayer and the Twelve Steps" so: „Alle spirituellen Traditionen haben eine Weisheitsliteratur. Die Anonymen Alkoholiker sind eine spirituelle Tradition. Ihr Einfluss und ihre Verbreitung im gegenwärtigen Jahrhundert wird davon abhängen, wie gut jede Generation derjeniger im Genesungsprozess sich an diese Basisweisheit anpasst und sie verinnerlicht, die in den 12 Schritten und 12 Traditionen verankert ist."[68] Meinem Verständnis nach macht Thomas Keating hier nichts „Ungeheuerlicheres", als das Programm der AA den etablierten Of-

[68] Lantern Books, Brooklyn New York 2009, auf dem Buchcover (Göttliche

fenbarungsreligionen gleichzustellen. Das AA-Programm ist für mich die alltägliche Fortführung der Exerzitien im Alltag. Umgekehrt hilft mir dieses Programm in den Straßenexerzitien auch, meinen Blick auf mich zu schärfen und klarer zu sehen.

Auch die Früchte der Straßenexerzitien wollen im Alltag bewahrt und ausgebaut werden. AA-Programm und regelmäßige Exerzitien sind zwei gleichwertige und sich ergänzende Mittel, um die Eindeutigkeit Gottes gegenüber dem Armen und Ausgegrenzten um mich und in mir heilsentscheidend wachzuhalten – was den Zugang zum Reich Gottes betrifft genauso wie für die soziale Statik des gemeinsamen Zusammenlebens und für die eigene geistige, seelische und körperliche Gesundheit und Unversehrtheit.

Vor dem Hintergrund des zunehmenden Erstarkens von Neo-Nazismus und Neo-Totalitarismus in Deutschland wird die Frage nach der Art des Widerstehens und der demokratischen Gegenentwürfe eine zunehmende Herausforderung für meinen Exerzitienprozess. Gott ist parteiisch auf der Seite des gefährdeten Lebens und Zusammenlebens. Folgender Spruch kam mir dabei immer wieder in den Sinn: „Vergiss nie, wo du herkommst und was du gesehen hast, vergesse nie, was die Deutschen all den Anderen angetan haben, und sei immer auf der Seite der Armen!"

Das ist für mich Anspruch und Aufgabe jeden Tag aufs Neue mit Wachheit und Lebensfreude. Es ergibt sich daraus für mich immer wieder neu die Notwendigkeit der Suche nach Gott im Randständigen, in mir und um mich, die Frage nach der Präsenz Gottes in meiner Welt und dieser Zeit. Das versuche ich jeden Tag zu leben und in dieser kleinteiligen Arbeit in der Ebene meines Alltages praktiziere ich quasi die Straßenexerzitien täglich neu in meinem individuellen Leben, aber auch in der Begleitung und Organisation von Straßen-Tagen.

Therapie und Abhängigkeit. „Centering Prayer" [das zentrierende Gebet] und die 12 Schritte).

7.3 Die fünfte Woche der Exerzitien – ein Blick auf die ignatianischen Wurzeln der Exerzitien und ihre Wirkung im Alltag
(Michael Schindler)

Der Exerzitienprozess bei Ignatius

Christian verortete die Straßenexerzitien ganz selbstverständlich in der Exerzitientradition seines Ordensvaters Ignatius. Folgendermaßen fasst Christian die vier sogenannten Wochen im Exerzitienbuch des Ignatius zusammen:

„a) Ignatius beginnt die Etappen jeweils mit einer Grundgegebenheit, die er zu Anfang ‚Prinzip und Fundament' nennt: ‚Der Mensch ist geschaffen dazu hin, Gott Unseren Herrn zu loben, Ihm Ehrfurcht zu erweisen und zu dienen, und damit seine Seele zu retten.'

Alles was diesem Ziel entgegensteht, wird in der ersten Woche überprüft.

b) Die zweite Woche ist überschrieben: ‚Der Ruf des irdischen Königs dient dazu, das Leben des Ewigen Königs zu betrachten.'

Hier wird die persönliche Berufung des Übenden in den Blick genommen.

c) In der dritten Woche wird zur Überprüfung der persönlichen Berufung das Leiden Christi am Kreuz betrachtet und die Frage gestellt, ob der Übende bereit ist, ggf. diesen Weg Jesu mitzugehen.

d) In der vierten Woche wiederholt er diese Überprüfung mit der Auferstehungsbotschaft: Glaube ich diesen treuen, befreienden Schritt Gottes?"

Eine Übung für den Übergang in den Alltag

Häufig nannte Christian die Zeit nach den Exerzitien nach der Rückkehr in den Alltag die „fünfte Woche". Das macht deutlich: der Weg der Exerzitien ist nichts für sich Abgeschlossenes, sondern führt hinein ins normale Leben. Das betont auch ein wichtiger Experte für ignatianische Exerzitien, Alex Lefrank. Er selbst als Exerzitienmeister hatte sich einst von seinem Mitbruder Christian, damals in der Fabrik tätig, für Exerzitien in der Naunynstraße begleiten lassen und nach seiner eigenen Erfahrung von geistlichen Übungen auf der Straße mit Christian den ersten Kurs für Straßenexerzitien initiiert. Alex Lefrank schreibt in seinem Standardwerk, dass die vierte Phase, die Verherrlichungsphase, nicht eine „permanente Hochstimmung" mit sich bringe, denn: „Ihr Ziel ist [...] nicht, dem Irdischen entrückt zu werden, sondern die Dynamik der letzten Exerzitien-Phase führt Exerzitantinnen und Exerzitanten wieder ins *Alltagsleben*. Die Trennung von Himmel und Erde, zwischen himmlischem Licht und irdischer Realität ist überwunden."[69] Für Christian beginnt damit die fünfte Woche, wie er seine Beschreibung der Exerzitien des Ignatius fortführt:

„e) Dann folgt für die ‚Fünfte Woche' – also für die Zeit nach den Übungen – eine das Handeln stützende ‚Betrachtung zur Erlangung der Liebe'."

Alex Lefrank weist darauf hin, dass Ignatius in seinem Exerzitienbuch mit dem Begriff der Liebe sehr sparsam umgegangen ist und erst in der genannten Betrachtung, die sich im Exerzitienbuch nach der vierten Woche findet, ausdrücklich davon spricht.[70] Dies erklärt er sich folgendermaßen: „Denn im Verlauf des zurückgelegten inneren Prozesses wurde die Seele weitestgehend von der Absicht gereinigt, jede Liebeszuwendung, die sie empfängt, festhalten zu wollen und sich bei jeder, die sie verschenkt, selbst zu rühmen. Die reine Absicht, um die das Exerzitienbuch zu Beginn jeder Übung bitten ließ, ist am Ende des ganzen Exerzitienprozesses zu wahrer Liebe gereift."[71] Mit dieser Liebe würden die Exerzitantinnen und Exerzitanten auf Gottes Liebe antworten.[72]

Aus dieser Betrachtung zur Erlangung der Liebe zitiert Christian nun folgendes berühmtes Bekenntnis des Ignatius (im Exerzitienbuch EB 234[73]):

---

69 Alex Lefrank, Umwandlung in Christus. Die Dynamik des Exerzitien-Prozesses, Würzburg 2009, S. 524.

70 Ebd. 527f.

71 Ebd. 528

72 Ebd. 528.

73 Im Folgenden werden in Klammern die Nummern des Exerzitienbuchs (EB) markiert und zwar gemäß folgender Ausgabe: Ignatius von Loyola, Geist-

„Nimm hin, Herr, und empfange meine ganze Freiheit, mein Gedächtnis, meinen Verstand und meinen ganzen Willen, meine ganze Habe und meinen Besitz; Du hast es mir gegeben, Dir, Herr, gebe ich es zurück; alles ist Dein, verfüge nach Deinem ganzen Willen; gib mir Deine Liebe und Gnade, das ist mir genug."

Dieses Gebet erinnert an das Gebot der Gottesliebe (Dtn 6,5, von Jesus zitiert in Mk 12,30), das Christian folgendermaßen kommentiert und indirekt mit der Nächstenliebe verbindet:

„Mit diesem Gebet werden die Übenden entlassen, um befreit – aus der empfangenen Liebe heraus – zu handelnden Personen zu werden."

Alex Lefrank versteht diese Betrachtung, die ich nachher genauer vorstelle und kommentiere, als Anleitung, wie wir außerhalb von Exerzitien-Tagen beten können: „Im Alltag sind wir vordergründig nicht mit der zurückliegenden Heilsgeschichte der Bibel beschäftigt, sondern mit unserer jeweiligen Gegenwart. Darin sollen wir Gottes Heilswirken entdecken. Dafür müssen wir lernen, Gott und Sein Wirken in allem wahrzunehmen und Seine Liebe in allem zu erkennen (in der Natur, in den Dingen und Ereignissen unseres Umfelds). Nur so werden wir erfahren, dass unser alltägliches Leben auch eine von Gott gewirkte Heilsgeschichte ist."[74]

Christian sieht in der Erfahrung, durch die Liebe Gottes beschenkt zu sein, eine Befreiung, die uns handeln lässt, so wie Ignatius es selbst nach seinen Exerzitien gelebt hat. Dann wird der Alltag zur Fortsetzung der Exerzitien, was er am Beispiel des Lebens von Ignatius ausführt. Zugleich weist Christian darauf hin, „wie wenig die Zeit der abgeschiedenen Übungen und die Zeit in der Verantwortung in Gesellschaft, Beruf und Familie miteinander vergleichbar ist."

Dennoch, so fährt Christian fort, „sollten auch im Alltag Zeiten frei bleiben, die in der Abgeschiedenheit begonnenen Übungen fortzusetzen. Dabei können die Straßen des Alltags entdeckt werden, auf denen uns der Auferstandene begegnen will."

---

liche Übungen. Nach dem spanischen Autograph übersetzt von Peter Knauer, Würzburg 2008. Das Zitat Christians ist im Original in der höfischen Sprache des Ignatius in der zweiten Person Plural verfasst.

[74] Lefrank 531.

Die Bedeutung der Exerzitien für den Alltag

Es taucht dabei die Frage auf, welchen Stellenwert dann die speziellen Exerzitien spielen, wenn der Alltag und seine Straße doch so anders sind und wenn die geistlichen Übungen auch im Alltag ihren Ort haben. Hierzu liefert wiederum Alex Lefrank einen wichtigen Hinweis, indem er deutlich macht, dass das Gebet um Liebe durch die Exerzitienerfahrungen gewissermaßen eine andere Farbe erhält: „Freilich wird die Erfahrung, mit der sie [sc. die Exerzitanten und Exerzitantinnen] aus ihren Exerzitien herausgegangen sind, auch die Art und Weise prägen, mit der sie diese Betrachtung [sc. um Liebe zu erlangen] aufgreifen. Das betrifft vor allem, *welchen Namen und welches Gesicht Gott* durch die zurückliegenden Exerzitien bekommen hat“[75] (Hervorhebung durch mich). Hier ist der Pulsschlag der Straßenexerzitien zu spüren. Es ist ja der grundlegende Schritt in den Exerzitien auf der Straße, die eigene Sehnsucht wahrzunehmen und dem Woraufhin dieser Sehnsucht einen Namen, einen Gottesnamen zu geben.

Die Betrachtung, um Liebe zu erlangen

Wie kann das konkret aussehen? Im Folgenden werde ich die vier Schritte der Betrachtung, um Liebe zu erlangen, vorstellen und sie aus persönlichem Blickwinkel kommentieren. Das kann als Inspiration dienen, sich selbst auf Entdeckungsreise zu begeben. Zunächst zitiere ich in Auszügen die Ausführungen des Ignatius.

Vorbemerkung: Antwort in der Tat

Ignatius macht zu dieser Gebetsbetrachtung zwei Vorbemerkungen. Die erste lautet: „Die Liebe muss mehr in die Werke als in die Liebe gelegt werden.“ (EB 230) Hier greift Ignatius die biblische Bedeutung von Liebe auf, bei der weniger romantische Gefühle und Worte, als vielmehr das Tun entscheidend ist. Christian hatte dies in

[75] Ebd. 532.

die Worte gefasst, „aus der empfangenen Liebe heraus zu handelnden Personen zu werden."

Und in der zweiten Vorbemerkung legt Ignatius Wert darauf, dass Liebe „in Mitteilung von beiden Seiten" (EB 232) besteht, also ein dialogisches Geschehen ist, wobei Gott den ersten Schritt gemacht hat, und der Mensch zunächst empfangen darf, um dann wieder aus dieser Fülle heraus zu schenken. Dieser dialogische Ansatz ist typisch für Ignatius in seinem Exerzitienbuch, weil es in allen vorgeschlagenen geistlichen Betrachtungen immer darum geht, was die Übung für mich heißt und wie ich darauf reagiere.

Der erste Punkt: Hingabe

In seiner Betrachtung, um Liebe zu erlangen, spricht Ignatius von vier „Punkten". Beim ersten schaue ich auf Gott, „indem ich mit vielem Verlangen wäge, wieviel Gott unser Herr für mich getan hat" (EB 234), um dann zu erwägen, was ich Gott anbieten kann, „nämlich alle meine Dinge und mich selbst mit ihnen" (EB 234). Darauf folgt das von Christian oben zitierte Hingabegebet.

Wir als aktive und selbstwirksame Menschen von heute lernen, dass das Ich das erste ist, dass entscheidend ist, was ich tue und tun kann. Für mich war es in der Tat eine Frucht von Exerzitien, zu lernen, dass das Wesentliche Geschenk ist, und wie ich nicht nur in außergewöhnlichen Zeiten, sondern im normalen Alltag beschenkt werde. Um mir das zu vergegenwärtigen beginne ich den Tag mit einem kleinen Ritual: Morgens beim Aufstehen stelle ich meine nackten Füßen ganz bewusst auf den Boden und lasse Dankbarkeit aufsteigen, für das Aufrichten und Atmen und für den tragenden Grund, manchmal verbunden mit dem Psalmvers: „Du stellst meine Füße auf weiten Raum" (Ps 31,9). Dann wasche ich mir – ab und zu mit einem Gedanken an die Muslime – zweimal das Gesicht mit der Bitte, erneuert den neuen Tag zu beginnen: „Wasch meine Schuld von mir ab. Mach mich rein von meiner Sünde" (Ps 51,4). So trete ich an die Haustür, lasse die frische Luft des Morgens bewusst in meine Lungen einströmen – und verneige mich. Gott braucht das alles nicht, auch nicht meine Verneigung. Aber mein eigener Blick auf das Leben verändert sich, wenn klar wird, dass Gott sich mir zuerst zugewandt hat und ich dies dankbar spüren darf.

Das „viele Verlangen“, von dem Ignatius spricht, ist für mich unsere Sehnsucht, die wir in den Straßenexerzitien ja in besonderer Weise in den Blick nehmen. Doch diese findet bei mir im Funktionieren im Alltag oft keinen Raum. Wie sollen da Zeiten frei bleiben, um – wie Christian sagt – die Übungen fortzusetzen? Ich habe mir angewöhnt, auf kleine Momente zu achten, die im Alltag schon da sind und sich anbieten, um wenigstens kurz hineinzuspüren in dieses Geschenk der himmlischen Liebe. Das kann sein, wenn der Computer hochfährt oder ich an der Supermarktkasse stehe, wenn ich eine Schwelle überschreite oder bewusst einen Weg mit dem Fahrrad oder zu Fuß zurücklege.

Der zweite Punkt: die einwohnende Liebe

Beim zweiten Punkt dieser Übung leitet Ignatius dazu an, zu „schauen, wie Gott in den Geschöpfen wohnt“ (EB 235). Dabei zählt er die Elemente auf, denen Gott Sein gibt, die Pflanzen, die Gott belebt, die Tiere, die Gott wahrnehmen, und die Menschen, die Gott verstehen lässt. Und wiederum ist es Ignatius wichtig, „mich auf mich selbst zurückbesinnen“ und an mir merken, „wie Gott mir Sein gibt, mich beseelt, indem er wahrnehmen macht und mich verstehen macht [...], indem er einen Tempel aus mir macht“ (EB 235). So wie der biblische Tempel als besondere Wohnung Gottes galt, kann ich, kann jeder Mensch, können alle Geschöpfe von Gottes Liebe bewohnt sein. Mit den Worten Christians geschieht diese Wahrnehmung auf den Straßen des Alltags, die im Unterschied zu den Exerzitien nicht erst gesucht und entdeckt werden müssen:

„Dabei können die Straßen des Alltags entdeckt werden, auf denen uns der Auferstandene begegnen will. Diese Straßen sind bei genauem Hinsehen recht unterschiedlich. Wir müssen sie nicht suchen denn auf ihnen bewegen wir uns ja schon. Das können die Flure in einem Krankenhaus, in einer Schule sein oder ein Spielplatz, wie ihn Kindergärtnerinnen aufsuchen. Die Straßen der Begegnung, der Meinungsäußerung, des Unterstützens oder Helfens, die politischen des Protestes oder der Zustimmung, der Muße, des Tanzes, ...“

Die Exerzitien auf der Straße haben mich erkennen lassen, dass der mögliche Ort Gottes noch über das hinausgeht, was Ignatius benennt. Denn Gottes Gegenwart und Wirken kann auch in den menschengeschaffenen Dingen auf den Straßen meines Alltags entdeckt werden. Wie gelingt es, dass „Gott in allen Dingen" mehr als ein harmloser Kalenderspruch wird? Für mich wird diese Überzeugung dann im Alltag spürbar, wenn ich diese Übung mit der Übung eines Gottesnamens verbinde, wie wir es in den Straßenexerzitien ausführlich tun, also Gott konkret in den Dingen mit einem Namen anzurufen. Einer meiner wichtigen Gottesnamen ist „Gott, die du dich in mir und anderen entfaltest": Mit diesem Gottesnamen im Herzen verändert sich mein Blick auf manche der von Christian genannten Alltagsstraßen: Ich sehe im Krankenhaus nicht nur den defizitären Menschen, der möglichst schnell wieder „repariert" werden muss, sondern jemand, in dem sich Gott auch in der Krankheit neu entfaltet. Auf einem Spielplatz wächst in mir die Dankbarkeit über die Talente, die durch diese Kinder in die Welt kommen. Und in der Schule freue ich mich an Jugendlichen, die da und dort über ihre Rolle hinauswachsen, neue Beziehungen eingehen lernen und womöglich einen neuen Zugang zum Lernen entdecken. Auf diesen Alltagsstraßen verneige ich mich manchmal innerlich vor den Geschöpfen, ja auch den Dingen, sogar mir selbst, in denen Gott wirkt, und aus denen er seine ganz unterschiedlichen Tempel baut. Und dann kann wie in Exerzitien auf der Straße die überraschende Erkenntnis aufblitzen, wie sie den biblischen Jakob am Wegesrand nach seinem Traum durchfuhr: „Wirklich, der Herr ist an diesem Ort und ich wusste es nicht." (Gen 28,16)

Der dritte Punkt: Die arbeitende Liebe

Der dritte Punkt, den Ignatius nennt, ist eine Vertiefung des letzten, nämlich „erwägen, wie Gott sich in allen geschaffenen Dingen auf dem Angesicht der Erde für mich müht und arbeitet, das heißt, sich in der Weise eines Arbeitenden verhält" (EB 236).

Diese Worte weisen auf ein besonderes Moment der ignatianischen Spiritualität hin, die nicht nur von einer allgemeinen Gegenwart Gottes spricht, sondern Gott als Arbeitenden vorstellt, der in meinen Alltagsereignissen für mich arbeitet. Die Arbeit von uns Menschen, sei sie nun bezahlt oder nicht, gesellschaftlich geachtet oder nicht, wird hier geadelt, denn Gott selbst verhält sich wie eine Arbeiterin oder wie ein Dienstleister an uns Menschen. Es ist im Grunde dieselbe Betrachtung wie zuvor mit dem Unterschied, nochmals genau hinzuschauen, wie Gott nicht nur still dabei ist, sondern auch wirkt. Nehmen wir als Beispiel wieder einige der von Christian aufgezählten Straßen: Wie beschenkt kann ich mich manchmal beim Tanzen oder auch beim Zuschauen von Tanzenden fühlen, gerade weil ich es selbst nicht so gut kann, und mich von der Leichtigkeit und Energie beschenken lassen, die Gott hier in Menschen gelegt hat. Ich sehe bei den Jugendlichen der Fridays for future eine Kraft Gottes, die wie die biblischen Propheten und Prophetinnen zur Umkehr ruft und kann mich an Gottes Wirken freuen, wenn Menschen Zeit und Energie aufwenden, um über ihr persönliches Glück hinaus für andere, Menschen, Pflanzen und Tiere sowie die Zukunft einzustehen. Und natürlich freue ich mich auch, wenn mir selbst etwas gelingt, gerade wenn es unerwartet geschieht. Zugleich hilft mir dieser Blick für Gottes sich mühende und arbeitende Liebe, über mich selbst lachen zu können, wie ich mich manchmal so ungeschickt abmühe und dabei noch der Meinung bin, alles hinge von mir ab.

Vierter Punkt: Die verströmende Liebe

Als letzten Punkt dieser Betrachtung nennt Ignatius: „Schauen, wie alle Güter und Gaben von oben herabsteigen, meine bemessene Macht von der höchsten, und genauso Gerechtigkeit, Güte, Freundlichkeit, Barmherzigkeit usw." (EB 237)

Dieser vierte Hinweis schlägt den Bogen zum ersten. Gott ist entscheidend, nicht das Ich, das doch so gerne gelobt wird. Der Hunger nach Anerkennung treibt Menschen an. Und wahrscheinlich ist der Hunger nach Anerkennung auch die treibende Kraft für große menschliche Leistungen in Wissenschaft oder Sport, aber auch für menschliche Tragödien durch unheilvollen Wettbewerb bis hin zu Gewalt und Krieg. Auch ich spüre, dass ich davon nicht frei bin. Und doch habe ich gelernt, in manchen Momenten der Anerkennung das Lob an den da oben weiterzureichen. Es ist für mich eine Erfahrung der Straßenexerzitien, dass ich mich in meiner Bedürftigkeit spüren und erleben darf, auch in meiner Bedürftigkeit nach Anerkennung. Aber es gibt dafür ein anderes Heilmittel, als möglichst viel Lob einzuheimsen. Vielmehr durfte ich erfahren, wie gut es tut, einfach da zu sein und sich auf der Straße aufgehoben zu fühlen. Für meinen Alltag förderte das eine Entwicklung, nicht mehr ständig und überall bewerten zu müssen. Als Kind hatte ich die Wichtigkeit von Noten und Bewertetwerden deutlich erlebt. Besonders eindrücklich ist mir dabei das schulische Turnen. Da war ich nicht begabt, aber durch das Beobachtet- und Bewertetwerden und die negativen Rückmeldungen verkrampfte ich noch mehr, sodass ich mich noch ungeschickter anstellte. Später in der ehrenamtlichen Jugendarbeit und in der Ausbildung hatte ich das Gefühl, ständig zum Bewerten aufgefordert zu werden. Natürlich war das Einüben einer Feedback-und Reflexions-Kultur zunächst eine gute Sache. Aber zunehmend schien es mir das gesunde Maß zu übersteigen. Ständig und überall war ich gehalten zu bewerten und bewertet zu werden, Erlebnisse, andere Menschen und mich selbst: War das gut oder schlecht? Wo ist deine Stimmung auf einer Skala von 1–10 einzuordnen? Wie fühlst du dich nun? Diese über Jahrzehnte eingeübte Haltung hat sich verändert. Ich kann manches einfach sein lassen. Ich kann mich bewusst einer Wertung oder eines Urteils enthalten und es Gott überlassen, ob die in der ignatianischen Betrachtung von oben wie Sonnenstrahlen herabfließende Liebe Gottes die Dinge, die Ereignisse und die Menschen womöglich anders erscheinen lässt, als ich sie mit „meiner bemessenen Macht" (EB 237) wahrnehme. Wenn nicht mehr das Ich der archimedische Punkt ist, von dem her alles konstruiert wird, wird auch das ständige Werten und Bewertetwerden abnehmen. Manchmal befürchte ich allerdings, dass ich dann politisch nicht mehr zu klaren Positionen fähig bin und irgendwann womöglich gar nicht mehr Gut und Böse zu unterscheiden vermag. Doch hier ist mir Christian ein Vorbild, der gezeigt hat, dass beides möglich ist, die Dinge und die Menschen ohne Bewertung zu nehmen, wie sie sind, und dennoch entschieden politisch Position zu beziehen und zu handeln.

Dieser vierte Punkt erinnert mich auch an einen mir sehr lieben Hymnus aus dem Nachtgebet der Kirche, den der greise Simeon einst angestimmt hat, als er den kleinen Jesus auf seine Arme nahm: „Nun lässt du, Herr, deinen Knecht, wie du gesagt hast, in Frieden scheiden. Denn meine Augen haben das Heil gesehen, das du allen Völkern bereitet hast, ein Licht, das die Heiden erleuchtet und Herrlichkeit für dein Volk Israel." (Lk 2,29–32) Dieser Hymnus hilft mir, nach einem ganz normalen Tag nach dem Licht zu suchen, das an diesem Tag zu sehen war. Auch an sehr grauen Tagen ist meist wenigstens ein Funken dieses Lichtes zu entdecken. Für mich als jemanden, der in der Tradition des Volkes Israel stehen darf, zeigt sich da die Herrlichkeit Gottes, oder wenigstens ein kleiner Vorgeschmack von dieser. Und es überrascht mich manchmal, dass fast immer ein Licht zu entdecken ist. Nein, ich habe an diesem Tag nicht dauernd gelächelt, keine gute Miene zu bösem Spiel gemacht und stand womöglich keinen Moment bewusst im Dialog mit der Liebe Gottes. Aber ich entdecke am Ende des Tages, dass da dennoch das Licht war, Strahlen von oben, die vom Leben und der Liebe künden. In den Worten von Christian ist es ein Blick auf die Straßen unseres Alltags, auf denen uns der Auferstandene begegnet.

7.4 Die Fazenda: Vom Für zum Mit
(Stephan Struve)

Als ich 2008 für 8 Monate mit in der Naunynstraße wohnte, wohnten dort gemeinsam mit mir zwei Frauen, die sich als Paar einige Jahre vorher auf einer Fazenda in Brasilien kennengelernt hatten.

Die beiden erzählten immer mal wieder von ihren Erfahrungen auf der „Fazenda da Esperança“ und berichteten auch, dass es inzwischen einen solchen „Bauernhof der Hoffnung“ sogar in der Nähe von Berlin, bei Nauen, gäbe.

Und Christian erzählte darüber, dass er mit seiner MAZ-Gruppe, die er jedes Jahr um Ostern herum in Berlin begleitete (MAZler:innen bereiten sich in diesen Tagen auf einen freiwilligen Auslandseinsatz mit den Jesuiten vor), nicht nur Straßenexerzitien machte, sondern auch einen Besuch auf der Fazenda durchführte.

Einige Jahre später habe ich die Fazenda dann im beruflichen Kontext selber kennengelernt. Ich habe einen drogenabhängigen Klienten von mir dorthin vermittelt. Das Ergebnis war, dass mein Klient es dort 3 Monate lang ausgehalten hat, ich aber als „Freund der Hoffnung“ bis heute regelmäßig dort zu Besuch und zum Helfen hinfahre.

Auf der Fazenda wird radikal gelebt, was wir bei Straßenexerzitien oft einüben: Die, die als Verantwortliche auf der Fazenda leben, teilen ihr Leben mit den drogenabhängigen Männern und Frauen, die dort auf diesen Höfen die Chance bekommen, ein Jahr oder länger mitzuleben und von der Droge wegzukommen.

Gemeinschaftsleben, Leben von der eigenen Hände Arbeit und Spiritualität sind die drei Pfeiler, auf denen das gemeinsame Leben und die Therapie dort basiert.

„Im Bruder/in der Schwester Jesus begegnen", oder „in der Liebe bleiben", „zuerst lieben" dies sind wichtige Mottos auf der Fazenda, die tatsächlich keine Floskeln sind ... es ist vielmehr immer wieder dieses, sich an diese Worte und Aussagen erinnern und sie konkret im Alltagsleben umzusetzen, worum es im Fazenda-Alltag geht.

„Gestern hat XY mich mega angenervt und dann bin ich hingegangen, habe versucht in der Liebe zu bleiben, und habe, weil er angeblich mal wieder Kopfschmerzen hatte, für ihn den Abwasch gemacht ..." Das sind solche Aussagen, die ich schon häufiger auf der Fazenda bei den morgendlichen Runden gehört habe, bei denen die Rekuperant:innen sich darüber austauschen, was sie tags zuvor für Erfahrungen gemacht haben (Rekuperation: Das Leben wieder finden). Diese Haltung der Liebe einzuüben ist dort eine der täglichen Herausforderungen.

Darum ist es tatsächlich so, dass das Leben auf der Fazenda für viele Männer und Frauen, die sich voll darauf einlassen können, ein echter Hoffnungsanker und eine Schule der Liebe wird.

Und der Mensch, der den oben zitierten Satz mit dem übernommenen Abwasch ausgesprochen hat, wird in aller Regel die Erfahrung gemacht haben, dass er Dankbarkeit zurückbekommt und dass durch sein Handeln mehr Kontakt und Freundschaft zustande gekommen ist. Eine Erfahrung, die viele Menschen in der Drogenszene so gut wie nicht kennen.

Das ist es, was mich an der Fazenda vom ersten Moment an fasziniert hat. Und auch die Tatsache, dass das für die, die sich ernsthaft darauf einlassen, immer wieder neu eine wirklich gute Erfahrung ist.

Die Frage des vorliegenden Buches „was kommt danach" oder „wie wird es danach sein" ist auch für die Menschen auf der Fazenda sehr wichtig. Wie geht es für mich weiter, wenn die Zeit des „Übens" vorbei ist, wie gut schaffe ich es, das Gelernte und Erfahrene in meinen Alltag zu integrieren?

Weder die Straßenexerzitien können darauf eine konzeptionell nahtlose Antwort geben noch die Fazenda.

Die Fazenda lebt hier stark von einem (in Brasilien sehr großen, in Deutschland eher bescheiden großen) Netz an Freund:innen, die den Kontakt zu den ehemaligen Rekuperant:innen halten sollen.

Und grundsätzlich darf jede:r, der:die eine vollständige Rekuperation auf einer Fazenda dieser Welt gemacht hat, hinterher immer wieder auf alle Fazenden auf der Welt kommen und erlebt Gastfreundschaft und Aufnahme (solange er:sie nicht auf Droge ist, oder gar Drogen bei sich trägt).

Zusammenfassend ist mir wichtig, zu erkennen, dass Gott uns alle Menschen als Individuen auf diese Erde gestellt hat und dass wir sowohl nach (Straßen)Exerzitien, als auch nach einer Rekuperation unser Leben alleine leben und verantworten müssen.

Aber als Individuen hat Gott uns auch die Fähigkeit zur Gemeinschaft und zur Freundschaft geschenkt. Diese Gemeinschaft, solche Freundschaften zu leben, in dem Rahmen, der mir möglich ist, ist für mich Frucht und Ergebnis sowohl meiner eigenen Straßenexerzitien-Erfahrungen, als auch meiner Erfahrung im Mitleben in der Naunynstraße im Jahr 2008 und im Mit-sein auf der Fazenda.

Das „Mit", nicht das „Für", das Christian immer so wichtig war, versuche ich auch auf der Fazenda zu leben. Einfach immer wieder Da- und Mit-zu-sein. Nicht „FÜR die Jungs dort oder FÜR die Fazenda" etwas zu machen, sondern aus Freundschaft heraus da zu sein – auch für ehemalige Rekuperant:innen ... Da wo Freundschaft gewachsen ist, da lebt sie weiter.

Innerhalb der Freundschaft gibt es dann Zeiten, da muss ich auch „für" jemanden da sein. Aber grundsätzlich geht es darum, das Leben im „Mit"-einander zu teilen.

7.5 Symptome spirituellen Erwachens (Jan Frerichs)

- Teil 1: Eine zunehmende Tendenz, Dinge geschehen zu lassen, anstatt sie herbeizuführen
- Teil 2: Häufige Anfälle von Lächeln

- Teil 3: Gefühle der Verbundenheit mit anderen und der Natur
- Teil 4: Häufige überwältigende Anfälle von Dankbarkeit
- Teil 5: Eine Tendenz, gegenwärtig zu denken und zu handeln, und nicht aus Ängsten heraus, die auf früheren Erfahrungen beruhen
- Teil 6: Die untrügliche Fähigkeit, jeden Augenblick genießen zu können
- Teil 7: Die gesunde Unfähigkeit, Bedenken und Sorgen zu hegen
- Teil 8: Kein Interesse, Recht zu haben
- Teil 9: Kein Interesse, etwas in die Handlungen anderer hineinzudeuten
- Teil 10: Kein Interesse, andere zu verurteilen
- Teil 11: Kein Interesse, sich selbst zu verurteilen
- Teil 12: Die Fähigkeit zu lieben, ohne eine Gegenleistung zu erwarten

Christian hatte in seinen Unterlagen diese Liste mit dem Titel „Symptome spirituellen Erwachens". Die Liste schien Christian wichtig gewesen zu sein. Was mag er mit ihr verbunden haben? Das wissen wir nicht. Die Recherche über ihre Quelle brachte uns in Verbindung mit Jan Frerichs, Theologe und Initiator der Franziskanischen Lebensschule. Wir schreiben ihm mit dem Hinweis auf diese Liste in Christians Nachlass.

Jan Frerichs antwortet folgendermaßen:

Ich kannte Christian. Wir sind uns einige Male begegnet und hatten einen sehr anregenden und inspirierenden Austausch über die Gemeinsamkeiten in unserer jeweiligen „Exerzitienarbeit". Ich habe mich sehr ermutigt gefühlt durch die Gespräche. Ich würde sagen, wir haben gespürt, dass es eine Verbindung gibt zwischen dem Zugang von der wilden Natur her und dem Zugang von der Straße her, WEIL wir ja letztlich auch in EINER Wirklichkeit leben. Ich komme aus der franziskanischen Tradition und habe die Schöpfung als spirituellen Ort und „erste Bibel" wiederentdeckt. Aber das Basislager und damit der spirituelle Ausgangspunkt in der franziskanischen Tradition waren immer Natur UND Straße. Und ich glaube, dass wir von beiden Seiten kommend Gott finden. Gott ist letztlich ein Name für das, was wir auch das tiefe Selbst oder das wahre Selbst nennen können, an dem wir Anteil haben und das wir letztlich im umfassenden Sinne sind, jener innere Ort, an dem ich letztlich ganz heil und unversehrt bin. Exerzitien – ob in der Natur oder auf der Straße – führen in die Begegnung mit Gott bzw. mit meinem tiefen/wahren Selbst. Die Suche nach Gott und die Suche nach dem wahren Selbst sind im Grunde die gleiche Suche.

Und insofern kann ich mit dem Titel „Wurzeln des Lebens" (den Christian zwischenzeitig für sein Buch vorgesehen hatte, Anm. der Herausgeberin) sehr viel anfangen. Ich stelle mir vor, dass es darum geht, zu diesem Wurzelgrund des Lebens durchzudringen, der mich letztlich trägt und von dem aus ich mich dann überhaupt erst wirklich frei und ohne „Hintergedanken" und möglichst ohne Filter oder Vorurteile oder Statusunterschied oder was immer als trennend erfahren werden könnte, anderen zuwenden kann, zumal den Armen und Leidenden.

Wenn wir durchlässig werden für dieses tiefe/wahre Selbst, dann bedeutet das nicht, dass wir irgendetwas vollbracht oder geleistet hätten. Im Gegenteil. Diese Art von Mystik besteht eher im Weglassen, es geht mehr um die Frage, was wir „verlernen" müssen, was uns hindern kann, die Erfahrung des tiefen/wahren Selbst zu machen. Und da setzen ja sowohl die Straßenexerzitien als auch unsere „Naturexerzitien" an. Und da kommen die zwölf Punkte ins Spiel: Sie sind als Seelenfutter bei uns veröffentlicht worden (das Seelenfutter ist ein täglicher Aphorismus bzw. Spruch, der per E-Mail verschickt wird bzw. auf unserer Website erscheint) als Symptome spirituellen Erwachens. Das ist ja ein altes Bild aus der Mystik: Wenn wir zu Gott durchdringen, wenn das wahre Selbst erscheint oder durchscheint, dann ist es wie ein Erwachen aus dem Schlaf, aus der Betäubung. Wir sehen, was immer schon da war. Die zwölf Punkte sind die Früchte dieses Erwachens. Natürlich auch mit einem Augenzwinkern, aber durchaus ernsthaft.

7.6 Symptome spirituellen Erwachens und Straßenexerzitien (Kathrin Happe)

Was mag Christian mit dieser Liste verbunden haben? Das wissen wir nicht. Aber wir können uns fragen: Was hat die Liste mit Straße zu tun?

Nun könnte ich theoretisch über diese wunderbaren Gedanken und ihre Bedeutung für Exerzitien auf der Straße reflektieren. Das hatte ich vor. In einer ruhigen Stunde, auf meinem Sessel darüber nachzudenken. Aber die Liste wollte nicht in einer ruhigen Stunde auf meinem Sessel vor dem Bildschirm bedacht werden. Seit der Anfrage, ob ich etwas dazu schreiben könne, war es vor allem dieser Satz „Häufige Anfälle von Lächeln", der mit mir auf die Straße wollte. Er hat mich angesprungen, ist auf mich übergesprungen, hat sich mir auf die Schulter und ins Ohr gesetzt. Dieser Satz will mit mir auf die Straße, in mein Leben, mit mir leben. Er wartet nicht, bis ich mich hinsetze und ihn bedenke. Nee, dafür ist er nicht da. Er ist da – immer. Und dieses sind einzelne Erfahrungen aus drei Wochen Leben mit dieser Liste und vor allem den „Häufigen Anfällen von Lächeln":

Drei Bewegungen

Meine Erfahrungen der drei Wochen entsprechen im Wesentlichen drei Bewegungen. Einer nach hinten, einer nach vorne und einer in die Weite. Bei der Rückwärtsbewegung geht es darum, gemachte Erfahrungen zu deuten, ihnen eine Struktur zu geben. Bei der Vorwärtsbewegung disponieren ein oder mehrere Sätze (oder Symptome) der Liste dazu, genau diese Erfahrungen für möglich zu halten, noch ohne sie erfahren zu haben. Und bei der Ansteckungsbewegung erhöht die Erfahrung eines Symptoms die Wahrscheinlichkeit, ein anderes Symptom oder sogar mehrere ebenso zu erfahren: Häufige Anfälle von Lächeln stecken an.

Zur Rückwärtsbewegung

Diese Liste taugt nicht zum Abhaken in dem Sinn: Wenn ich das erlebe, dann bin ich „spirituell erwacht“, um beim Titel der Liste zu bleiben. Es ist vollkommen unerheblich, ob man sich „spirituell erwacht“ fühlt, es vielleicht ist, oder auch nicht. Diese 12 Punkte – einige mehr, einige weniger – taugen eher dazu, Erfahrungen in der Rückschau eine Struktur zu geben: Stimmt, heute habe ich ständig an Menschen gedacht, fühlte mich ihnen verbunden. Ah, heute konnte ich die Dinge geschehen lassen, ohne gleichzeitig gleichgültig zu sein.

Einige der Symptome – bei mir die häufigen Anfälle von Lächeln oder die häufigen Anfälle von Dankbarkeit – kann man öfter erfahren als andere. Diese Symptome sind in einem drin, entsprechen dem eigenen Wesen. Und anders als Krankheitssymptome sollen sie bitte nicht aufhören, denn sie sind untrüglich verbunden mit einer dahinterliegenden Erfahrung: der Freude!

Es wird gerne gesagt, man müsse ein Ziel haben, um zu handeln, um Sinn zu erfahren. Nur: Brauche ich Ziele, um zu leben? Bin ich nur dann ein erfüllter Mensch, wenn ich meine Ziele erreicht habe? Was passiert denn, wenn ich sie nicht erreiche, dabei aber anderes entdecke? Hinter persönlichen Zielen steckt leicht die Erfahrung von Defiziten. Solche Überlegungen kamen mir in meinen drei Wochen mit der Liste. Denn: Ich habe anders hingehört. Wenn jemand einen Satz sagte, wie: „Ich wünsche Ihnen, dass Sie Ihre Ziele erreichen“, dann hätte ich am liebsten aufgeschrien und gerufen „Halt, Stopp! Die Ziele sind doch egal. Ich erfahre das doch gerade. Wir erfahren das auf der Straße.“

Zur Vorwärtsbewegung

Mit einem Satz in den Tag zu gehen, löst etwas aus. Das ist eine Erfahrung der Straßenexerzitien, von Exerzitien generell. Dabei kommt es nicht darauf an, dass der Impuls immer vor Augen ist. Und doch ist der Tag anders mit Impuls. Er ist jederzeit abrufbar. Ein Satz, der mich anspricht, der bleibt in mir, brennt sich ein. Und ist so bei mir, egal, ob ich ihn aktiv hervorkrame oder nicht. Er brütet in mir, mutet sich mir zu, fragt mich an: „Sag mal, willst du nicht einfach mal so tun, als ob du gerade kein Interesse hättest, Recht zu haben?“ Ein Satz, ein Symptom laden ein zu kleinen praktischen, überschaubaren Experimenten. Ich muss die Einladung nicht annehmen, muss auch keinem davon erzählen, kann sie ganz geheim für mich ausprobieren. Nehmen wir den Satz „Kein Interesse, Recht zu haben“. Es geht nicht darum, grundsätzlich keinerlei Interesse daran zu haben, Recht zu haben. Das ist eine erdrückende Überforderung, und manchmal würde ich dann anderen meine wichtige Perspektive vorenthalten. Aber bei dem nächsten Gespräch im Kollegenkreis könnte ich es ja mal probieren, die Aussage des Vorredners nicht zu korrigieren. Ein ganz kleines Experiment. Und dann gucken, was passiert.

Zur Ansteckungsbewegung

Ein Freund erklärte mir die 10 Gebote vor langer Zeit einmal so: Es geht in erster Linie nicht darum, was du alles (nicht) tun sollst. Das erdrückt dich. Aber wenn du dich als von Gott geliebten Menschen erfährst oder es für einen Moment einfach mal für möglich hältst, dass es so ist, dann wirst du eher nicht stehlen, dann wirst du eher nicht die Ehe brechen ... Dann steckt das Gebot der Gottes-, Nächsten- und Selbstliebe an. So ähnlich ist es mit der Liste der „Symptome spirituellen Erwachens“. Die Erfahrung eines „Symptoms“ ermuntert dazu, andere zu erfahren: „Häufige Anfälle von Lächeln“ oder „Häufige Anfälle von Dankbarkeit“ lassen mich meine Mitmenschen und die Umwelt anders wahrnehmen. Aus einem Symptom werden dann vielleicht drei.

7.7 Ausbreitung dieses befreienden Glaubens (Josef Freise)[76]

Wegen des Missbrauchs, der mit dem Missionsbegriff im Rahmen der Kolonialisierung betrieben wurde, überlegte ich für mich, den Begriff der Mission aufzugeben. Christian hat den Begriff für mich gerettet. Seine Schritte der Mission, die er nur als Überschriften festgehalten hat, erinnern mich an unsere Gespräche:

1. Das Erkannte leben – der erste Schritt in die Mission
2. Das Gesicht zeigen – der zweite Schritt in die Mission
3. Fragen, Neugier mitnehmen – der dritte Schritt
4. Verändert werden

Es ist zentrale Aufgabe der Kirche, Menschen zum „Leben in Fülle“ (Joh 10,10) zu führen und sie in ihrem Glauben daran zu unterstützen. So sagt das Christoph Theobald, er spricht vom Lebensglauben: „Leben und glauben, dass es gut ist zu leben, ist ein und dasselbe.“[77]

Jeder Mensch hat einen Lebensglauben und vollzieht ihn für sich. Zugleich entwickelt sich der Lebensglaube immer durch andere weiter. „Es ist die erste Aufgabe von Christ*innen, Menschen bei der Stärkung oder Wiederherstellung ihres Lebensglaubens zu unterstützen.“[78] Das ist die erste Aufgabe der Mission. Diese Aufgabe erfordert eine ganz und gar selbstlose Haltung, die wir uns von Jesus abschauen können. Jesus bittet Menschen um ihre Gastfreundschaft, dass er teilhaben darf an ihrem Leben. Er besucht sie, er hört ihre Lebensgeschichten, nimmt Anteil an ihrem Leben. Jesus wirkt durch sein Dasein, seine Präsenz. Theobald nennt diese Haltung ‚heilige Gastfreundschaft‘, da Jesus ganz am Gegenüber und seinem Leben interessiert ist. Jesu schweigendes Zuhören eröffnet im Gegenüber die Möglichkeit, der eigenen Stimme im Innersten zuzuhören und

---

[76] Dieser Beitrag von Josef Freise entstand im Gespräch mit Marita Lersner, die das Gespräch mitschrieb; Josef Freise überarbeitete die Gesprächszusammenfassung. Vgl. zum Folgenden insbesondere Josef Freise/Oliver Seis, Ein Plädoyer für die Gemeinde im Sozialraum, Trierer Theologische Zeitschrift 4/2021, S. 325–344.

[77] Vgl. Christoph Theobald, Jesus – das Evangelium Gottes, in: Pastoraltheologische Informationen (PthI) 32 (2012) S. 94.

[78] Freise S. 326.

dann eine eigenständige Entscheidung zu treffen. Missionarisches Wirken ist somit zuerst das selbstlose Schaffen einer vertrauensvollen Beziehung. Dann kann die christliche Person in einem zweiten Schritt auch von der eigenen Überzeugung sprechen, dass Jesus Christus für sie der Anker des Glaubens ist, der ihr Sicherheit, Trost und Mut zum Leben und zum Engagement für Andere gibt.[79]

Mission bedeutet also in diesem zweiten Schritt: da sein, seine Wahrheit leben und auf Nachfrage davon sprechen.

Dieser zweite Schritt, den Christian mit „Gesicht zeigen“ überschreibt, passt zu dem, was Reinhard Voß so formuliert: „Lebe so, dass Du gefragt wirst.“[80] Selbst zu erzählen kommt immer erst nach dem Zuhören. Es gibt auch nicht die Notwendigkeit, ungefragt von Jesus erzählen zu müssen. Der auferstandene Christus hat andere Mittel und Wege, Menschen zu erreichen.

Den dritten Schritt nennt Christian „Fragen, Neugier mitnehmen“.

Christian schreibt dazu: „Die persönlichen Einsichten in den Exerzitien ordnen nach der Rückkehr aus den Exerzitien nicht nur den Alltag, sie machen auch hungrig zu erfahren, welche Grundwahrheiten andere Menschen in ihrem Leben erkennen und wie sie diese umsetzen. Das kann mich bereichern, aber es kann mich auch in Krisen führen, besonders wenn die Ansichten der anderen mir spontan einleuchten.“

Was ich von Straßenexerzitien mit in den Alltag nehme, ist das Interesse für die Menschen, die mir begegnen. Die Menschen auf der Straße konnten mir ja Begleitende werden. Dafür müssen sie nicht einen ausgesprochenen Christus-Bezug haben.

Da hat mir vielleicht jemand auf der Straße eine Frage gestellt, die mich ganz tief bewegt hat. Diese Person hat eine Grundwahrheit ausgesprochen, die für mein Leben wichtig ist.

Ich lerne von den Menschen, die mir auf der Straße begegnen, und werde auch durch sie verändert. Ich merke, dass andere aus der Wahrheit Christi leben, selbst wenn sie Jesus nicht kennen.

Wenn ich das so formuliere, dann drückt sich darin ein Verständnis aus, das für mich auch im interreligiösen Gespräch wichtig ist:

---

79 Ebd. S. 329.

80 Vgl. Reinhard Voß, Lebe so, dass man dich fragt. Hildesheim 1992.

Christus ist der Unerkannte, der immer schon mit allen Menschen mitgeht und einfach da ist. Er ist der Auferstandene und wird unter vielfältigen Bezeichnungen erkannt. Der Auferstandene durchbricht alle Türen und zeigt sich in ganz unterschiedlicher Weise. Christus ist so viel größer, als wir ihn wahrnehmen können. Darum können auch alle Menschen, unabhängig von ihrer Religion oder Weltanschauung, an der Wahrheit Christi teilhaben.

Das kann ich auch im Alltag erleben, wenn ich die Haltung der Offenheit mit in den Alltag nehme. Wenn Menschen spüren, dass ich nicht zielorientiert bin, sondern einfach da bin, dann fangen sie an zu erzählen. Ich habe gelernt, mich manchmal einfach hinzustellen und zu gucken. Diese Offenheit ermöglicht es Menschen, mir etwas zu sagen, das eine Tiefendimension berührt. Ich bin dann nicht nur für den anderen da, sondern erfahre selber etwas für mein Leben.

Der spanisch-indische Theologe Raimon Panikkar, der selbst interreligiös aufgewachsen ist (sein Vater war Hindu), hat die Haltung der Offenheit für den „Anderen“ so beschrieben:

„Die Liebe ist ein ‚Gehen‘ hin zum ‚Anderen‘, das rückwirkt zu einem echten ‚Eintreten‘ in sich, durch die Annahme des ‚Anderen‘ im eigenen Selbst.“[81]

Mission verstehe ich heute als die Sendung ins Hören, als Stärkung des Lebensglaubens des anderen und als Sprechen vom eigenen Christus-Glauben, wenn ich danach gefragt werde. Es gibt auch viele Beispiele aus der Bibel dafür, dass Jesus die Menschen, denen er begegnet, nicht auffordert, ihm unbedingt im Kreis der zwölf Apostel oder der 70 Jüngerinnen und Jünger nachzufolgen. Er vertraut ihrem Lebensglauben und stärkt sie darin. Dies wird deutlich bei seiner Begegnung mit der Samaritanerin, die ja auch einer fremden Glaubensgemeinschaft angehörte (Joh 4). Jesus fordert sie nicht auf, nach Jerusalem zu gehen und dort zu beten. Vielmehr sagt er ihr: „Dein Glaube hat Dir geholfen.“ Dasselbe sagt er auch zu dem römischen Hauptmann von Kapernaum (Mt 8). Raimon Panikkar geht davon aus, dass der auferstandene Christus sich an jeden Menschen bindet und im Herzen eines jeden zu finden ist, denn „wenn Jesus Jude war,

---

[81] Raimon Panikkar, Christophanie. Erfahrungen des Heiligen als Erscheinung Christi, Freiburg 2006, S. 87.

war der auferstandene Jesus – das heißt Christus – weder Heide noch Grieche noch Jude […]. Ich möchte die Christen beruhigen: sie verlieren nichts von der Tiefe der christlichen Tradition, sofern sie auf das Monopol Christi verzichten."[82]

Straßenexerzitien sind immer etwas Interaktives. Damit haben sie genau die Haltung, die meinem Verständnis von Mission zugrunde liegt: Ich bin wie ich bin und nehme das mit in den Alltag. In den Begegnungen des Alltags interessiere ich mich wirklich für mein Gegenüber. Ich will die andere Person nicht verändern – sie verändert sich durch die Begegnung möglicherweise selbst – so wie ich mich durch die Begegnung verändern kann. Ich will einfach mein Gegenüber wahrnehmen und in seiner Lebenswahrheit anerkennen. Ich heiße mein Gegenüber in seinem Anderssein willkommen.[83]

7.8 Ein Lob auf die Farbe Grau
(Jens Sommer)

„Mit viel Geduld" überschreibt Christian das Gleichnis vom Unkraut im Weizen (Mt 13,24–30). Da heißt es:

„Die Knechte sagten zu ihrem Herrn: Sollen wir gehen und das Unkraut ausreißen? Er entgegnete: Nein, sonst reißt ihr zusammen mit dem Unkraut auch den Weizen aus. Lasst beides wachsen bis zur Ernte. Wenn dann die Zeit der Ernte da ist, werde ich den Arbeitern sagen: Sammelt zuerst das Unkraut und bindet es in Bündel, um es zu verbrennen; den Weizen aber bringt in meine Scheune."

Christian ergänzt nur einen Satz: „Diese Ermahnung gilt besonders in der aufgewühlten Situation nach zentralen Ereignissen: Ruhe bewahren und sehen was aus der vergangenen Zeit für die Situation jetzt wichtig ist. Hast ist kein guter Ratgeber."

Schwarz-Weiß-Malerei ist eine große Versuchung, denn sie macht die Welt scheinbar einfacher und handhabbarer. Es scheint klar, wo-

---

[82] Raimon Panikkar a. a. O. S. 79.

[83] Vgl. den „Neuen Katakombenpakt" auf der Amazonassynode: https://blog.misereor.de/2019/10/21/amazonas-synode-katakombenpakt-fuer-das-gemeinsame-haus/ (aufgerufen am 19. 09. 2022).

hin jede:r gehört. Es wird eingeteilt in Gut und Böse oder Geeignet oder nicht Geeignet, in Weizen und Unkraut.

Im Sinne der Straßenexerzitien ist dieser Evangeliumstext ein Aufruf, den Schein zu durchbrechen und nicht vorschnell eine erwartete und vorgestellte Ernte einfahren zu wollen. Stattdessen lieber die Wirklichkeit ernst nehmen. Als Lehrer bin ich manchmal versucht, Schüler und Schülerinnen zur leichteren Handhabung einzuteilen. So nach dem Motto: Der oder die ist eine sichere Bank – von dem oder der ist kaum etwas zu erwarten. Anstatt: jeder Tag ist neu, jede:r ist auf dem Weg und wächst. Bei der Farbe Grau, d.h. wenn ich auf Schwarz-Weiß-Malerei verzichte und eher die Mischung sehe oder dass Weizen und Unkraut nebeneinander stehen, sehe ich zwar zunächst wenig Konturen oder Endgültiges. Ich bin dann aber umso erstaunter, wenn ich entdecke, was da im Laufe der Zeit Unerwartetes zum Vorschein kommt. Ich entdecke es leichter, wenn ich nicht schon vorher gewusst habe, was zu entdecken ist.

Wie gut, dass ich nicht den Gärtner gespielt habe – habe ich schon öfter gedacht, muss mir das aber immer wieder selber predigen. Sicher ist nichts dagegen zu sagen, wenn ab und zu der Boden gelockert und gedüngt wird. Aber: Lasst alles wachsen.

Letztlich ist es für mich mittlerweile auch eine wohltuende Entlastung, mich als ein Mensch auf dem Wege zu betrachten und nicht als einer, der erntet. Auch das muss ich mir immer wieder selber predigen oder mir von Jesus in Erinnerung rufen lassen.

BUCH ACHT: STRASSENEXERZITIEN WIRKEN

Christian wollte, dass sein Buch mit Berichten von Exerzitantinnen und Exerzitanten schließt, die davon erzählen, wie sich die Straßenexerzitien auf ihren Alltag ausgewirkt haben. Damit schließt sich der Kreis. Das letzte Kapitel dieses Buches sollte das erste Kapitel des nächsten Buches werden, das er nicht mehr würde schreiben können: Kirche, Glaubensgemeinschaft lebt aus dem Erzählen. In dem Maße, in dem wir wie Maria und Kleopas auf dem Weg nach Emmaus dem Auferstandenen begegnet sind, können wir hören, dass er auch dem Simon erschienen ist (vgl. Lk 24,34).

Klaus Mertes

8.1 Wieder da

(Anna)

Ich sitze in der fast menschenleeren Kirche in der Stadt. Nach einem begegnungsreichen Vormittag ist mir danach, einen Moment in Ruhe meine Gedanken zu sortieren. Bis zum nächsten Termin ist noch etwas Zeit. In einer Bank sitzt und schläft ein Mensch, der fast immer dort sitzt, wenn ich in die Kirche komme. Ein paar Reihen vor mir sitzt ein junger Mann, gut angezogen, sehr gepflegt. Nach einer Weile winkt er mit einer Packung Kekse zu mir herüber: „Willst du auch?" Ich tauche aus meiner Versenkung auf und lehne ab. Und noch im gleichen Moment denke ich an eine Begegnung bei einem einzelnen Straßenexerzitientag. An dem Tag hätte ich nicht abgelehnt. Der junge Mann steht auf und kommt zu mir. Er drückt mir einen Zettel in die Hand. Darauf steht, dass er Geld braucht, um für seine Frau und sein Kind Essen zu kaufen. Wieder grenze ich mich ab und der junge Mann geht vergnügt und scheinbar wenig enttäuscht zurück an seinen Platz. Er beginnt zu singen. „Stört Singen?" Bei der

Frage dreht er sich zu mir um. Ich zucke mit den Schultern. Und so singt er weiter. Schließlich dreht er sich wieder zu mir um. „Jesus hat dich lieb!“, ruft er mir zu. Ok, das wird hier nichts mehr mit dem ganz allein in Ruhe Beten, denke ich, und breite die Arme aus: „Uns alle!“ Mit einem fröhlichen Lachen bekräftigt der junge Mann meine Worte: „Ja, alle!“ Ich verlasse die Kirche und merke, dass ich selbst lachen muss. Ich könnte mich auch schrecklich ärgern, weil der Mann meine Pläne so hartnäckig durchkreuzt und mich gestört hat. Aber da war er wieder, Gott, der Halunke. Er bringt mich oft zum Lachen, wo ich mich ohne die Erfahrung von Straßenexerzitien vielleicht nur ärgern würde, wenn ich zum Beispiel vor verschlossenen Türen stehe oder wenn ich mal wieder länger irgendwo warten muss als geplant. Wenn mich im Alltag Begegnungen, Dinge oder Orte an meine Exerzitienerfahrungen oder die Erfahrungen der anderen in den Austauschgruppen erinnern oder wenn meine Pläne durchkreuzt werden, denke ich oft: „Ach, da ist er wieder.“ Er geht weiter mit.

Bei meinen ersten Straßenexerzitien hat mich Christian begleitet. Das waren Exerzitien ohne Gruppe. Meine zweiten Straßenexerzitien fielen in eine Zeit, als ich aus einer Gemeinschaft auszog, um allein in einer neuen, von mir bald sehr geliebten Region zu leben, wo ich noch immer lebe. Dort war ich auch auf der Straße unterwegs. So komme ich nun in meinem Alltag immer wieder an Dornbuschorten vorbei und werde daran erinnert: „Ich bin da!“ Manchmal verrate ich anderen Menschen, die von meinen Straßenexerzitienerfahrungen wissen, wo ein Dornbusch gebrannt hat, wenn wir zusammen an einem solchen Ort vorbeikommen. Manchmal flackert das Bedürfnis auf, die Erfahrungen zu teilen. Nach dem Ende meiner ersten Straßenexerzitien mit Gruppe habe ich den abendlichen Austausch und überhaupt die ganze Gruppe noch lange vermisst. Ich musste mich erst daran gewöhnen, mit meinen Erfahrungen den Tag allein ausklingen zu lassen.

Heute, einige Zeit nach der Störung in der Kirche, kam ich an einer Gruppe biertrinkender Männer vorbei. Einer hob seine Kappe wie zum Gruß und rief breit grinsend hinter mir her: „Was bringt dich denn so zum Lachen?“ „Nichts!“, rief ich zurück. Doch eigentlich hätte ich erzählen müssen: Gott, der Halunke war es! Er hat mich zum Lachen gebracht.

8.2 Ein neuer Blick für eine andauernde Suche (Christoph Albrecht)

Als ich in Köln im Sommer 2002 zum ersten Mal an Exerzitien auf der Straße teilnahm, hatte ich schon einige Jahre bewusster G'tt-Suche hinter mir. Auch das Bewusstsein, dass G'tt bei den Unterdrückten und Ausgegrenzten ist, war mir nicht neu und hatte mich schon einige Jahre zuvor zum Einsatz für soziale und ökologische Gerechtigkeit bewogen.

Im Noviziat bei den Jesuiten hatte ich die Exerzitien – die geistlichen Übungen nach Ignatius von Loyola – kennen und schätzen gelernt. Sie hatten mir auf meiner Suche nach Frieden mit G'tt und Einklang mit der Schöpfung entscheidend weitergeholfen. Ich hatte gelernt, die Stille zu strukturieren und innere Stimmungen in ihrer praktischen Bedeutung zu unterscheiden und einzuordnen. Und in der Orientierung an biblischen G'ttesvorstellungen war mir seit Mitte der 80er-Jahre bewusst geworden, dass ich G'tt nicht ernsthaft suchen kann, ohne mich für die Rechte der Benachteiligten einzusetzen. Die biblische Theologie lehrte mich, dass diejenigen G'tt nahe sind, die sich, wie G'tt selbst es durch die Prophet:innen tut, für die Schwachen, Verletzlichen, Übervorteilten einsetzen, und sich mit ihnen solidarisieren oder gar identifizieren. Für mich eine bleibende Herausforderung, aber auch immer mehr ein Geschenk.

Bis im Sommer 2002 brauchte ich die Zurückgezogenheit in der Stille – sei es in ignatianischen Exerzitien, kontemplativen Kursen, Zen-Sesshins oder auf einsamen Wanderungen – als Ort der intimen G'ttesbegegnung, um mit der daraus geschenkten Kraft auf andere Menschen zuzugehen. Das gesellschaftspolitisch-ökologische wie auch das karitative Engagement selbst hatte ich bis dann nicht als Kraft- und Offenbarungsquelle wahrgenommen.

Das ist bei meiner ersten Straßenexerzitienerfahrung anders geworden. Damals in Köln entdeckte ich ein neues Empfinden von Verwandtschaft mit Menschen, die mit mir sonst nichts zu tun haben. Natürlich hatte ich schon vorher immer wieder Begegnungen mit Obdachlosen. Auch damals hatte ich das Gespräch auf Augenhöhe gesucht, als ich in Wärmestuben und Anlaufstellen für Suchtbetroffene da zu sein versuchte.

Doch während und seit den 10 Tagen Stille auf den Straßen Kölns ist etwas geschehen, wie ein Same, der gesetzt wurde. Vorher hatte ich mich immer gefragt, was für eine Bedeutung die Menschen, denen ich Unterstützung und Hilfe sein wollte, in meinem Leben haben können? Wie konnten sie nicht nur zur Zielgruppe meines Engagements gehören, sondern auch Teil meines Lebens werden?

Damals, in der Begegnung mit einer Frau auf einer Bank am Rhein, die ihr ganzes Hab und Gut in einem Einkaufswagen bei sich hatte, mit der ich am zweiten Tag der Straßenexerzitien einen Kuchen geteilt hatte und der es dann bei einem weiteren Treffen so leid tat, dass sie nichts zu essen für mich hatte, habe ich bemerkt, wie ich Teil ihres Lebens geworden bin.

Seither weiß ich: Es ist gut, mich für die Menschen am Rand zu interessieren, es ist gut, auf sie zuzugehen, es ist gut, zu versuchen in ihnen meine Nächsten zu erkennen ... aber G'tt ereignet sich dann, wenn ich es zulasse, dass ich Teil ihres Lebens werde. Das Reich G'ttes, von dem Jesus immer wieder sprach und es denen verhieß, die sich in den Dienst seiner befreienden Kraft stellen, erfahre ich seither immer dann als geschenkt, wo ich es zulasse, dass mich Ausgegrenzte, Bettelnde, abgewiesene Asylsuchende, Vereinsamte als ihren Bruder oder Freund erkennen und annehmen.

Für meine Arbeit im Namen des Jesuiten-Flüchtlingsdienstes und als Seelsorger der fahrenden Jenischen in der Schweiz, wie auch für alles Engagement mit Menschen, die an einer gerechten, partizipativen, inklusiven Gesellschaft bauen, werden diese Erfahrungen immer wieder neu zum Prüfstein meines Glaubens und meiner Suche. Es ist oft nicht einfach. Und ich falle immer wieder heraus. Und dennoch: Die hörende Haltung, die ich in den Straßenexerzitien 2002 in Köln entdecken konnte, begleitet mich seither und schenkt mir tatsächlich immer wieder einen neuen Blick auf meine eigene G'tt-Suche. Aber es sind auch die anderen Menschen, die mich daran erinnern, weil ich in meiner privilegierten Situation immer wieder vergesse, wo G'tt auf mich wartet.

8.3 Weihrauch auf der Straße
(Elisabeth Kämmerling)

Als Kind ging ich gerne in die Kirche. Ich mochte das gemeinsame Ausgerichtetsein nach vorne, das gemeinsame Schweigen, Sprechen und Singen. Den Duft des Weihrauchs liebte ich ebenso wie die andächtige Atmosphäre und das friedliche Nebeneinander des gemeinsamen Nach-vorn-ausgerichtet-Seins. Auf dem Hintergrund oft spannungsgeladener Atmosphären zuhause war mir der Kirchraum ein Ort des Friedens und der Freiheit. Formulieren konnte ich dies erst Jahrzehnte später, damals ging ich einfach nur gerne dorthin.

Kam ich aus der Kirche heraus, war wieder äußerste Vorsicht im Umgang mit anderen Menschen, „dickes Fell" und oft Überlebensmodus angesagt. Es gab eine sehr scharfe Grenze zwischen Glaube und Alltag. Kirchenbesuche rüsteten mich mit Kraft für den Alltag auf. Hier ging es v. a. um das Einhalten der allgemein üblichen christlichen Normen und Werte – eine lebendige Verbindung zum existenziellen Glauben spürte und (er-)lebte ich nicht.

Mit den Jahrzehnten veränderte sich diese Grenze zwischen Kirche und Alltag, Glauben und Leben. Entscheidend trug dazu bei, als ich 2001 mit der Teilnahme an Straßenexerzitien begann. Der leibhaftig gewordene Gott wollte in mir leibhaftig werden – sowohl mit als auch jenseits all der antrainierten sozialen Verhaltensweisen. Wenn auch die Triebfeder eine unauslöschliche Sehnsucht nach dem „Mehr" war, so bot gerade der mich oft verunsichernde Rahmen der Straßenexerzitien den Raum, mich und die Welt zu erleben und darin Spuren Gottes wahrnehmen zu können. Das Formulieren meiner Tageserfahrungen, ohne dass ich Zusammenhänge erkannte, das Zulassen von Gefühlen aller Art, die achtungsvollen Rückmeldungen aus der Gruppe, das Aufscheinen von Zusammenhängen und die Ahnung eines „Mehr", das ich „Gott" nenne, verwischten zunehmend die Grenze zwischen Kirchenraum und „Draußen": Im „Draußen" baute ich zunehmend das „dicke Fell" ab und stieg aus dem Überlebensmodus aus. Im Bild gesprochen: Ich schnupperte nach Weihrauch auf der Straße und spürte hin zu friedlicher Kirchenatmosphäre an dunklen Orten unserer Welt – und auch in mir selbst. Das innere Erleben zwischen zwei Obdachlosen von „Ich darf nutzlos hier sein!"

weitete sich Jahr für Jahr zu einem „Ich darf sein" und gleichzeitig zu einem „Du darfst sein!" – selbstverständlich mit noch ganz viel Luft nach oben! Das Wachstum der inneren Weite ist noch längst nicht zu Ende und die Grenzverschiebungen zwischen „Drinnen" und „Draußen" müssen immer neu geweitet werden! Das verstehe ich als einen Lebensprozess, in dem ich Gottes gutem Geist glaube.

Ich gehe immer noch gern in Kirchen, schnuppere Weihrauch und atme die Luft des Daseindürfens in Gottes Gegenwart – aber die Straße, mein Alltag lädt jede Minute dazu ein, dies auch im Jetzt zu erfahren und mich zum Instrument seines guten Willens stimmen zu lassen.

8.4 Wo ist Emmaus?
(Heiner Michael Vogt)

Für mich war es wichtig und schwierig und ein langer Lernprozess, meine Vorstellungen, Konzepte, mein „Helfenwollen" bei den Straßenexerzitien zurückzulassen und nur dieser Sehnsucht in mir zu folgen, meine Vorstellungen und auch meine Gottessuche, mein Bild von Gott loszulassen. Und so wurde für mich langsam die Emmaus-Geschichte meine zentrale Erfahrung bei den Straßenexerzitien und zu einem brennenden Dornbusch in mir.

Die Begegnung mit dem Anderen, das Hinhören, das Horchen und Lauschen, das Hinsehen, das einfache DASEIN ohne zu bewerten und zu urteilen. Das war ein langer Prozess des Übens und Lernens, sehr mühsam und schmerzhaft. Es bedurfte einer ganzen Reihe von Straßenexerzitien. Die Bereitschaft, der Sehnsucht in mir zu folgen. Das hat mein Leben und mich wohl tief geprägt.

Die Straßenexerzitien, mein Weg nach Emmaus. Ich bin auf der Straße mit einer Bereitschaft zur Offenheit, lasse alle Konzepte fallen, lasse alle Vorstellungen zurück, sie verstellen nur meinen Blick, meine Sicht. Die Straße ist der Weg nach Emmaus. Oder besser: die Straße bereitet Emmaus vor. Emmaus ist kein festgelegter Ort, nicht auf der Landkarte zu finden, kein Ort, den wir ausgraben können. Emmaus ist der Ort, an dem unser Herz brennt, heiliger Boden, ziehe die Schuhe aus!

Emmaus ist da, wo wir die verbindende Liebe unter uns spüren, wo sich auf der Bank auf der Straße plötzlich einer neben dich setzt und von sich erzählt, wo dir in der eisigen Kälte in der Frühe morgens vor der Abschiebehaftanstalt in München einfach eine Tasse mit heißem Tee gereicht wird und ein halbes Brötchen dazu, wo dir die Suppenschüssel und ein Stück Brot über den Tisch in der Essensausgabe zugeschoben wird, wo wir Kommunion feiern und dir plötzlich die Augen aufgehen. Da ist Emmaus! Plötzlich fallen dir die Schuppen von den Augen. Plötzlich siehst du mit dem Herzen und nicht mit dem Verstand. Plötzlich siehst du mit den Augen des Anderen. Da ist Emmaus. Wir gehen ja diesen Weg nach Emmaus täglich, Tag für Tag, er ist unser Alltag. Aber unsere Augen gehen uns nicht auf.

Der Zeitpunkt, an dem du den Anderen in dir siehst, da ist Emmaus. Der brennende Dornbusch in deinem Herzen.

Dieses Plötzliche und der sofortige Aufbruch nach dem Erleben waren auch immer wichtig für Christian. Das ist meine Antwort auf Christians Frage: „Wo liegt Emmaus?“

Das ist auch der sofortige Übergang in den Alltag: Lass diesen Dornbusch, diese Sehnsucht in dir weiterbrennen, lass ihn nicht erlöschen. Hör nicht auf mit dem täglichen Üben!

„Ja, und wie heißen die Jünger?“, fragt Christian. Die Jünger sind wir, sie tragen unsere Namen.

Christus ist auferstanden in uns, in unseren Herzen, in unserer Sehnsucht. Das ist Auferstehung.

8.5 Erzählen beim Abendbrot
(Jens Sommer)

Wer Straßenexerzitien gemacht hat, der oder die weiß, was es bedeutet: „die Schuhe ausziehen“, „Dornbusch“, „heiliger Boden“ oder „brennendes Herz“.

Meine Frau und ich haben vor einigen Jahren gemeinsam an Straßenexerzitien teilgenommen und diese Metaphern in unseren Alltag aufgenommen. Beim Abendbrot erzählen wir vom „Dornbusch“, den wir auf dem Weg zur Arbeit erlebt haben. Wir wissen dann: das ist „heiliger Boden“, und wir hören das Erzählte wie in der abendlichen

Anhörrunde während der Straßenexerzitien aufmerksam und nicht kommentierend. Danach kann der oder die andere fragen und Resonanz geben.

Ebenso können wir an unsere damaligen Straßenexerzitien anknüpfen und erinnern oder manche Wege in unserer Heimatstadt weitergehen und uns davon erzählen.

Die Metaphern helfen uns auch, den „heiligen Boden" in uns selber miteinander zu reflektieren, uns davon zu erzählen und ihn nicht zu werten. Die Schuhe des Besserwissens sind dann hoffentlich ausgezogen.

Mittlerweile haben wir erlebt, dass die Straßenexerzitien keine Sonderwelten, sondern dass es Übungen sind, Gott auf der „Straße" (dieser Begriff ist ja selber wieder Metapher) zu begegnen. Auch da hilft uns die Emmausgeschichte: Im Erkennen sehen Kleopas und Maria (die beiden, die Jesus begleitet hatte) ihn nicht mehr. Gott wird für uns nicht greifbarer aber wirklicher. Und wir erleben immer mehr, dass es keine gottfernen Räume gibt.

8.6 Was bleibt, ist die Haltung[84]
(Josef Freise)

Nach meinen Straßenexerzitien spüre ich, dass es mich immer wieder zu Orten hinzieht, an denen ich während der Exerzitien war oder die diesen ähnlich sind. Nahe bei meinem Zuhause gibt es die „Tafel" und ab und an gehe ich ohne Ziel und Auftrag dorthin. Das ist etwas, was ich von den Straßenexerzitien gelernt habe, mir im Alltag mehr Zeit zu nehmen, in der ich nichts zu leisten habe, nichts erledigen muss. Ich kenne einige Mitarbeitende bei der Tafel – es gibt immer etwas zu erzählen oder auch mit anzupacken und dann ergeben sich auch Gespräche mit den Menschen, die zur Tafel kommen. Ich habe festgestellt: Man sieht es mir offensichtlich an, ob ich ein Ziel habe und dann an allen Leuten vorbeigehe, die mich von meinem Ziel

---

[84] Vgl. Josef Freise, Stärkung von Haltungskompetenzen, in: Ayça Polat (Hg.): Migration und Soziale Arbeit. Wissen, Haltung, Handlung, Stuttgart 2017: W. Kohlhammer GmbH, 109–119.

abbringen könnten, oder ob ich einfach da bin. Letztlich waren der Priester und der Levit, die im Samaritergleichnis den zusammengeschlagenen Menschen liegen ließen, möglicherweise einfach nur zu zielorientiert. Sie wären zu spät zum Dienst gekommen, und das geht ja gar nicht.

Meine letzten kurzen Straßenexerzitien habe ich in Lützerath beim Braunkohletagebau mitgemacht. Das hat mich so bewegt, dass wir aus unserer Gemeinde eine kleine Gruppe gebildet haben und vor Ort in Lützerath mit den dort Aktiven einen Solidaritätsgottesdienst gefeiert haben.[85]

Wenn ich dann wieder an einem solchen Ort bin, dann gibt es drei Straßen-Aspekte, die mich begleiten. Der mennonitische Theologe Fernando Enns nannte sie via negativa, via positiva und via transformativa, den negativen, den positiven und den transformativen Weg. Die negativen Aspekte auf der Straße sind die erschreckend großen Krater, das ist die blutende, kranke Erde, die Zerstörung, die richtig weh tut. Das auf mich wirken zu lassen, ist für mich immer wieder eine Herausforderung. Die positiven Aspekte des Weges sind die Inseln der intakten Natur und die tollen Menschen, denen ich begegne, die sich in Lützerath unermüdlich zum Beispiel in der Initiative „die Kirche(n) im Dorf lassen" engagieren.[86]

Es stärkt mich, ihnen zu begegnen, und es macht mir Mut, selber nicht aufzugeben.

Und dann führen mich die Straßenexerzitien auf den transformativen Weg, zu der Anfrage an mich, wie ich noch konsequenter angesichts der immer spürbarer werdenden Klimazerstörung werden kann. Es ist ein Prozess des Hinhörens und Hinschauens.

Letztlich ist es eine Haltung, die ich aus den Straßenexerzitien mitnehme, die Haltung, mich immer wieder aus dem zweckgebundenen Tun auszuklinken und einfach nur da zu sein im Hinhören und Hinschauen auf die göttliche Wirklichkeit, die mir begegnet.

---

[85] Siehe https://www.youtube.com/watch?v=ZjiK3aFxRf8.

[86] https://www.kirchen-im-dorf-lassen.de/

8.7 Liebesschule
(Kathrin Happe)

Zunächst: die Straßenexerzitien, oder auch Exerzitien, prägen mein Leben. Es ist einfach so passiert. Geplant oder erhofftes Ziel meiner Exerzitien war das nie. Ein paar Gedanken dazu:

1. Schon vor meinen ersten Straßenexerzitien habe ich gerne etwas gemacht, das ich den „Gucken-was-kommt-Tag" genannt habe: einfach schauen, was so kommt. Impulse aufnehmen, darauf reagieren. Es überrascht mich nicht, überrascht zu sein. Ich habe zwar keinen Anspruch auf Überraschung, aber ich weiß: Sie ist überall!

2. Bis zu meinen ersten Straßenexerzitien habe ich mich gefragt, was mein geistliches Suchen, was Gottesdienstfeiern mit meinem restlichen Leben zu tun hat? Wie zeigt sich Gott in der Welt? Wie zeigt er sich mir? Das war mir schleierhaft. Ich ging nach dem Gottesdienst aus der Kirchentür und fragte mich: Und nun?

Das ist seit den Straßenexerzitien anders. Kirche und Leben verbinden sich. Wenn ich Gottesdienst feiere, dann halte ich mal kurz inne, halte Rückschau auf mein Leben, halte es Gott hin, höre hin und vielleicht höre ich ihn und ziehe weiter. In diesem Sinne kann ich Gottesdienst überall und zu allen Zeiten feiern.

3. Eine Begleiterin von Exerzitien sagte viele Jahre nach meinen ersten Exerzitienerfahrungen: Exerzitien sind eine Liebesschule, eine Schule, sich als geliebte Person zu erfahren. Das ist haften geblieben. Ja, genau, das ist es. So geht's mir. Ich bin nicht schräg oder schlecht oder .... Ich bin geliebt.

Was Geliebtsein heißt, kann ich nicht genau beschreiben. Muss ich auch nicht. Aber, wenn ich mich geliebt fühle, dann ist das echt gut, dann umfängt mich das Leben und ich merke: Ich bin gut so, wie ich bin. Es ist gut so, wie es ist. Trotz allem Bösen, trotz aller Krisen. Geliebte Menschen müssen nichts allein anderen zuliebe tun. Wenn ich mich als geliebt erfahre, kann ich auch gut „Nein" sagen und bleibe trotzdem in der Liebe.

Wie lebe ich mit den Erfahrungen weiter – und zwar im direkten Übergang von Exerzitien in den Alltag und auf lange Zeit hin?

Der direkte Übergang aus den Exerzitien ist mit der Zahl der Exerzitien, die ich gemacht habe, einfacher geworden. Inzwischen weiß ich, wofür ich sorgen muss. Ich weiß, dass ich nach Exerzitien gebrechlicher, dünnhäutiger und verletzlicher bin. Und weil ich das weiß, kann ich für mich sorgen und auch darüber sprechen.

Meine Exerzitienerfahrungen sind Geschichten, die in mir „eingebrannt“ sind. Sie verbinden sich mit allen meinen Sinnen: durch Orte, Klänge, Licht, Gerüche, Wetter. Nichts anderes passiert ja auch in den klassischen ignatianischen Exerzitien, wenn Ignatius einlädt, mir den Schauplatz zu bereiten.

Exerzitienerfahrungen sind in mir eingebrannte Kurzgeschichten, die ich erzählen kann. Und ich erzähle gerne von meinen Erfahrungen. Nicht allen, das wäre übergriffig. Aber ich halte auch nicht hinter dem Berg. Ich spreche offen über das, was ich erfahren und erkannt habe, unabhängig davon, ob mein Gegenüber etwas mit Gott hat oder nicht.

Exerzitienerfahrungen sind irgendwie etwas anderes als die institutionalisierte Kirche. Das merken meine Gesprächspartner:innen. Und dabei gibt es nicht selten wunderbare Begegnungen und Erfahrungen von Verbundenheit – wie gesagt: egal, ob die Menschen spirituell oder religiös sind. Lange dachte ich, das interessiert keinen und dass Religion etc. Privatsache ist. Das kann sie auch sein. Aber Erfahrungen von Leid, Hoffnung, Liebe usw. sind universell und sie müssen nicht religiös aufgeladen werden. Gott suchen und finden in allen Dingen eben.

8.8 Eine Holzscheit-Geschichte
(Sr. Klarissa Watermann)

Meine ersten Straßenexerzitien waren 2004 in Köln. Darauf aufmerksam geworden war ich durch eine Anzeige in Publik Forum. Ich war damals schon eine Frau, die sich von neuen Ideen ansprechen ließ, und meldete mich darum dort an.

Gewohnt haben wir bei der Emmaus-Gemeinschaft im Kölner Norden. Arbeitslose und ehemals obdachlose Männer lebten dort in einer christlich geprägten Gemeinschaft zusammen. In der Nähe unserer Unterkunft war der Kölner Straßenstrich, in den die Freier mit Autos einfuhren. Zum Schutz der Frauen war ein Rondell gebaut worden, an dessen Rand Verrichtungsboxen standen, je mit einem Notrufknopf ausgestattet und einer Schutzhütte in der Mitte, in der die Frauen Hilfe finden konnten. Für mich war es eine beeindruckende Erfahrung, den Betrieb dort abends verfolgen zu können. So was hatte ich noch nie in Exerzitien erlebt!

Die Atmosphäre in diesen Tagen mit Selbstversorgung, einfachen Mehrbettzimmern und Formen und Texten in den Gottesdiensten empfand ich sofort als wohltuend. Es war anders als in den Bildungshäusern, in denen ich zuvor zu Exerzitien war.

Durch Christians Ausführungen wurde ich in die Aufmerksamkeit des Übens und achtsamen Wahrnehmens auf der Straße und in eine Haltung des Sehens und Hörens gebracht, die neu für mich war. Das Langsamwerden tat mir gut. Ich hielt Ausschau nach dem „brennenden Dornbusch", der sich immer mal wieder in Ansätzen zeigte – aber der richtige Kick kam für mich nicht. Abends hörte ich den spannenden Erzählungen der anderen Teilnehmenden zu. Da waren großartige Geschehnisse dabei!

Immer noch ist mir wohltuend das Beichtgespräch mit Christian in Erinnerung, der es darin schaffte, mir den Druck von der Seele zu nehmen, der schon lange wegen eines Fehlverhaltens in mir war. Ich solle es annehmen und, so riet er mir, mich über das Schöne darin freuen. Das waren für mich zu der beschriebenen Situation befreiende Töne. Danke, Christian, du hast mir den alles verstehenden barmherzigen Gott gezeigt!

Doch – am letzten Tag der Exerzitien saß ich traurig am Ufer des Rheins und sah das Wasser fließen. In einer etwas depressiven Stimmung empfand ich, dass so wie dieses fließende Wasser vorüberzieht, mein Leben vergeht. Es fließt dahin – ohne Erhabenheiten – bis zu seinem Ziel – ins Meer der Zeit. Auch Gott wird das nicht ändern. Ein Holzscheit schwamm am Rand vorbei. „Ja, so wie dieses Stück Holz einfach durchs Wasser schwimmt und niemand es aufhält, so wird mein Leben vergehen!", dachte ich. Plötzlich sprang ein Hund ins Wasser, schnappte sich dieses Holzscheit und legte es mir vor die Füße. Das hat mich sehr gepackt. Plötzlich wurde mir bewusst, Gott sieht mich, so wie dieser Hund das Stück Holz gesehen hat. So wird Gott mein Leben packen und es verändern. ICH bin in Gottes Augen wertvoll.

DAS wurde meine Dornbuschgeschichte in den Straßenexerzitien!

Dieses Holzscheit habe ich mitgenommen aus den Exerzitien. Lange lag es in meiner Gebetsecke. Ja, diese meine ersten Straßenexerzitien haben mein Leben sehr verändert. Heute sehe ich diese Exerzitienform, die ich immer mal wieder praktiziere, als wesentlich für mein Leben an.

Zugeben muss ich, dass, wenn ich zurückkomme aus den Tagen des Langsamwerdens und Aufmerksamseins, ich diese Haltung erst einmal hinter mir lasse, um wieder im Takt meines Alltags mithalten zu können. Dort ist das Leben schnell!

Aber – die Aufmerksamkeit und das Langsamwerden bekommen an Tagen, die ich mir dafür ab und zu freihalte, Bedeutung und holen mich zurück ins aufmerksame Wahrnehmen. So sehe ich beispielsweise die Blumen am Wegesrand, einen traurigen Menschen auf einer Bank sitzen, ein lachendes Kind auf einem Spielplatz, höre die Kirchenglocken und das Martinshorn und denke: „Dort wird gerade versucht, einen Menschen in Not zu retten." Selbst wenn ich kontemplative Exerzitien mache, dabei viel sitze und schweige, kommen mir die wesentlichen Gedanken in den Pausen dazwischen, weil ich draußen etwas wahrnehme. Wunderbar! Eine bleibende Erkenntnis aus den Straßenexerzitien!

Als besondere Frucht der Straßenexerzitien sehe ich, dass sich mein Umgang mit Menschen – besonders mit Menschen am Rand der Gesellschaft – verändert hat. Sie sind mir immer mehr Menschen auf meiner Augenhöhe geworden. Es fällt mir nicht schwer, in Kontakt und Beziehung mit ihnen zu kommen.

Jeder Mensch hat eine einmalige Geschichte, ist ein wertvoller Mensch, weil er oder sie von Gott gesehen wird – so wie ich mich einst in dem Stück Holz sah und sehe, weil auch ich sie ansehe, nicht besserwisserisch, sondern interessiert an ihrem Sein. Beruflich hat mich diese Erfahrung immer mehr zu den Menschen gebracht, die oft im Abseits leben. Viele Jahre war ich in der Arbeit in der Bahnhofsmission tätig, in der Flüchtlingshilfe und in der Gefängnisseelsorge. Auch jetzt – als nun schon ältere Frau bin ich eigentlich im Ruhestand – lebe ich im Einsatz für Arme und Bedürftige in „Klaras Küche" in Hamburg.

Dank an Christian, der mich diese kostbare Haltung lehrte, und Dank an Gott, die es durch diese Holzscheitgeschichte schaffte, mir den Wert meines Lebens zu zeigen. Straßenexerzitien haben mein Leben verändert!

8.9 Ins Staunen kommen
(Maria Jans-Wenstrup)[87]

Straßenexerzitien haben mein ganzes Leben geprägt und ich habe mit meinem Leben wohl auch die Straßenexerzitien mitgeprägt. Ich habe Berlin und Christian in einer Zeit kennengelernt, in der ich mit meiner Sehnsucht nach einem Leben mit den Armen (wie ich es damals ausdrückte) unterwegs war. Ich hatte diese Sehnsucht jahrelang ganz deutlich in mir, aber ich hatte immer keinen Ort dafür gefunden. Dann las ich in einer Zeitschrift einen Artikel von Christian, der mich zu Tränen gebracht hat: Er schrieb über seine Lebensweise als Arbeiterpriester. „Wieso darf der so leben und ich nicht?“, war meine spontane Frage.

Als ich Christian schrieb, hat er mich direkt eingeladen und ich habe alles möglich gemacht, um ganz kurzfristig fünf Wochen in der Naunynstraße mitzuleben. Christian war in den ersten Tagen gar nicht da, aber ich habe seinen Mitbruder Franz kennengelernt und Kreuzberg. Da saß ich also in der Küche und fand mich mit meinen Fragen und Erfahrungen in einer ganz anderen Welt vor. Das waren im Grunde schon Straßenexerzitien für mich.

In dieser Zeit hatte in der Thomasgemeinde gerade der erste Kurs stattgefunden, der sich noch „Exerzitien an städtischen Brennpunkten“ nannte. Daraus ist für mich die Idee entstanden, für meine Mitschwestern der Gemeinschaft, zu der ich damals gehörte, eine solche Exerzitienzeit zu planen. Aus diesem Ur-Impuls, meiner Sehnsucht und dem Leben in der Naunyn ist also zwei Jahre später eine Woche Straßenexerzitien geworden. Seitdem habe ich auch andere bei ihren Exerzitien begleitet.

---

[87] Mit Dank an Marita L., die mir geholfen hat, Worte für meine Erfahrung zu finden.

Ich arbeitete damals im Rahmen meiner Gemeinschaft als Lehrerin in einer Schule, aber ich hatte jahrelang das Gefühl, am falschen Platz zu sein. Ich spürte ganz deutlich, dass etwas in mir in Bewegung gerät, aber ich wusste einfach nicht, wohin konkret die Bewegung gehen sollte. Ich sah keinen Weg in meiner äußeren Lebensgestalt eine für mich passende Form für meine Sehnsucht zu finden. Die aber blieb – schmerzhaft und lockend – lebendig.

Christians Erzählen von seiner eigenen Erfahrung in Toulouse gab mir dann den rettenden Impuls: Ich muss nicht schon meinen weiteren Weg kennen, sondern kann mich erst einmal in einer Art „Lehrzeit" ausprobieren! So fand ich den Mut, aus meiner Arbeit in der Schule auszusteigen und die Gastfreundschaft der Kleinen Schwestern Jesu in Berlin anzunehmen, um zu lernen und mich zu prüfen. Ich lebte mit ihnen in einer Hochhaussiedlung und arbeitete als Zimmermädchen in einem Hotel. Das war für mich ein Schritt in die Offenheit für das, was in mir ist – zugleich Wirkung der Exerzitien auf der Straße und selbst wie ein ganzes Jahr solchen Übens.

Während dieses Jahres entstand in meiner Gemeinschaft der Beschluss, eine Kommunität in einem prekären Stadtteil in Duisburg-Marxloh zu gründen. Eine Solwodi-Schutzwohnung in der Nähe suchte nach einer Ordensfrau als Mitarbeiterin. Die Aufgabe passte für mich im Rahmen dessen, was zum Auftrag meiner Gemeinschaft gehörte. Bei aller unbestrittenen Sinnhaftigkeit dieser Arbeit spürte ich dann aber im Tun, dass es nicht „meine" war: Ich konnte nicht mehr vor allem *für* Menschen da sein, sondern musste noch mehr *mit* ihnen sein und leben.

Die Straßenexerzitien haben mir damals geholfen, gute Entscheidungen zu finden – das meine ich genau so: Ich habe die Entscheidungen gefunden, die ja schon für mich angelegt waren. Aber wie bei einer Schwangerschaft brauchten sie ihre Zeit, zur Welt zu kommen. Für die Unterscheidung der Geister war für mich immer die ignatianische Spiritualität wichtig, die bei Entscheidungen danach fragt, wo ich größeren Trost erlebe. Diese Klarheit hat mir auch geholfen, nicht wie sonst ein schlechtes Gewissen zu bekommen, wenn meine Entscheidungen andere, auch mir liebe Menschen, schmerzten. Ich habe mit größtmöglicher Ehrlichkeit nach Gott zu fragen versucht. Gott, der mir auf den Straßen meines Lebens und der Welt begegnet, der in mir selbst ist und genauso in den Menschen um mich her. Das hat mir eine Klarheit gegeben, die auch bei meinen Mitschwestern Resonanz gefunden hat, als es soweit war, dass ich mich von meiner Gemeinschaft trennen sollte. In meinem Orden gab es immer eine große Hochachtung vor der persönlichen Berufung jeder einzelnen. Darum haben meine Mitschwestern viele Entscheidungen von mir mitgetragen, auch wenn sie eigentlich nicht zu dem Grundauftrag meines Ordens passten. So auch, als ich anfing, in einer Fabrik zu arbeiten; das war für mich ein ganz entscheidender Schritt *vom für zum mit*. Dann habe ich mich verliebt. Das passte nun nicht mehr zum Ordensleben.

Christian hatte immer diese unvergleichliche Gabe, die Wirklichkeit aus einer anderen Perspektive zu sehen. Sein erster Blick auf meine Krise war spontane Freude: „Freu Dich doch über die Liebe, mit der dich Gott in der neuen Welt begrüßt." So hat er einmal mehr auf seine überraschende Weise das Wirken Gottes gesehen. Sein Blick auf die Freude hat mir geholfen, alle Sicherheiten zu lassen, die die Gemeinschaft bietet, und in den Mittelpunkt zu rücken, was eigentlich wichtig ist: Die Liebe zu den Menschen und dann auch zu diesem einen Menschen.

In all den Jahren haben mich die Straßenexerzitien in meiner Haltung geprägt: Dieses In-Erwartung-Leben, dass mich im nächsten Moment eine Böe der göttlichen Geistkraft umweht – mal als sanfte Brise, mal geradezu um-werfend. Das übe ich weiter in Exerzitien, zugleich prägt es spürbar meinen Alltag. Da kann ich immer wieder ins Staunen kommen. Ich nehme wahr, wie Kolleg:innen auf der Arbeit mit mir umgehen, mir ein Wort zurufen o.ä. und sehe die Liebe und Fürsorge darin und denke mir: „Boah, ist das schön!" Und dann auch wieder: „Ist das schrecklich!" Zum Beispiel, wenn ein Kollege mal wieder furchtbar nervig herumschreit und ich dabei plötzlich eine Ahnung bekomme von seiner Fluchttraumatisierung. Die Erfahrung, andere in Exerzitien zu begleiten, verstärkt diese Haltung des Staunens.

Straßenexerzitien leben für mich von einem Geist der Freiheit. Alle gehen ihre eigenen Wege, und niemand weiß, wo diese Wege hinführen. Aber sie üben das in der Verbundenheit einer Gemeinschaft auf Zeit. Mir ist dabei immer wichtig, die Freiheit des Gegenübers zu achten, und ihn:sie nicht zu vereinnahmen. Entdecken und wahrnehmen, dass die:der andere wirklich anders ist – das gehört für mich zur Grundhaltung der Exerzitien wie überhaupt menschlicher Beziehung. Das Einüben dieser Haltung begleitet mich schon einen Großteil meines bewussten Lebens.

Wenn wir die Dornbuschgeschichte erzählen, ist mir immer die Neugier von Mose wichtig, also Lust zu haben auf das, was mir an ungewöhnlichsten Stellen begegnen kann. Wir üben die Aufmerksamkeit für Gott oder eine Botschaft für mein Leben, gerade da, wo sie nicht unbedingt zu erwarten wäre. Diese Wachheit kann die Alltäglichkeit ganz eng mit dem geistlichen Weg verzahnen. Das hat Stück für Stück mein Leben umgekrempelt.

Ich glaube, es gibt einen Urstrom des Lebens, der verlässlich, aber nicht greifbar ist. Es kann immer nur darum gehen, dieses Nichtgreifbare zu spüren, zu ahnen und zu finden. Ich habe immer wieder erfahren, dass ich diesem Urstrom vertrauen kann, egal wie aufgewühlt und bedrohlich das Leben manchmal auch sein mag. Wie im Meer: Auch wenn es oben heftig schäumt, ist der Grund des Meeres ganz still.

8.10 Einfach
(M.)

Heilung

19.7.2022. Heute ist der Todestag meines Bruders, der sich im Alter von 41 Jahren das Leben genommen hat. Das war vor 12 Jahren, und die Trauer um ihn ist zu einem Teil meines Lebens geworden. Sein Tod hat mich damals in meinen Grundfesten erschüttert, und in den ersten Jahren nach seinem Tod, habe ich es nicht gewagt, mich auf Exerzitien einzulassen. Ich hatte Respekt davor, mich so ungeschützt dem Leben auszusetzen, wie ich es in Exerzitien gewohnt war. Ich hatte Angst, meinem Schmerz unmittelbar zu begegnen. Als es schließlich so weit war, und ich mich in Winterthur auf die Straße wagte, tat ich es mit innerem Zögern: Nein, eigentlich wollte ich nicht in die Tiefe meiner Trauer abtauchen.

Mit dieser Ambivalenz machte ich mich in den ersten Tagen auf. Auf den uns zur Verfügung gestellten Stadtplänen fand ich einen Ort, der Brüderhus hieß. Das Brüderhus ist ein kleiner Tierpark im Stadtwald, zu dem auch ein Aussichtsturm gehört. Der Name zog mich an und da mein Bruder aus dem 11. Stock eines Hauses gesprungen war, wusste ich sofort, dass ich diesen Turm aufsuchen sollte – und keinesfalls wollte. Ich kreiste mit einigen Widerständen zwei Tage um diesen Ort herum. Bis ich mich schließlich an einem strahlend schönen Tag daran machte, den Turm zu besteigen. Ich fragte mich noch, ob es nun meine Aufgabe wäre, mich in meinen Bruder einzufühlen: Was er in den letzten Minuten seines Lebens gefühlt haben mag ... Aber die Aussicht an diesem Tag war so überwältigend schön, dass der Gedanke daran wirklich sehr fern war und ich nur über die Schönheit der Welt staunen konnte: Die schneebedeckten Berge, Wald und Himmel, in der Ferne konnte man sogar den Bodensee erahnen.

Ich werde in meinem Staunen von einem Mann unterbrochen, der mich einigermaßen außer Atem fragt: „Wie geht es Ihnen?" Er ist Polizist, weist sich aus und fragt mich, was ich hier mache. Er lässt sich meinen Personalausweis zeigen und gibt per Telefon meinen Namen und mein Geburtsdatum an die Zentrale durch. Ich erinnere mich noch, dass er zur Zentrale durchgibt: „Sie macht einen ganz normalen Eindruck." Dann erklärt er mir, was der Grund seines Einsatzes ist: Jemand hatte beim Notruf angerufen und die Sorge geäußert, dass sich ein junger Mensch heute von diesem Aussichtsturm stürzen wollte.

Der Polizist lässt mich verwirrt und erschüttert zurück. Und wütend: Jetzt soll ich mich also doch mit dem Thema Suizid befassen und nicht einfach die Schönheit der Schöpfung meditieren? Und traurig: Mein Bruder hatte keinen Polizisten, der ihn von seiner furchtbaren Tat abhalten wollte.

Erst am nächsten Tag ist bei mir der Groschen gefallen. Es ist nunmehr amtlich festgehalten und im Schweizer Polizeicomputer dokumentiert: Ich bin ganz normal. Ich bin nicht suizidal. Die Geschichte meines Bruders ist nicht meine. In meiner Trauer hat sich mit diesem Erlebnis etwas grundsätzlich verändert: Die Bindung an den Schmerz meines Bruders, die Verstrickung in seine Wut hat sich gelöst. Befreit davon ging ich aus den Exerzitien zurück in meinen Alltag.

Das ist meine erste Antwort auf die Frage, wie Straßenexerzitien mich und mein Leben prägen: In Exerzitien ist etwas in mir heil geworden. Als Geheilte, befreit von einer Bindung, die mich an den Tod fesselte, bin ich in mein Leben zurückgekommen.

Sündenvergebung

Ich war mehrmals zu Straßenexerzitien in Hamburg. Hier hat die Elbe immer eine große Anziehungskraft. Tagelang konnte ich die riesigen Containerschiffe betrachten, wie sie majestätisch in den Hafen einfahren. Sie werden von Booten gesteuert, die Tiger heißen. Die sind um ein Vielfaches kleiner und ziehen und stoßen die Containerschiffe in die Seitenarme der Elbe. Sie geben an der richtigen Stelle einen Impuls und das große Schiff, das bis zu 20.000 Container trägt, bewegt sich langsam, kaum wahrnehmbar in die richtige Richtung. Mich beeindruckt die Kraft und Ausdauer der kleinen Tiger. Sie werden mir zum Bild für meine Arbeit in der Kirchengemeinde: Die Gemeinde macht träge und majestätisch ihren Weg, und braucht die richtigen Impulse zur rechten Zeit, um ihre Richtung zu ändern. Als Arbeiterin in einer Gemeinde kann ich vielleicht so ein Tiger sein. Ich bringe aber nicht immer die Geduld auf, dem riesigen Schiff die Zeit für seine kaum wahrnehmbaren Bewegungen zu lassen und zu warten, welche Wirkung ein Impuls auf das Schiff haben mag. Mein Begleiter rät mir im Gespräch am Abend, mich konkret mit meiner Ungeduld auseinanderzusetzen: Schau Dir an, wo der Tiger schon einmal jemanden verletzt hat.

Dafür gibt es Myriaden Beispiele, aber mir kommt in der Nacht eine konkrete Situation aus meiner Familie in den Sinn: Meine Mutter litt am Ende ihres Lebens an Altersdepression. Ich konnte damit nicht gut umgehen, habe alle seelsorgerliche Professionalität verloren und war oft unwirsch und hart zu ihr, auch am letzten Tag ihres Lebens. Mit diesen Erinnerungen saß ich in der Kirche von Altona mit dem Blick auf einen alten Lilienstrauß in einer hohen Bodenvase vor dem Altar. Viele, viele Lilienblätter lagen auf dem Boden und wurden mir zum Symbol für die vielen bösen Worte, die ich meiner Mutter gegenüber verloren habe. Ich weinte bitterlich. Nach einiger Zeit kommt die Kirchdienerin und macht sich in der Kirche zu schaffen. Im Gehen fällt ihr Blick auf den Altarstrauß und sie kommt mit Handfeger und Schaufel und fegt langsam, beinahe zärtlich jedes einzelne Blütenblatt auf. Noch nie habe ich so deutlich eine Absolution zugesprochen bekommen.

Solche Erinnerungen aus Exerzitien sind für mich Seelenbilder, vergleichbar mit biblischen Geschichten. Sie entfalten auch im Rückblick ihre Kraft, immer wenn ich sie mir ins Gedächtnis rufe. Sie haben dabei eine tiefere Wirkung, als allein die richtige Behauptung: Mir ist vergeben. Ich kann sie mir vergegenwärtigen, wenn ich mir im Alltag den Raum dafür nehme. Diese Bilder geben mir die Möglichkeit, mir Gottes Wirken zu vergegenwärtigen.

Gegenwart Gottes

Vielleicht ist der aufmerksamen Leserin oder dem Leser aufgefallen, dass ich beim Schreiben über diese Schlüsselmomente von Exerzitien von der Vergangenheitsform in die Gegenwartsform wechsele. Denn so ist es: Im Erzählen werden diese Erfahrungen gegenwärtig. Ich erlebe das Wirken Gottes wieder.

So verstehe ich auch die Gegenwart Gottes, wenn wir zusammen Abendmahl feiern. Ich habe einmal an einem kurzen Exerzitientag eine türkische Bäckerei aufgesucht. Mitten im Raum stand ein großer Ofen mit einem Feuer darin. Überall waren emsig Bäcker zugange, überall Stapel mit duftendem Fladenbrot. Auf dem Tresen lagen einige Brote in Plastiktüten. Ich fragte den Bäcker, ob das Brot von gestern sei. „Bei uns gibt es kein Brot von gestern!“, war seine Antwort.

Mit dem frischen Brot aus dem glühenden Ofen haben wir am Abend zusammen Abendmahl gefeiert: Das Abendmahl ist nicht eine Geschichte von gestern, die wir uns nur in Erinnerung rufen. Bei uns gibt es kein Brot von gestern. Wenn wir zusammen das Brot teilen, ist Gott jetzt gegenwärtig und wird ein Teil von uns.

Biblische Geschichten begleiten für mich häufig die äußeren Bilder von Exerzitien. Manchmal kommen sie mir einfach in den Sinn, meistens werden sie mir als Impulse von den Begleiter:innen auf den Weg gegeben. Immer entfalten sie ihre ganz eigene Wirkung, die niemand vorab planen könnte. So erging es mir mit der Geschichte von Elia, die mir mein Begleiter bei Exerzitien in Luzern auf den Weg gegeben hat. Er wollte mich auf die Suche schicken nach dem schwebenden Schweigen (wie es Buber übersetzt), in dem Elia Gott begegnet (1 Kön 18–19). Ich erinnerte mich aber, als er davon erzählte, wie die Geschichte von Elia begann: Er tötete in einem religiösen Konkurrenzkampf 450 Baalspriester und zog damit den Zorn der Königin Isebel auf sich. Die Geschichte ist furchtbar, egal ob Gott auf Elias Seite zu sein scheint.

Ich habe auch eine Königin Isebel in meinem Leben, die Macht hat und ausübt und mir damit bitter Unrecht tut, ja, ich sehe mich, wie Elia, im Recht gegenüber dieser Isebel. Aber unser Konflikt löst sich nicht dadurch auf, dass ich im Recht bin – so wie auch Elia den Konflikt nicht loswird, indem er 450 Baalspriester tötet. An dem Tag, an dem mir Elia als Seelenbruder mit auf den Weg gegeben wurde, fragte ich mich, was für uns beide denn wirklich etwas lösen würde: Die Antwort war eindeutig: Ich muss mein Herz für Isebel öffnen: Ihre Götter wertschätzen und ihre Bedürfnisse verstehen. Ja, sie lieben.

Luzern hat einen Hausberg, der im Winter schneebedeckt und prächtig über dem Vierwaldstädter See thront: der Pilatus. Er ist von vielen Perspektiven aus der Stadt zu sehen. Auf dem Weg mit meiner völlig unlösbaren Aufgabe, für Isebel mein Herz zu öffnen, rief mich der Pilatus, und ich meinte zu verstehen: Wenn ich da oben ankomme, dann bin ich da: Dann kann ich Isebel lieben. Wieder war ich voller Widerstände, und die erkannte ich nach jahrelanger Exerzitienerfahrung als einen guten Wegweiser: Das ist die richtige Richtung für mich. Also, machte ich mich auf, den Pilatus zu besteigen, und schimpfte gleichzeitig vor mich hin: „Ich gehe nur so weit, wie ich will, nicht wie Du willst, Christus!"

Ich hatte nur einfache Halbschuhe und keine Wanderstöcke; es war also völlig klar, dass ich auf den winterlich vereisten Wegen niemals auf dem Gipfel des Pilatus ankommen konnte. Aber ich stapfte schnaufend den Weg empor mit meinem Mantra: „Ich will da nicht hin. Ich will da nicht hin." Nach einiger Zeit kam ich so weit über einen Hang, dass die Geräusche der Stadt verstummten. In der Stille eines lichten Waldes kamen die Strahlen der Wintersonne bis zum Boden. Ein Tropfen von geschmolzenem Schnee erreicht meine Stirn. Und dann hörte ich es: Das schwebende Schweigen. Die Sonne schmilzt den Schnee in den Wipfeln der Bäume, und leise rieselt immer wieder der Schnee von einem Zweig. Ganz deutlich hörte ich die Antwort auf mein wütendes Schnaufen: „Du musst nicht zu mir hochkommen. Ich komme zu Dir runter."

Das Kalte und Harte in mir schmilzt, ohne mein Zutun. Sanft und mit viel, viel Zeit löst sich etwas auf. Auf meinem Rückweg bemerkte ich ein Bächlein, in dem das Schmelzwasser den Weg ins Tal fand. Da rieselte singend nicht allein meine geschmolzene Härte hinab, sondern doch auch die von anderen Bäumen, vielleicht auch die meiner Isebel. Wer den Vierwaldstädter See kennt, mag verstehen, wie überwältigend groß die Gnade ist – so viel Wasser sammelt er aus den Bergen und Wäldern rundherum. Wieder ist mir ein starkes Seelenbild geschenkt worden, Ausdruck von Christi zärtlicher Macht. Ein Weihnachtsbild quasi, ein Bild für die Inkarnation: Christus kommt zu mir herunter. Er kommt mir liebevoll entgegen.

Ich erlebe bei Exerzitien eine Wiederbelebung meiner Liebe zu Christus, eine Wiedererinnerung an seine Liebe zu mir. Mein gestärktes Herz nimmt diese Liebe mit in den Alltag.

Beziehung

Zu den Grunderfahrungen von Straßenexerzitien gehört für mich nicht allein die Beziehung zu Jesus Christus, sondern auch die Beziehung zu den Weggefährten und Begleiter:innen.

Angefangen hat es für mich mit meiner ersten Begegnung mit Christian Herwartz – es war wohl im Jahr 2005. Ich nahm an Exerzitien im Alltag in Kreuzberg teil. Was mich sofort anzog, war seine Liebe. Ich kann es nicht anders als mit diesem großen Wort beschreiben, was für mich Kern der Exerzitienerfahrung war und bleibt. Sein einfaches und klares: „Dich hab ich gern.“ Meine Antwort gehörte für mich von Anfang an dazu: Den Christian habe ich wirklich gern. Seitdem sind wir einige Wege im Alltag gemeinsam gegangen, haben Höhepunkte und Tiefpunkte zusammen erlebt. Diese Verbindung war und ist für mich bis heute sehr stark, zu Christian und mit den Jahren zu vielen anderen Begleiter:innen. Hier geht es mir darum, Leben zu teilen, einander zu begleiten auf den Lebenswegen.

Auch in der Gemeinschaft der Begleiter:innen von Straßenexerzitien sind für mich die persönlichen Beziehungen das Zentrum. Ich spreche vollmundig von Liebe, die mich mit anderen verbindet, andere mögen es Freundschaft nennen oder wie auch immer. Bei allem Nachdenken über die Zukunft der Straßenexerzitien, über Strukturen oder Regeln: für mich persönlich ist die treibende Kraft die Verbindung miteinander, die mich froh macht.

„gegenüber wesend“ (Martin Buber)

Auch für mein Begleiten von anderen bei ihren Exerzitien halte ich diese Verbindung für die wichtigste Bedingung: „Am Anfang ist Beziehung“, bringt Martin Buber es pointiert auf einen Satz.[88] Diese Haltung kann das Begleiten anderer ebenso bestimmen, wie die Begegnungen mit Menschen auf der Straße.

Es kommt darauf an, sich auf diese Beziehungen unmittelbar einzulassen und das Gegenüber nicht zu einem Gegenstand von Erwartungen, Vorwissen und Handlungen zu machen. Dadurch wird das Ich zum Du, sagt Buber. Indem das Ich in die Beziehung tritt, tritt es in diesen ‚Zwischen‘-Raum zwischen Ich und Du und wird selbst dadurch verändert. Die Beziehung ist gegenseitig: „Die Gestalt, die mir entgegentritt, (...) wirkt an mir, wie ich an ihr wirke.“ In diesem ‚Zwischen‘-Raum „lösen sich Menschen aus ihrer Verflochtenheit ins Getriebe; Gute und Böse, Kluge und Törichte, Schöne und Hässliche, einer um den anderen wird (...) wirklich und zum Du, das ist, losgemacht, herausgetreten, einzig und gegenüber wesend“. Frei von Erwartungen lebt die Ich-Du-Beziehung allein im Augenblick der Be-

---

[88] Martin Buber, Das dialogische Prinzip. Ich und Du, 1973.

gegnung. Die verlängerten Linien der Beziehungen zwischen Ich und Du verbinden beide mit Gott, dem Ewigen Du. Noch einmal mit den Worten von Martin Buber: „Durch die Berührung jedes Du rührt ein Hauch des Ewigen Lebens an uns." Danach strecke ich mich im Alltag, und das erlebe ich gelegentlich: solche unmittelbaren Begegnungen zwischen Ich und Du, in denen Gott gegenwärtig wird.

Christian prägte die Straßenexerzitien durch sein Charisma des Vertrauens. Er vertraute einfach, dass Gott mitgeht. Er vertraute, dass die Teilnehmenden ihren Weg finden werden. Das Bedürfnis zu regeln und zu kontrollieren war ihm immer fern. Diese Haltung lehrt mich, mich im Begleiten von Exerzitien wie auf den Wegen des Alltags voller froher Erwartung als Empfangende zu üben.

Groß war auch Christians Vertrauen, dass die Begleitenden auf je ihre Weise andere begleiten werden und die Straßenexerzitien weiterentwickeln. Es ist mir ein Rätsel, wie es ihm immer gelang, dieses Vertrauen zu bewahren – bei allem Wissen um menschlichen Machtmissbrauch. Ich bin selbst durchaus begabt im Vertrauen, aber doch in meiner Verantwortung für Menschen immer auch vorsichtig und mit einem gewissen Kontroll- und Abgrenzungsbedürfnis. Aber das in Exerzitien geübte Vertrauen ist ansteckend. Ich komme aus Straßenexerzitien immer mit dem gestärkten Vertrauen in Gott und die Menschen.

Ein drittes Element der Lebenshaltung bringe ich aus den Straßenexerzitien in meinen Alltag: Es geht auch einfach. Einfache Unterkunft, einfaches Essen, einfach die Mosegeschichte, einfach Brot brechen. Es braucht nicht viel, um einen großen Schatz zu teilen. Keine komplizierten Liturgien, keine ausgefeilten Methoden und keine elaborierte Theologie. Diese Erfahrung prägt mein Leben, meine Gastfreundschaft und manchmal sogar meine Arbeit in der Gemeinde. Sie lehrt mich auch, der Zukunft zu vertrauen: Es ist ja alles da. Wir werden den Schatz immer im Acker finden können. Als Begleiter:innengemeinschaft. In der Gemeinde. In der Kirche.

Den Singular möchte ich hier gerne stehen lassen. Denn auch das habe ich durch die Straßenexerzitien gelernt: Ich habe mit vielen Geschwistern auf dem Weg das Brot geteilt. Wir gehören zu der einen Kirche. So einfach ist das.

8.11 Nicht machen – es geschehen lassen
(Markus Roentgen)

Wie die Straßenexerzitien in mir nachwirkend wirken …

Als ich vor zwölf Jahren erstmals Straßenexerzitien erlebte, begleitet von einer Gruppe um Christian Herwartz SJ in Siegburg, da ahnte ich nicht, wie tief wandelnd dies mein spirituelles Wahrnehmen, meine Lebenssicht und auch mein Arbeiten verändern würde. „Auch noch ein neuer Ansatz von Alltagsspiritualität“, dachte ich zunächst.

Doch das SEHNEN nach dieser Form im Selbererfahren auf den Straßen der Städte des Lebens wurde größere und größer.

Auch im Begleiten dieser Form seit etwa zehn Jahren verstärkt sich die Freude, das Erstaunen über die erzählten und geteilten und mit Resonanz gestärkten Erfahrungen der Gottessuche auf der Straße. Verliebt ins Finden – das ist eine reiche Frucht. Wie viele konkrete Geschichten hallen in mir nach, die so INNE-CARNIERT die Menschwerdung und Weltwerdung und Geschichtewerdung Gottes bis ins Kosmische spiegeln.

Zugleich ist die eigene Aufmerksamkeit, unabhängig von expliziten Straßenexerzitien im Tun oder Begleiten, viel wacher geworden.

Ich gehe keinen Tag mehr durch mein Leben, ohne nicht wenigstens einen Moment zu finden, der mir die Spur Gottes im Tag im Ahnen zumindest eröffnet oder weist.

Form gebe ich dem, indem ich ein Foto pro Tag mache und dazu je ein HAIKU schreibe; diese altasiatische Gedichtform aus 5 – 7 – 5 Silben.

Dieser Tage etwa im Bonner Amtsgericht im Wartebereich plötzlich der Blick auf die Kreuzungen in den Treppenhäusern und das Lichtfenster (wie ein Kirchenfenster) gegenüber – und ich schrieb:

> einmal im Leben/
> sich eins zu wissen mit Gott/
> und Welt und Werden

Ich versende diesen Tagesstraßeneindruck an Freundinnen und Freunde – mitunter geben sie Resonanz. Eine Alltagsfrucht.

Gerade in dürftigen Tagen ist mir diese Übung kostbar geworden.

Aus den Straßenexerzitien erwuchs auch viel mehr Mut zu den alltäglichen Dingen des Lebens. Ein Beispiel:

Seit etwa zehn Jahren erlebe ich eine sehr kleine obdachlose Frau am Bonner Bahnhof. Oft sehen wir einander Wochen nicht, dann auch mitunter zweimal pro Woche, zumeist am Morgen, bevor ich mit dem Zug zur Arbeit nach Köln fahre. Über Jahre gab es kleine Kontakte, ein bisschen Unterstützung mit Geld, ein paar Worte.

Ich merkte nach einiger Zeit: Ich mag sie in ihrer feinen und diskreten Art, die Bahnsteige auf und ab zu ziehen und Menschen um Unterstützung anzufragen.

Es dauerte einige Jahre – durch eine Straßenexerzitienübung fand ich Mut, sie bei unserer nächsten Begegnung anders anzusprechen. Ich sagte zu ihr nur neu: „Ich heiße Markus." Sie schaute mich etwas länger als sonst an – und sagte: „Ich heiße Sonja."

Seitdem hat sich unser Begegnen erweitert, vertieft, zart verändert. Auch jetzt entscheidet der Tag, ob wir einander finden. Begegnen wir einander, entsteht scheuinnige Beziehung. Selten länger als zwei Minuten – aber wir erzählen etwas aus unserem Leben, sprechen einander mit DU an, geben einander die Hände, schauen, meist lächelnd, einander an, wünschen im Abschied ein Wiedersehen.

Etwas Unterstützung findet auch statt – aber das geht wie nebenher.

An dieser kleinen Veränderung, die bis heute Kraft hat, zeigt sich mir das Wirken und Nachwirken des Kerns der Straßenexerzitien als einer Übung in Aufmerksamkeit für das wirkliche DA Gottes im scheinbar Banalen des Tages, das VERBORGENE DER AUSGESETZTEN GEGENWART DES IMMERGEGENWÄRTIGEN D U – SO DA WIE DU DA!

Als Christian mir bei meinen ersten Straßenexerzitien in Berlin die Einladung gab, nach meinem GOTTESNAMEN zu suchen, fand ich den, der mir auch mit Sonja wahr wurde:

GOTT – DU MEINE ZÄRTLICHE FREIHEIT, GOTT – DU MEIN ZÄRTLICHES FREIEN!

8.12 „Schau doch mal nach links“
(Michael Herwartz)

Marita

Meine Frau Marita hat mehrfach Exerzitien auf der Straße gemacht und ich auch. Wir waren voll davon und sind immer kurz danach nochmals an den Ort gefahren und haben uns die Stellen gezeigt, die wesentlich geworden sind.

Marita meinte, sie wolle mit mir zusammen Exerzitien machen. Mir war gar nicht klar, wie das gehen könnte. Bei Straßenexerzitien geht man ja tastend seinen Weg, den man vorher nicht kennt. Wie will man das zu zweit tun? Ich war sehr skeptisch, habe aber zugestimmt.

Schon vor Beginn war ich genervt. Es war Sommer, warm. Das Elend breitete sich in Berlin dann sichtbar aus. Bettler, Drogenabhängige, Alkoholiker. Am ersten Tag sind wir dann los und es ging tatsächlich nicht. Jedenfalls nicht so. Wir sind schon nach 200 m in ein Café gegangen. Wir haben da etwas ratlos gesessen. Marita musste auf Toilette und ich betete. Ich habe gebetet: „Ich habe zuhause so viel zu tun und jetzt sitze ich hier und weiß nicht recht weiter. Bist du sicher, dass du mich hier haben willst?“ Da stand ein Mann auf, ging durch das Café, kam auf mich zu, nahm mich in den Arm und sagte: „Wie gut, dass du da bist.“ Ich war völlig verdattert. Marita war gerade von der Toilette zurück und hat das gesehen. Und dann kam noch ein Mann von dort und sagte: „Heinzi! Du sollst das doch nicht immer machen!“

In den Tagen danach habe ich sehr verstanden, dass nicht nur die Bettler und Süchtigen bedürftig sind, also die anderen, sondern ich selbst. Bis ich selbst im U-Bahnhof bettelnd Flöte gespielt habe, möglichst nur dann, wenn keiner da war, weil: Ich habe mich geschämt mit meinem Schild „Bedürftig“ und mein Flötenspiel war auch nicht gut. Ich war weit draußen, wo mich keiner sehen sollte. Meine Frau war plötzlich da, ohne mich gesucht zu haben. Und das passierte mehrmals. Sie war auf ihrem Weg unterwegs, ich auf meinem. Beide Wege kreuzten sich immer wieder.

Am letzten Tag saß ich auf einer Bank. Ich kam ins Beten. „Gott, du hast mich diese Tage so sehr begleitet. Es wäre schön, wenn das auch im Alltag passiert.“ Und es kam eine etwas müde Antwort: „Schau doch mal nach links.“ Da saß Marita. Oh ja.

Einige Jahre später platzte bei ihr eine Ader am Gehirn (Aneurisma). Sie wurde mehrfach operiert. Die Blutung war recht schnell gestopft, aber das freie Blut wabert durchs Gehirn, reizt und richtet Schaden an. Marita lag im Koma, hatte einige Tage immer neue Schlaganfälle. Bei den ersten wurde noch sehr viel getan, später weniger. Und dann nahm der Arzt meine Tochter und mich zur Seite und erklärte uns, dass Marita nun entweder tot ist oder aber gerade stirbt. Der neue Schlag betraf die Hauptschlagader, das heißt, der Großteil des Hirns sterbe gerade ab. Meine Tochter fragte noch, ob der Schlag denn aufhören könne, aber der Arzt meinte, ein Schlag, der angefangen habe, höre nicht mehr auf.

Wir saßen dann an ihrem Bett. Das erste, was ich spürte, war, dass sie mich unendlich liebte. Das zweite war, dass ich nicht fiel. Da war etwas, was mich hielt. Und dann war da die Frage „Glaubst du?“ Oh ja. Und da war die Zusicherung: „Ich bin da.“

Im Nachhinein denke ich, die Exerzitien waren die Vorbereitung für diese Situation. Sich auf Gott einlassen, hören, sich lenken lassen, war, ist bei den Exerzitien so wichtig. Und wurde es noch mehr, als sie dalag.

Marita lebt. Nicht nur in meinen Gedanken, sondern echt. Der Schlag muss wohl doch aufgehört haben. Die Ärzte sagen, wenn sie die CTs von ihrem Hirn sehen, schließen sie auf eine schwerstbehinderte Frau. Aber das ist sie nicht. Sie hat Sehstörungen, ist oft müde. Aber ansonsten ist sie ähnlich wie früher. Ich schaue gern nach links. Und auch das ist dann ein Gebet.

Peter

Vor 40 Jahren hatte ich mein Studium (Sozialarbeit) beendet und ein Jahr im Anerkennungsjahr bei der Bewährungshilfe gearbeitet. Als das Jahr rum war, bekam ich einen Anruf von einem Pfarrer, den ich nicht kannte. Sie hätten da einen schwierigen Jugendlichen, der einen Bewährungshelfer brauche. Er brauche mehr, als ein Bewährungshelfer normalerweise gibt. Er habe von mir gehört. Ob ich das ehrenamtlich machen wolle. Oha. Das war ein großes Lob, für mich sehr erstaunlich (Schulterklopf). Ich habe ja gesagt.

Wir haben uns mehrfach getroffen. Es ging ganz gut. Dann riefen mich seine Pflegeeltern an, etwa um 23 Uhr. Peter sei weg. Sie machten sich Sorgen. Er habe angerufen von einer Telefonzelle und gesagt, er sei bei einer Party im Wald. Im Hintergrund hätten sie wohl eine Autobahn gehört. Ob ich ihn wohl finden könne?

Ich habe ihn gesucht und tatsächlich gefunden (Schulterklopf). Peter war sehr erstaunt. Er wollte nicht mit mir reden. Das wäre auch schwer gewesen. Die Musik war sehr laut. Ich habe dann nur gesagt, gut, dass ich ihn gefunden habe und seine Eltern wissen, dass sie sich keine Sorgen machen müssen. Und wollte gehen. Dann wollte er doch reden. Aber es war wirklich laut dort und ich war sehr müde und habe ihn für die kommende Woche eingeladen. Ich war ganz zufrieden mit mir. Ich fuhr. Peter ging in den Wald und erhängte sich.

Ich war mit bei der Beerdigung. Seine Freundin fragte mich, ob ich ihn jetzt einfach vergessen werde oder ob ich sein Grab besuchen werde. Klar, habe ich gesagt.

Viel später bei einem Seminar habe ich verstanden, was ich falsch gemacht habe: Ich habe gesagt „Ich bin da" und gleichzeitig „Ich bin nicht da."

Und nochmals viele Jahre später habe ich zum ersten Mal an Exerzitien teilgenommen. 10 Tage in Köln. Am achten Morgen sprach mich eine andere Teilnehmerin an. Sie wollte mit mir reden. Aber erst am Abend.

An dem Tag fiel mir Peter wieder ein. Ich war nie wieder an dem Grab gewesen. Ich wusste nicht einmal mehr, ob das auf dem Friedhof von Köln-Pesch oder Köln-Esch war. Ich besorgte mir ein Grablicht und fuhr nach Pesch. Das Grab fand ich nicht. Ich ging alle Wege ab. Es gab einige Grabstellen ohne Namen. Das Grab konnte längst aufgelassen sein und ob er einen Grabstein bekommen hatte, war auch unklar. Ich beschloss, die Kerze auf eines der unbezeichneten Gräber zu stellen. Aber vorher ging ich noch in die Friedhofskapelle. Ich wollte beten für ihn.

Und da war er. Nicht sichtbar, aber unglaublich präsent. Ich fühlte seinen Blick. Sehr, sehr ernst. Gehört habe ich nichts, aber eine klare Aussage gespürt: „Du meinst, du kannst nach all den Jahren einfach mal vorbeikommen? Und irgendwo deine Kerze hinstellen und ich soll dann dankbar sein? Weil du so toll bist? Das ist mit einer Kerze nicht erledigt!“ Ich weiß nicht, ob ich mich dem entziehen wollte. Ich hätte es nicht gekonnt. Gehen ging nicht. Antworten auch nicht. Ich konnte nur schweigen und da sein. Sehr lange. Irgendwann konnte ich gehen, leise, langsam. Mit seinem ernsten Blick auf mich.

Am Abend war das Gespräch mit der Teilnehmerin. Es war ein schwieriges Thema und es wurde immer schwieriger, immer dichter, immer existenzieller. Ja, auch anstrengend, am Rande dessen, was ich kann. Und Peter war da. Er stand unsichtbar neben mir. Ich spürte seinen Blick und die Aussage: „Das ist ernst.“ „Pass auf, was du tust.“ „Hier geht es um sie und nicht um dich.“ Als das Gespräch beendet war, nickte er kurz und war nicht mehr da.

Seitdem ist Peter oft bei mir, wenn es schwierig wird, und besonders, wenn ich denke, wie toll ich gerade ein schwieriges Gespräch führe. Er holt mich heftig zurück. Es geht um den anderen, dabei kann ich durchaus das anwenden, was ich an Gesprächsführung gelernt habe, aber eben nur, soweit das hilfreich ist. Nicht, weil es Eindruck macht.

Ich kann Peter nicht mehr lebendig machen. Es tut mir sehr leid, was ich getan habe. Ich bin sehr, sehr dankbar, dass er mich begleitet, trotz allem oder vielleicht gerade deswegen. Er schützt andere vor mir, davor, dass ich den gleichen Fehler nochmal mache. Hoffentlich.

Klinik

Während meines Studiums (Sozialarbeit) war ich 10 Wochen in einem Praktikum in der Psychiatrie. Der Umgang mit den Patienten war brutal. Ich erinnere mich an einen Mann, der bemüht höflich fragte: „Schwester, warum muss ich um 18 Uhr ins Bett? Ich bin ein erwachsener Mann. Ich will auch mal die Tagesschau sehen und vielleicht sogar den Film danach. Das machen normale Leute draußen doch auch. Warum muss ich um 18 Uhr ins Bett?“ Ich dachte, sie sagt jetzt etwas von Schichtzeiten oder so. Sie sagte aber ganz freundlich: „Möchten Sie noch ein paar Elektroschocks?" Der Mann war sofort still. Ich erinnere mich an die Patientin, die dem Team klagte, dass ein Mitpatient sie regelmäßig vergewaltigte. Sie wolle das nicht. Das Team sollte da etwas machen. Es hat aber niemand interessiert. Und vieles mehr. Es war brutal und ich konnte nichts ändern.

Im Studium habe ich mich sehr für Gesprächsführung interessiert. Klientenzentrierte Gesprächsführung war damals in. Das habe ich gelernt. Ich glaube, ich wollte lernen, wie man es besser macht.

25 Jahre später war ich in Basel. 10 Tage Exerzitien auf der Straße. Man geht einfach raus und schaut, versucht zu hören, was Gott sagen will. Als Hilfe bekamen wir nach zwei Tagen eine Liste mit Orten, die interessant sein könnten. Darauf stand auch die Psychiatrie. Sofort Abwehr.

Oft ist es sinnvoll, genau diese unangenehmen Orte aufzusuchen. Ich bin also hingegangen. Langsam. Ich wollte nicht. Die Häuser stehen in einer Art Park. Ich bin eine größere Strecke zwischen diesen Häusern gegangen. Nichts. Es war da eine Art Gemeindezentrum, gleichzeitig ein Vortragssaal. Kühl, unpersönlich. Ich habe versucht zu beten. Nichts. Ich ging in die Cafeteria. Vielleicht würde sich ja ein Patient zu mir setzen. Das tat auch einer. Der hat mir viel erzählt und ist dann offensichtlich zufrieden gegangen. Ich habe zugehört, aber so gut wie nichts verstanden. Schwyzerdütsch ist schon ein bisschen schwierig. Dann bin ich wieder gegangen, nochmal zu dem Gemeindezentrum. Ich habe gebetet: „Ich hatte gedacht, dies sei ein Ort, an dem ich DIR begegne. Aber ich spüre nichts." Und dann war da plötzlich der Auftrag: „Das Gleiche nochmal ohne Schuhe!" Es war November, kalt, es hatte geregnet, der Split auf den Wegen tat den Füßen weh. Mir kam eine Gruppe Pfleger:innen oder auch Ärzt:innen entgegen. Der Blick war eindeutig: Zu welcher Station mag der gehören? Je weiter ich ging und je mehr solche Begegnungen da waren, desto klarer verstand ich den Auftrag an mich: Du gehörst nicht zum Personal. Deine Aufgabe ist, bei den Patienten zu sein. Ja.

Ich habe immer wieder mal mit Psychiatrie zu tun, besuche Leute dort. Meine Aufgabe ist, bei diesen Menschen zu sein (und nicht verlängerter Arm der Klinik). Das Gleiche gilt für die Straftäter, die ich begleite als Bewährungshelfer. Meine Aufgabe ist, bei ihnen zu sein, nicht über ihnen.

Amen.

8.13 Da wachsen Mut, Flexibilität, innere Freiheit ... (Regina Altendorfer)

Seit ich die Straßenexerzitien 2014 in der Naunynstraße bei Christian kurz kennenlernen durfte und 2015 in Berlin die ersten 10-tägigen Exerzitien erlebt hatte, prägen mich diese Erfahrungen. Das gilt nicht nur für Exerzitien, die ich als Teilnehmerin erlebe, sondern auch für die, in denen ich als Begleiterin dabei war.

Der direkte Übergang der Exerzitien in den Alltag ist während der meist langen Zugreise für mich oft noch leicht. Da bin ich noch „ganz drin" und die Heimfahrt ist wirklich ein Teil der Exerzitien.

Allerdings wird es beim Eintreffen in häuslichen Bezügen oft schwierig und braucht die Disziplin des Sich-Zurücknehmens, Zuhörens. Das gelingt mir oft nicht mehr so gut.

Doch insgesamt wirken die Exerzitien jedes Mal wieder neu und bekräftigend.

Zuvor war ich über viele Jahre bereits mit der Praxis der Kontemplation („Sitzen") unterwegs und bin es weiterhin täglich.

Die Straßenexerzitien brachten für mich die Haltung und Praxis der Kontemplation auf die „Straße", in die alltägliche Bewegung, in die ganz konkrete komplexe Wirklichkeit.

Die eingeübte Offenheit und der Respekt, das Vertrauen, dass ich äußerlich wie innerlich dahin geführt werde, wo es gerade notwendig und heilsam ist, wirken in meinen Alltag hinein.

Die Tatsache, dass die Straßenexerzitien offen und möglich für Menschen sind, die in anderen klassischen Exerzitienangeboten aufgrund ihrer finanziellen, psychischen oder ihrer Wohnsituation de facto ausgeschlossen sind, ist für mich ein wichtiges Bindeglied zu meinem Berufsleben bzw. zu denen, die mir im Leben wichtig sind. In den Exerzitien sind wir alle „auf Augenhöhe", bzw. wir versuchen es nach besten Kräften. Ein befreiendes und im besten Sinne ermächtigendes Menschenbild. Als Seelsorgerin in einer Kinderklinik bin ich immer wieder in Kontakt mit durch Armut, Diskriminierung, psychischer Erkrankung etc. traumatisierten Familien, ebenso in Wohngruppen mit Kindern und Jugendlichen mit Handicap, im ambulanten Wohnen bei meist jungen Erwachsenen.

Außerdem bin ich dort immer Gast und „auf der Straße". Es ist eine aufsuchende Seelsorge. Da hilft mir die in den Straßenexerzitien eingeübte Haltung des Respekts, der Offenheit. Wenn ich scheitere, ein neuer Versuch. „Fail. Fail again. Fail better!"

Eine Clownsausbildung wirkt da auch mit hinein. Denn die Clownin, der Clown ist mit genau derselben Haltung des respektvollen Interesses und des Ja! zum Leben unterwegs.

Im Religionsunterricht ist das alles für mich schwerer wegen der Lehrerinnenrolle, doch auch da wachsen Mut, Flexibilität, innere Freiheit.

Auch wenn ich beim Einkaufen unterwegs bin oder einen Spaziergang, eine Wanderung mache, merke ich den Einfluss der Straßenexerzitien. Sie ermutigen mich zur Re-fokussierung: Ich bin dann immer wieder bewusst mit „guten Augen" und behutsamen Füßen unterwegs.

Welch tiefgreifenden Einfluss die Straßenexerzitien haben, merkte ich einmal in einem Traum. Da war ich allein in einer mir unbekannten Stadt unterwegs und bemerkte, dass mein Rucksack, ein Symbol für alles, was mir wichtig ist, was ich habe und brauche, plötzlich weg war. Ich bekam Panik. Dann erinnerte ich mich im Traum an die Straßenexerzitien, wo ich ohne alles unterwegs bin, und fand wieder zu Ruhe und Vertrauen.

Die Erfahrungen mit den Straßenexerzitien und auch deren theologisch-pastoral-spirituelle Grundlage, wie sie in der Literatur darüber erarbeitet wurde, sind für mich eine praktische Bestätigung der pluralistischen Hypothese der Theologie der Religionen. Für das Heil bedeutsame Wahrheit ist in vielen Religionen zu finden. Die fraktale Deutung religiöser Vielfalt unterstützt diese Hypothese. Heil und Wahrheit ist an vielen Orten, in vielen Situationen, Menschen, Lebewesen, der ganzen Schöpfungswirklichkeit zu finden, nicht nur in meiner kleinen Welt. Das ist für mich eine befreiende und wegweisende Erfahrung und Einsicht.

Die Bejahung und Wertschätzung des Leibes, der Leiblichkeit spielt in den Straßenexerzitien z. B. bei der gegenseitigen Fußwaschung eine bedeutende und oft in den 10 Tagen zentrale Rolle. Auch da haben mir die Straßenexerzitien einen wichtigen Impuls gegeben bzw. eine Lebenslinie bestärkt – sowohl für mich persönlich wie auch theologisch-spirituell. Die Sakramentalität des Leibes bzw. der gesamten Wirklichkeit ist unter anderem auch dafür entscheidend, ob und wie wir miteinander angesichts gravierender existenzbedrohender Herausforderungen auf dieser Erde weiterleben können.

Die Erfahrungen der Straßenexerzitien ermutigen mich auch diesbezüglich, weil die Komplexität der Wirklichkeit bei freundlichem Hinsehen auch so viel Lebenspendendes offenbart.

8.14 JETZT, JETZT
(Markus Roentgen)

der Himmel so dicht
auf der Erde
liegend
die Gegenstände
die Menschen
eingedunkelt
erhellt
wieder siehe
und
hör', fühle hin
zur gastlich
sich öffnenden Tür
hefte die
Aufmerksamkeit
auf die Straße hin
in
spiritueller
Lernfreude
kein Denken an DANN

JETZT, JETZT
lebe nirgends
mehr
gehetzt
nimm wahr
urteile nicht
in vertiefter Stille
lustvoll
der Stimme Gottes
in allem alles allen
offen

8.15 Im Modus des Seins
(Nadine Sylla)

Die Haltung, die ich in den Straßenexerzitien erfahren habe und dort einübe, bringt mich in einen anderen Modus des Seins. Die Zielstrebigkeit, Fokussiertheit und Effizienz des Alltags versuche ich beiseite zu legen, genauso wie die kontinuierliche Bewertung von mir selbst und meiner Umwelt. Ich übe mich in einer Haltung des Wahrnehmens mit allen Sinnen. Ich versuche, im Moment zu sein und meine Umgebung bewusst wahrzunehmen. Langsamer zu werden, neugierig zu sein, mich überraschen lassen und nicht vorher wissen zu müssen, was passiert. Dadurch treten der Kopf und die Kognition einen Schritt zurück und ich kann ganzheitlicher da sein.

Seit ich Mama geworden bin, lebe ich mit einem Meister des Seins zusammen. Besonders fällt es mir auf, wenn wir zusammen draußen unterwegs sind. Wege sind für ihn nicht dafür gemacht, irgendwo anzukommen, sondern stehenzubleiben und Neues zu entdecken. Genau hinzuschauen, zu beobachten, zu staunen. Er bringt mich dazu, meine Umgebung anders wahrzunehmen, die Vögel, die Katzen, die Pfützen, die Steine. Besondere Aufmerksamkeit bekommen die Müllabfuhr und die Fahrzeuge auf den Baustellen. Die Menschen, die auf der Straße arbeiten, nehmen diese Aufmerksamkeit oft wahr und freuen sich darüber, dass sie zumindest für die kleinen Menschen große Held:innen darstellen. Selbst wenn ich alleine unterwegs bin, will ich ganz oft sagen: Schau mal da, ein Bagger!

Auch unseren Alltag verändert diese Art, in der Welt zu sein. Für ihn ist es keine notwendige Erledigung, sich fertig zu machen für den Tag, sondern es ist eine Zeit, um etwas Neues zu lernen und zu entdecken oder eine Zeit, noch ein bisschen miteinander zu kuscheln, zusammen zu lachen und sich aneinander zu freuen. Je mehr ich in einen Erledigungsmodus falle, desto mehr wehrt er sich dagegen. Und je mehr es mir gelingt, mich auf diesen anderen Modus einzulassen, bei dem wir unsere Zeit genießen, desto leichter wird es.

Egal, was mich gerade beschäftigt und was sonst gerade ansteht, unverplante Zeit miteinander lässt all dies weniger wichtig und dringlich erscheinen. Es bringt mich nicht nur mehr in einen Modus des Seins, sondern auch des Loslassens, Annehmens und der Dankbarkeit. Es ist zudem eine Art des Seins, die stark auf Verbundenheit und Beziehung basiert und dies in den Vordergrund rückt. Wenn es mir gelingt, mich darauf einzulassen, entdecke ich auch in mir eine Art kindliche Freude. Und ich bekomme manchmal eine leise Ahnung davon, dass Gott sich uns Menschen so gedacht hat, dass diese Offenheit und dieses Im-Momentsein ein wesentlicher Teil unseres menschlichen Lebens sein könnte, mit der wir aus einer anderen Lebenskraft und Lebensfreude leben könnten.

8.16 Polyvalent
(Elisabeth Buddeus-Steiff)

Die ersten Straßenexerzitien im Jahr 2014 gehören zu den Erlebnissen in meinem Leben, die mich am meisten geprägt haben, also zu den Top 5, salopp gesagt.

Ich war in einer Lebensphase, in der ich eine neue Ausrichtung ersehnt und gebraucht habe. Und das wurde mir geschenkt. Welch eine Freude!

Für diese 10 Tage habe ich mir extra meine ersten Barfußschuhe gekauft, immerhin zwar noch Schuhe, aber sehr erdverbunden. Das hat mir geholfen.

Das größte Geschenk war, dass ich mich so wirklich darauf einlassen konnte, mich ganz frei gefühlt habe und mein Herz sprechen und agieren konnte. Mein Verstand hat eine untergeordnete Rolle gespielt. Somit wurde mein Vertrauen in die Welt, in mich und in Gott nochmal ganz neu aufgestellt. Das hat mich nachhaltig geprägt und wird mein ganzes Leben lang wirken.

Vertrauen fiel mir schon immer leicht, aber durch die Straßenexerzitien habe ich Vertrauen in diesen 10 Tagen intensiv gelebt und ausgeübt. Dabei haben mir die Menschen auf der Straße das Vertrauen geschenkt. Die Beziehungen, die ich da gelebt habe, waren von ganz tiefem Vertrauen geprägt. Vertrauen hat dadurch einen noch nachhaltigeren Wert in meinem Leben bekommen, als es ohnehin schon hatte.

Welch ein Geschenk! Es wirkt immer wieder und ganz oft.

Allerdings merke ich auch durch die Erfahrung bei den Straßenexerzitien, dass ich manchmal in verschiedenen Welten lebe. In der Welt des Vertrauens und irgendwo anders, wo das nicht so gelebt werden kann und gelebt wird. Ich frage mich, woher diese Spaltung kommt. Kann sie überwunden werden? Muss das sein? Und schon bin ich wieder im Kopf.

Mein neues Wort dafür ist polyvalent. Poly von vielseitig und valent von valere – wohlergehen.

Ich lerne, mich einzurichten, dass es mir in verschiedenen Zuständen meines Lebens wohlergehen darf, dass ich überall die Spuren Gottes finden kann, nicht nur wenn bestimmte Voraussetzungen gegeben sind. Das ist ein Übungsprozess im Alltag.

Meine Ermutigung durch die Straßenexerzitien lautet: in jeder Situation neu beginnen können und die Zuversicht, ja Gewissheit: Du kommst ins Vertrauen.

8.17 Nach den Straßenexerzitien ist vor den Straßenexerzitien (Iris N. Weiss)

Was die Straße uns zeigen kann.

In unserer Wohnung, durch unsere Wohnung und unsere Gemeinschaft sind 1996 durch einen jungen Jesuiten, der auf der Suche nach dem nächsten Schritt auf seinem Weg war, die Straßenexerzitien ins Leben gekommen. Christian Herwartz war es wichtig, dass unsere Wohnung Straße ist – für uns und für die neu Dazukommenden, zu Besuch Kommenden oder für kurze Zeit Mitlebenden. Die Grenzen sind fließend. Das gehört zur Offenheit und Unverfügbarkeit (auf) der Straße.

Wenn es läutet, dann öffnen wir die Tür ohne die Gegensprechanlage – am Tag und zur Nachtzeit – selbst und gerade nachts um vier Uhr, wenn eine schwarze hoch schwangere Frau mit ihrer kleinen Tochter vor der Tür steht. Der Raum unserer Gastfreundschaft ist so weit offen wie möglich und wie wir können. Wir fragen nicht, woher jemand kommt. Wer mag, kann es früher oder später erzählen. Grenzen liegen in der Gewalt oder wenn jemand andere gefährdet.

In der Begegnung erschließt sich immer wieder der Reichtum des Anderen, durch den wir beschenkt werden.

Wir leben materiell einfach. Immer wieder bringen Bewohner:innen mit, was sie auf der Straße finden oder von der Tafel bekommen. Unser offenes Samstagsfrühstück ist ein besonderer Reichtumsort an Begegnung, Kulturen, Unterschiedlichkeit von Alter, Nationalität, Religion, sozialer Schicht ...

Während der Coronazeit, als unsere Tür immer offen stand, war ein solcher Austausch besonders wichtig – das gegenseitige Zuhören und Aushalten unterschiedlicher Positionen, denn sowohl unter uns als auch unter unseren Gästen gab es unterschiedliche Meinungen zum Impfen, zu Masken und anderen Fragen.

Jeden Dienstag bei unserem Kommunitätsabend üben wir dieses Zuhören ein und begleiten uns in unseren unterschiedlichen Lebenssituationen und suchen Wege, wie es weitergeht – für uns als einzelne und als Gemeinschaft.[89]

---

89 WG Herwartz, Naunynstraße 60, 10997 Berlin, vgl. auch den Blog: https://naunynblog.wordpress.com.

8.18 Der Rollenwechsel in Emmaus
(Tobias)

In der Pädagogik gibt es ein Rollenmodell, bei dem in Täter, Opfer und Helfer unterteilt wird. Die Idee ist, dass alle Menschen immer wieder in diese Rollen schlüpfen und keine der Rollen ist per se moralisch besser oder schlechter. Es geht eher darum, dass wir uns dieser Rollen bedienen, um Situationen zu bewältigen.

Freude, wie der Buchtitel sagt, bedeutet auch Leichtigkeit und Neugier und die Fähigkeit zum Rollenwechsel, das macht uns lebendig.

Das bedeutet Mensch sein.

Die Herausforderungen der Jüngerinnen von Emmaus zeigt diesen Rollenwechsel und die Notwendigkeit.

Ein Motiv von Christian, das mir immer wieder aufgefallen ist, war, sich stören zu lassen. Die Emmaus-Jünger werden von Jesus gestört, den sie nicht erkennen, und auch wenn sie versuchen weiterzukommen, lassen sie sich letztendlich stören.

Wo zwei oder drei sich in meinem Namen stören lassen … könnte man sagen.

Wie oft denke ich, jetzt hab' ich es, jetzt weiß ich es, aber dann ist es schon wieder weg. Die Enttäuschung darüber ist wie die Enttäuschung der Jüngerinnen von Emmaus, dass Jesus Israel nicht von der Fremdherrschaft befreit hat.

Jetzt wende ich den Blick zu einem typischen Prozess bei den Exerzitien: Es entsteht Begegnung mit meinem Leben und meinen Worten, indem mir zugehört wird und ich zuhöre, indem ich mit dem Herzen sehe und gesehen werde.

Und dann denke ich: Jetzt mach' ich es anders, jetzt fang' ich mit was neuem „Guten" an oder beende etwas „schlechtes" Altes.

Und dann merke ich, wie die Jünger von Emmaus nach der Begegnung mit Jesus, dass er nicht mehr da ist und dass sich nichts geändert hat.

Und doch hat sich etwas geändert, weil Jesus durch Leben und Tod ins Leben gegangen ist. Er, der ICH BIN DER ICH BIN DA, ist da durchgegangen und wir sind eingeladen, das auch zu tun.

Immer wieder Atemzug für Atemzug zu leben, die FREUDE zu spüren und den Schmerz, die Gemeinschaft und unsere Einsamkeit.

Vertrauen wir darauf,
dass wir miteinander unterwegs sind, uns begegnen,
stören und gestört werden,
dass wir eingeladen werden und dann einladen ...
Amen.

8.19 Vom Blick auf das Leben, immer wieder neu (Susanne Hinze)[90]

Exerzitien sind für mich die Wurzel meiner eigenen Lebens- und Heilungsprozesse, kontemplative Exerzitien und Straßenexerzitien, beide jeweils auf ihre besondere Weise, wobei die kontemplativen meine tiefere Wurzel, die Straßenexerzitien aber der deutlichere Praxistest des Erfahrenen sind.

Mein Zugang zu Gott wurde in früher Kindheit von einem vielleicht mystisch zu bezeichnendem Erlebnis geprägt: Mit 6 Jahren stand mir plötzlich mitten in meinem Spielen ein unendlich intensives Licht gegenüber, das nichts weiter war als sichtbar gewordene, fast stofflich sich anfühlende Liebe, die sich mir ausdrücken und mir entgegenkommen wollte, aber dabei einfach nur WAR und strahlte. Intuitiv spürte ich dort das Gegenüber Gottes, zutiefst da, zutiefst Du-bezogen. IHM gegenüber konnte ich nichts anderes tun, als da sein und es aufnehmen, mit IHM sein. Ich weiß noch *genau*, wie ich damals mit vollem kindlichen Ernst und Einfachheit dachte: „Ach so, JETZT verstehe ich das erst: *Niemand* kann leben, der DEIN Angesicht sieht," – das hatte ich wohl irgendwo in der Kirche schon gehört – „weil man sich von DEINEM Blick einfach nicht entfernen möchte: Man möchte ihn nur ansehen und damit sein. Man kann sich ja gar nicht bewegen – erst wenn DU weg bist."

Aber im Laufe meiner Erziehung, die eine ganz andere Seite Gottes bezeugte, habe ich diese Gewissheit von Gottes Liebe komplett

---

[90] Mit herzlichem Dank an Marita Lersner, ohne deren Hören wir das nie so hätten in Worte fassen können.

verloren, und ich weiß nicht: Habe ich sie gelöscht? *Wurde* sie gelöscht?

Religion empfand ich mit zunehmendem Älterwerden immer mehr als Teil des totalitären Systems meiner Familie. Ich empfand: Der Name Gottes wurde als das letzte und allereffektivste Mittel benutzt, um den Willen der Kinder zu brechen, wenn physische Gewalt dazu nicht ausreichte. Und der Bezug zu *diesem* Gott lag für mein Empfinden ständig in der Luft unseres Familienalltags.

Dazu kam, dass ich als mehrfach chronisch krankes Kind fast keine Bezugspersonen außerhalb der Familie haben durfte. Meine Mutter hatte ihre eigene Schmerzgeschichte mit der Gewalt gegenüber als „anders" diagnostizierten Menschen und deren Angst im 3. Reich und hatte wohl Sorge, dass mir Ähnliches zuteilwürde: Mein Opa war ein politischer Mensch und wurde eines Nachts von der Gestapo verschleppt, als meine Mutter 5 Jahre alt war. Er wurde als geistesgestört abgestempelt und war damit nach Nazi-Ideologie Freiwild für medizinische Experimente. Seine Frau floh mit ihren drei Töchtern durch verschiedene Stationen des Deutschen Reichs. Zwar konnte mein Opa nach einigen Monaten aus der sogenannten „Landesheilanstalt" Hadamar aus der Folter ausbrechen und fand auch irgendwann seine Familie wieder, kam von dort wohl aber völlig wesensentstellt und gewaltgeprägt zurück. Die damit zusammenhängende Familiengeschichte und überhaupt die Existenz meines Großvaters waren über Jahrzehnte ein absolut unberührbares Tabu, von dem meine Mutter erst in ihrem 85. Lebensjahr ein wenig des Geheimnisses lüften konnte. Nur die extreme Gewaltsamkeit, mit der die zum Tabu gehörigen Grenzen verteidigt wurden, war immer für uns alle fünf Geschwister spür- und erinnerbar.

So hat im Grunde meine Erziehung zum Christentum eigentlich sehr viel mit der Erinnerung völlig unhaltbarer Beziehungen zu tun. Das war lebenslang ein unausgesprochener innerer Aufschrei in mir, erst Jahrzehnte von Exerzitienzeiten später vielleicht so in Worte zu fassen: „Warum hast Du uns überhaupt taufen lassen, wenn Du nicht an Gott glaubst? Wie konntest Du so etwas Gutes wie Christi Gegenwart nur so brutalst verdrehen?"

Es hatte ungemeine innere Prozesse von mir und dreier meiner Schwestern erfordert, Bruchstücke der Geschichte unseres Großvaters herauszufinden und uns damit auseinanderzusetzen. Aber erst nachdem meine Mutter selber ein klein wenig des Ihren dazu erzählte, soweit ihr das überhaupt möglich war und ist, konnte ich dazu etwas Frieden finden und anerkennen, dass sie als Kind irgendwann im Grunde aufgehört haben muss, an Gott zu glauben vor lauter Brutalität, die sie erfahren hat – genau wie auch ich ja meine frühkindliche Gotteserfahrung einfach vergessen hatte unter der Brutalität, die die Erziehung meiner Jugend ausgemacht hat.

Als Jugendliche hatte ich wohl irgendwann vor diesem Gewaltsystem der Familie einfach nur noch zugemacht. In der Schule hatten wir eine linke Lehrerin, die mit uns Texte von Lenin (mit Bezug auf Marx: „Religion ist Opium des Volkes") las: „Religion ist Opium für das Volk" – also nur ein bewusst eingesetztes Mittel der Mächtigen, um die Schmerzen der Leidenden zu übertönen und sie so gefügiger zu machen. Das fand in mir sofort Resonanz. Und so habe ich das damals wohl auch als Grundaxiom meiner Lebenserfahrung so formuliert und tief im Innern vor *alles* gestellt, was ich wahrgenommen habe. – Vielleicht konnte ich mich damit von meiner Mutter und ihrer Gewalt abgrenzen. Aber ich habe dabei auch meinen Kontakt zu Gott als demjenigen, der mich anblickt, der mich immer sucht und zuerst anspricht, bevor jemand anderes das kann, komplett verloren.

Ich hatte zu diesem Zeitpunkt nicht gemerkt, dass ich mit diesem Axiom meinen Blick von meinem eigenen Grundbedürfnis weg auf die Destruktivität der Macht und ihrer Mechanismen gelenkt habe – und mich von ihr habe binden lassen. Und ich erfuhr, dass beide – vielleicht genau durch diese Aufmerksamkeit – in meinem Leben bewusster und stärker erfahrbar wurden und dass ich *nichts* hatte, was ich ihnen entgegensetzen konnte. Ich lebte in dem Gefühl, dass nur die sogenannte „Gnade der späten Geburt" mich davor bewahrt hatte, selbst Nazi zu werden, denn ich hatte das Gefühl, dass ich dieser permanenten Gewalt und Lüge, die meine Kindheit umgab, sofort auch noch mehr nachgegeben hätte, wenn auch mein schulisches Umfeld davon geprägt gewesen wären.

Mit 17 Jahren habe ich einen Selbstmordversuch gestartet, um mich nicht selbst auch irgendwann mal zum Nazi mutieren zu sehen – und hatte prompt meine zweite Gottesbegegnung: Gott hat mich in dem Moment (tatsächlich mit einer Stimme wie eine

Posaune!) angedonnert: „DAFÜR habe ich Dir das Leben nicht gegeben!“ Zitternd erinnerte ich mich *da erst* wieder an die völlig vergessene allererste Begegnung mit IHM, völlig fertig mit mir und der Welt über die Notwendigkeit *solch* einer Erinnerung.

SEINE Stimme hat mich damals vom Suizid abgehalten, aber SEINE Liebe war mir nicht mehr wahrnehmbar. Viel später, bei meinen ersten Straßenexerzitien, kam das als eine noch offene Rechnung mit IHM hoch und zeigte mir in einer schlaflosen Nacht, als ich die verschiedenen Farben betrachtete, mit der Sterne das Sonnenlicht auf die Erde zurück reflektieren können, dass es von meiner eigenen inneren Resonanz abhängt, wie Gott sich in mir äußern kann oder auch nicht.

Ich hatte damals nach langem Warten auf der Warteliste noch ganz kurzfristig eine Zusage für Straßenexerzitien in Nürnberg bekommen und direkt im Anschluss war ich zu Schweigeexerzitien in Gries angemeldet. Ich weiß noch, wie ich damals den Hof der Combonimissionare in Nürnberg betrat und Christian mich mit seinen strahlenden blauen Augen empfing: In ihnen sah ich sofort, wie sehr ich dort angenommen war. Ich habe den ersten Tag auf der Straße mit einem Rollstuhlfahrer verbracht, der mich angesprochen hat und mir seine Orte zeigen wollte. Die anderen haben darin mein Thema der Liebe gesehen – aber für mich war das nicht so. Christian sagte abends immer nur: „Gott liebt Dich.“

Und ich dachte: „Ja, toll: Das ist Kirchenaxiom über Gott und sowas gilt ja dann wohl für alle – das sagt mir nichts. Das ist kein eigener Name.“

Die Frage nach meinem Ärger im Allgemeinen konnte ich aber sofort beantworten: „Es ärgert mich, vereinnahmt zu werden“. Christian sah in meinem Tag mit dem Rollstuhlfahrer auch eine Vereinnahmung, die ich selbst nicht bemerkt hatte. Und dann fand er einen Gottesnamen für mich: „Der Du Dich eher kreuzigen lassen würdest, als mich zu vereinnahmen.“

Mit diesem Namen hat Christian mich mitten ins Herz getroffen, sodass ich sofort laut losheulen musste: So etwas hatte ich noch nie bewusst erfahren, das konnte es doch gar nicht geben! Und ja: Dass ich selbst an bestimmten Gesprächspunkten immer schweigen muss, weil etwas in mir den anderen nicht vereinnahmen möchte, hatte ich bis dahin immer nur als Schwäche gesehen und darunter gelitten. Dass darin eine göttliche Kraft sein könnte, die in ihrer eigenen Weise leben möchte, war ein schöner Gedanke. Mit diesem Namen bin ich also gegangen und habe unfassbar viele Menschen treffen dürfen, die diesen Namen mit ihren Lebensgeschichten, von denen sie mir erzählten, zum Ausdruck gebracht haben. Und die ganze Stadt schien voll Graffitis zu sein, die diesen Gottesnamen bezeugten.

Christian nannte das, was ich in meiner Familie erlebt habe, geistlichen Missbrauch. Ich selbst hätte das so nicht ausdrücken können. Wer missbraucht wird, hat in dem Moment keine andere Welt zum Überleben, als die, die der Täter prägt. Darum ist es so schwer, selbst den Missbrauch zu bemerken und ihm entkommen zu wollen, weil es ja nichts Anderes gibt, wo man leben könnte.

Als ich nach diesen Straßenexerzitientagen in der Stille des Haus Gries und damit in meinem eigenen tiefen Innern ankam, erreichte ich irgendwann einen Punkt völligen Außer-mir–Seins, mich selbst quasi aufreibend an den kirchlichen Lehren, so wie ich sie verstanden oder aufoktroyiert bekommen hatte: Was ist das für ein beknacktes Konstrukt? Man soll sich um alle möglichen guten Charaktergaben bemühen, aber gleichzeitig sollen die alle nur Geschenk und Gnade Gottes sein? Wo ist da mein eigenständiges angeblich so gewolltes Leben?! Wer richtet da eigentlich und nach welchen Maßstäben? Soll ich immer nur auf Knien um diese Gaben winseln, die doch DEINE Vorgaben sind? Dreht sich nicht alles nur im Kreis? Das kirchlich propagierte Axiom dazu, das alles andere wie Opium wegtrösten soll, heißt vielleicht: Ich bin DEIN geliebtes Kind – andererseits gibt es da immer wieder diese Forderung, ich solle um DEINE Gaben bitten, von denen DU doch willst, dass ich sie leben soll.

So fühle ich DEINE Liebe *nicht*. Was ist denn das für eine beschissene Beziehung?!?

Irgendwann kam eine immense innere Trauer und Verzweiflung hoch: Wenn ich nicht wenigstens *versuche* an die Liebe zu glauben, dann ist alles andere sinnlos in diesem Leben: DANN kann ich mich wirklich umbringen.

Diesen Schmerz zu spüren, war so schlimm, dass ich es nur eine einzige Träne lang überhaupt aushielt, ihn hochkommen zu lassen.

Aber die war wohl schon wirklich entscheidend. Nach ihr konnte ich wieder da sein und den Weg weitergehen.

Wenn ich nun sagen soll, inwieweit Exerzitien mein Leben verändert haben, so ist es vielleicht dieses: Ich erfahre in ihnen, dass es eine Hoffnung noch außerhalb dessen gibt, was ich erfahren, fühlen und mit Denken als Logik konstruieren oder als Geschichte festhalten kann. Etwas, das tief im Innersten der eigenen leeren Mitte das Leben in all seinen Formen zulässt, seine Entwicklung in Freiheit wünscht und es zutiefst liebt. Etwas, das das Leben wünscht und ihm immer wieder die Chance zur Entscheidung zwischen Vertrauen und Ablehnung, zwischen der Wahl für oder gegen das Leben selbst vorlegt. DAS verändert mein Leben. Aber ich vergesse es auch immer wieder ...

Nach den Exerzitien suche ich nach Wegen, diese Hoffnung zu erinnern und aus ihr heraus zu sprechen. Vor lauter Sehnsucht, in diesem Glauben zu bleiben, anstatt vielleicht die Realität anzusehen, die mir etwas Anderes zeigt, laufe ich Gefahr, das Glaubenszeugnis eben nicht von allein kommen zu lassen und zu empfangen, sondern selber durch Denken zu erschaffen. Und dann, *wenn* ich etwas empfange, ein Gesetz daraus zu machen, an das ich mich halten kann. Es bleibt ein Ringen, immer wieder neu loszulassen und trotzdem aus der Hoffnung heraus zu leben.

Christian hat immer sehr eindeutig gesagt: „*Jeder* Mensch sucht Gott. Jeder hat halt eine andere Sprache dafür."

Das war für mich erstmal intuitiv richtig und schön, hat mich aber gleichzeitig irritiert: Woher will er das wissen? Ist das nicht auch wieder eine Vereinnahmung, nur weil Christian selbst so gern mit allen verbunden sein und in eine Einheit mit Christus kommen möchte?

Franz Jalics ist auch immer von diesem Axiom ausgegangen. Und in *seinem* Gegenüber war die Liebe in der Suche nach der Sprache des anderen immer so unendlich spürbar, dass sie dieses Axiom einfach in meine Seele eingeprägt hat.

Für mich war es vermutlich von Anfang an überlebensnotwendig zu glauben, dass jeder Mensch Gott sucht. Wenn ich nicht glauben wollen würde, dass auch meine Mutter in ihren gewaltsamsten Zeiten etwas gesucht und um etwas gerungen hätte, würde ich innerlich zugrunde gehen.

Aber auf dieser Suche muss ich wirklich warten lernen, bis mein Gegenüber mir selbst mitteilt, was es bewegt. Alles andere ist einfach Selbstüberforderung: Ich kann das nicht „heraus-finden"!

In meinen schwersten Zeiten habe ich mir Videos aus Prozessen mit dem Nazi-Richter Freisler angehört, mit der Frage: Um was ringt der eigentlich? Was an Konstruktivem bewegt diesen Menschen noch? Und was macht ihn so gewaltsam? Wenn hinter jeder Wut eine Sehnsucht steckt: Wo ist dann Gott in ihm zu spüren? Ich brauch(t)e dieses Sehen, dass Gott in jedem Menschen ist – wirklich in *jedem*.

Darum ist für mich dieses Axiom so wichtig.

Und das macht die Zeit direkt nach den Exerzitien so schwierig: Während der Exerzitien habe ich meist nur mit Menschen zu tun, die sich auf das Wort „Gott" und seine Zusammenhänge irgendwie geeinigt haben. Danach habe ich fast nur mit Nichtchristen zu tun. Und so oft kann ich die Sprache der anderen nicht wirklich gut verstehen. Wenn ich für das, was *ich* meine, das Wort Gott benutze, trennt mich das eher von Menschen, die nicht an Gott glauben. „GOTT" scheint mir dann oft wie ein 4-Letter-Word (wie z. B. fuck), das in erster Linie Lebensverachtung ausdrückt und nicht ausgesprochen werden sollte, weil sich dann mein Gegenüber verschließt.

Ich muss in solchen Situationen erst aus dem tiefsten Innern eine Sprache finden, um über meine Erfahrungen mit Menschen in Kontakt zu kommen, die das Wort „Gott" normalerweise nicht gebrauchen. Wenn ich mir dafür nicht wirklich viel Zeit nehme und mich lieber auf die Sprache meines Gegenübers einlassen will, verliere ich mich selbst aus lauter Sehnsucht nach Verbindung. (Mit Kindern gelingt es viel leichter, eine gemeinsame Sprache zu finden, weil die mit ihrem Leben ihren Glauben noch viel ungeteilter *vollziehen* als Erwachsene, finde ich.) Und in jedem Fall muss ich viel Hören und immer wieder neu Hören üben.

An dieser Stelle ist mir Franz Jalics sehr wichtig. Er hat in seinen letzten Monaten immer wieder gesagt (und das ist jetzt wirklich mein letztes, weil mein Lieblings- Axiom): „Predigen ist Hören – so hören, dass sich im anderen *das* lösen kann, was ihn innerlich von Gott trennt."

Es war ihm (und ist mir) immer *solch* eine Freude mitzuerleben, wenn das stattfinden kann. Daher: Wenn ich was von meinen Exerzitienerfahrungen erzählen will, sollte ich eigentlich einfach nur den anderen zuhören, nicht selber reden. Darum hör ich jetzt auch *endlich* mal auf zu schreiben. Mögen Exerzitien und das Leben nie aufhören mich zu lehren, immer wieder loszulassen und neu zu hören!

8.20 DU
(Christine Funk)

Erste Straßenexerzitienerfahrungen

Straßenexerzitien habe ich zuerst an einzelnen Tagen gemacht, in Berlin im Rahmen von Exerzitien im Alltag in der Advents- und Fastenzeit. Damals wohnte ich noch nicht lange dort. Diese Samstage dienten mir auch dazu, wie ich im Nachhinein erkannt habe, einige Kieze Berlins im Gehen zu entdecken. Kreuzberg, Neukölln, bis nach Treptow. Ich hatte angefangen, als Zugezogene im kirchlichen Bereich zu arbeiten, und viel im „katholischen Berlin“ kam mir sehr fremd vor, z. B. die Rede davon, Berlin sei eine „gottlose Stadt“. Damals konnte man sie noch öfter hören, als mir das heute auffällt. Ich fand diese Aussage immer seltsam anmaßend. Immerhin hatte Alfred Delp sogar im Gefängnis Plötzensee geschrieben: „Die Welt ist Gottes so voll.“ Anfang der 2010er Jahren spürte ich dem in Straßenexerzitien nach. Und fand die Behauptung von der vermeintlichen Gottlosigkeit in jeder Frau mit einer muslimischen Bedeckung widerlegt, ebenso von Männern mit Sikh-Turbanen und anderen Menschen. Ich ging in Moscheen, fand dort Anbetung. Kirchen waren meistens zu. Aber es gab so viele Botschaften auf den Straßen in Form von Graffiti oder Aufklebern, Worten, Zeichen und Spuren, die ich als Ausdruck DEINER Gegenwart deuten konnte. Und in den Austauschgesprächen wurden meine Eindrücke von DEINER Gegenwart im Hören auf das, was die anderen von ihrem Tag auf der Straße mitbrachten, vervielfacht.

In den Straßenexerzitien habe ich als erstes gelernt, mich als Rennende zu sehen. Ich gehe in meinem Alltag zügig, hätte ich früher gesagt, aber ich renne. Damals war mein Leben noch viel mehr vom Navigieren zwischen verschiedenen Zeitzonen geprägt: Wenn ich mich in „meiner Zeit" beeilte, schaffte ich mehr („Die Kinder kommen aus der Schule"; „noch schnell was einkaufen" usw.). Aber ich habe gelernt, wie sehr sich alles verändert und ich mich mit, wenn ich langsamer gehe. Und erst die Übung, beim Warten auf die Bahn oder den Bus, einfach nur zu stehen und zu schauen, nicht ausdrücklich zu warten, veränderte viel. Oder auch, wenn ich mich neben jemanden setzte, der oder die schon da war, konnte ich mich auf einmal als Teil eines Ganzen wahrnehmen. Ich gehörte dazu – in DEINER Gegenwart. So was war ja wohl mit dem Satz gemeint, den ich von Franz von Sales überliefert kannte: „Ich versetze mich in die Gegenwart Gottes." Die Übung DU zu sagen, hilft dabei.

Gestützt auch auf die Austauscherzählungen meiner Mit-Exerzitienmachenden bin ich in den Jahren zu dem Schluss gekommen, dass fast nichts stimmt, was „man" über Berlin sagt. Überall konnte ich hingehen. Berlin ist voller überraschender Natur – sogar im Winter – und auch, wo es wüst ist, ist noch was anderes. Und Obdachlose schätzen auch viele schöne Orte so wie ich. Also haben mich die Straßenexerzitientage über die Jahre in Berlin auf wunderbare Weise mit DIR durch Dich in Dir beheimatet.

Die Aufmerksamkeit für DEINE Gegenwart und meine mit verstärkte sich nochmals, als ich einmal in Hamburg-Altona eine Woche Straßenexerzitien machte. Dort begegnetest DU mir erstmals im Schnarchen!

Damals meinte ich, wegen der Begleitung eines meiner Kinder (oder wegen meiner eigenen Neugier, wo es denn nun seine Ferien verbringen würde) erst einen Tag später ankommen zu können. Es war ein schwülheißer Sonntag im August mit Gewitter. Meine Fahrt nach Hamburg mit dem Zug war umständlich und schweißtreibend gewesen. Eine der bereits Anwesenden bestimmte mir den Schlafplatz im Jugendkeller des Gemeindehauses. Freundlich zu mir Zuspätkommender fand ich sie nicht. Sie wies mich auch gleich darauf hin, dass meine nächste Nachbarin schnarche. Am Abend zog ich mich als eine der ersten zurück, weil ich nach der langen Fahrt müde war und mir Ruhe wünschte. Dass es dort keine Dusche im Haus gab, störte mich erst, erinnerte mich dann aber auch daran, dass ich mich in meiner ersten Studentenbude auch nur am Waschbecken gewaschen hatte. Als ich mich schließlich auf der zu dünnen Isomatte ausstreckte und über den ziemlich dreckigen Boden schaute, auf dem dicke Staubmäuse unter dem Kicker lagen, fragte ich mich, warum ich mir das alles hier antue. Ich ärgerte mich über die Kellerfenster zur Straße hin: viel zu klein angesichts der Schwüle und der Anzahl der Personen, die hier übernachten sollten. Dann kam die Nachbarin, die als Schnarcherin angekündigt war. Sie kramte sich zurecht und rollte sich irgendwann in ihren Schlafsack. Dabei stellte ich entsetzt fest, dass das Material ihres Schlafsacks auf der Luftmatratze ein metallisch reibendes Geräusch machte, wenn sie sich bewegte. Dann wartete ich krampfhaft auf ihr Schnarchen. Das kam aber nicht. Irgendwann schien sie zu schlafen, geräuschlos, bis auf ihre Bewegungen im Schlafsack, die so metallisch von der Luftmatratze verstärkt wurden. Die anderen Frauen kamen langsam auch zum Schlafen, wieder neue Geräusche. Auch von der Straße, es wurde immer laut, wenn die Ampel auf Grün schaltete und die Autos anfuhren. Irgendwann waren offenbar alle da, es wurde ruhiger oder ich konnte die Geräusche schon zuordnen. Endlich war mein Ärger auf dem harten Boden auch am Ende und ich war am Wegschlummern.

Da hörte ich aus dem Nebenraum, in dem die Männer waren, ein richtig grobes hartes Schnarchen. Viel ärger, als was ich mir von meiner Nachbarin vorstellen konnte. Und vor allem hatte ich durch die Entfernung überhaupt keine Chance, diesen Schnarcher zu bewegen, nicht mehr zu schnarchen. Ich hätte mich nämlich aus meinem Schlafsack schälen und dann da rüber tappen müssen, um im Dunkeln der Schnarchspur zu folgen, was ich mich allerdings nicht traute, denn ich war ja noch nicht mal im Hellen in dem Nachbarraum gewesen. Also lag ich voll neuem Groll wie im Sägewerk. In diesem Groll wuchs aber leise Demut, denn in dem harten Schnarchen musste ich einfach daran denken, wie bequem und angenehm ich es zuhause habe: Wenn mein Mann anfängt zu schnarchen, brauche ich nur den Arm auszustrecken, ihn kurz berühren und zu murmeln „schnarch doch nicht“ oder sowas. Und schon dreht er sich um und hört damit auf. Und hier ratzte der Typ ununterbrochen weiter. In dem durch Demut und beginnendem Glücksgefühl schon durchlöcherten Groll, fiel mir dann ein, wie ich einmal, als ich als Studentin mit dem Nachtzug von Paris nach Toulouse gefahren war, im Liegewagen eine Schnarcherin als Nachbarin hatte. Das Schnarchen der Frau fand ich lauter als das Zuggeräusch und ich überlegte damals lange und ohne Erfolg, wie denn Schnarchen auf Französisch heißt. Smartphone-Übersetzer gab es noch lange nicht. Das Wort „ronfler" lernte ich erst am nächsten Tag! Aber in meiner Sprachnot habe ich damals zu der Schnarcherin rübergelangt und sehr laut gesagt „Madame, vous faisez du bruit en dormant." Tatsächlich richtete sie sich auf, lachte kurz und legte sich wieder hin und atmete ruhiger weiter.

Als nächstes kam mir im anhaltenden Geschnarche des Mitexerzitanten in den Sinn, wie ich nach der Geburt meines ersten Kindes im Raum auf der Wöchnerinnenstation, in dem die Hängebettchen der Neugeborenen standen, mit meinen ersten Stillversuchen lange saß und in der Stille der Nacht über das vernehmliche Atmen der Neugeborenen staunte. Es klang so unerwartet vieltönig, bunt, ja auch überraschend laut. Darin war Glucksen, Blubbern, feines Pfeifen, Schnorcheln und andere kaum beschreibbare Perkussionsgeräusche. Ich erinnerte mich an vieles aus diesen seltsamen Tagen damals, bis mein Baby endlich genügend Muttermilch trinken konnte. Auch das überdimensionierte Kruzifix fiel mir wieder ein, auf das ich aus meinem Krankenhausbett schauen musste. Ich habe mich damals oft mit dem Jesus unterhalten, aber „wie mit einem Freund" war es nicht.

In meinem Exerzitienschnarchraum fragte ich mich dann, wie sich denn die Schlafgeräusche des Menschen im Laufe des Lebens zu diesem Krachschnarchen entwickeln können. Ich dachte auch an ein anderes meiner Kinder, das schon mit vier Jahren ziemlich gut schnarchen konnte. „Aber", sagte ich mir, „Schnarchen ist Atmen". In der zweiten Schöpfungsgeschichte wird ja erzählt, wie der Herr dem Menschen seinen Lebensodem einhaucht. Also ist es doch meine Aufgabe, im Atmen, auch in diesem so lauten, die Gegenwart des Grundes zu ehren, der uns Menschen alle verbindet. Also, DU, der diesem Typen im Nebenraum die Kraft zum überlauten Atmen gibst. Hallo!

In diesem „Gottesnamen", den ich bis dahin noch nicht kannte, war mein Ärger und Groll tatsächlich in Verbundenheit verwandelt und irgendwann schlief ich dann auch ein. Und ich erinnere mich an ein ausgesprochen schönes und befreites Aufwachen am Morgen und war damit in den Straßenexerzitien gut angekommen.

Wie geht es nach Straßenexerzitien weiter? – Beispiel: Du, der Du die Kraft zum Atmen gibst.

Mit DIR, der du jedem seinen Atem gibst, so unterschiedlich und tönend, und der DU mich schon so lange regelmäßig und leicht atmen lässt, verstehe ich seither das Ende des Psalters ganz neu – und eine Übersetzungsvariante, die mir noch besser gefällt als die übliche (von Bach und Mendelssohn in wundervollen Kompositionen hör- und singbar): Alles, was Odem hat, lobe den Herrn! Sage ich mit den Straßenexerzitien-Erfahrungen jetzt so: in allem Atmen, bist DU gelobt! (Ps 150,6)

Und das sogar manchmal in der Berliner S-Bahn. Zum Beispiel, wenn ein obdachloser Mensch oder einer, der vom langen Feiern erschöpft ist, schnarchend dasitzt und die Blicke oder Kommentare mancher Mitfahrenden genervt sind, kann ich meist lächeln und anerkennend nicken. „DU, der Du ihm die Kraft zum lauten Atmen gibst!" Einmal hat eine andere Frau auch freundlich auf den gerade Schlafenden geschaut und wir haben uns zugenickt. Vielleicht hat sie auch mal Straßenexerzitien gemacht?

Und wenn mein Mann seither schnarcht, sage ich mir auch genau dies: In allem Atmen bist DU gelobt. Manchmal reicht das schon, dass ich mich nicht stören lasse, aber manchmal berühre ich ihn doch und bitte ihn, nicht weiterzuschnarchen. Immer ist darin die Er-inne-rung der Straßenexerzitien.

Mit dieser „Übung" finde ich mich wohl schon ziemlich in der Nähe dessen, wovon ich glaube, dass es so ähnlich ist, wie die vielen „Segenssprüche", über die man religionskundlich lernen kann, dass sie von „frommen Juden" alltagsbegleitend gesprochen werden. Ich bin auch in der Nähe dessen, was ich aus muslimischen Familien höre, die mehr Sprache für die Wirklichkeit im Horizont des stets größeren Gottes nutzen, als ich bisher.

Und mir fällt natürlich auch noch dazu ein, dass mit „Gelobt sei Jesus Christus" „früher" vielleicht auch sowas gemeint sein konnte. Obwohl mir diese Formulierung nur durch meinen Vater überliefert ist, der es als Kind absurd und zwanghaft empfunden hatte, den Pfarrer, wenn er ihm im Dorf begegnete, genau mit der Formulierung grüßen zu müssen.

Immerhin ist mein Atemlob ja eine eigene und „echte" Sprech-Erfahrung.

Wie geht es nach den Straßenexerzitien weiter? – Überlegungen

1.
Straßenexerzitien sind für mich eine Gabe, die Wirklichkeit vollständiger und mich als Teil, der auf wundersame Weise dazugehört, darin neu wahrzunehmen.

Mit „die Wirklichkeit vollständiger" wahrnehmen, meine ich ein Zweifaches:

Erstens ist die Wirkung der Straßenexerzitien für mich ein Zurückstellen dessen, was ich bisher für richtig, falsch oder ist-so gehalten habe. „Perspektivenwechsel" sagt man schnell, aber der hängt eben von meinem Standort (oder Liegeplatz) ab. Und den erstmal zu spüren und wahrzunehmen, und dann ihn zu verändern (verlassen) und die Folgen der Veränderung vor allem spüren zu können (zieh die Schuhe aus, denn der Ort auf dem du stehst, ist heiliger Boden), dafür sind Straßenexerzitien für mich einzigartig.

In dem Spüren ist eine Qualität, die ich vorher nicht gekannt habe, weil sie das physische Jetzt in besonderer Weise verändern oder verbinden kann mit dem, was „sonst ist", was ich „gelernt" habe und was ich manchmal ja auch ganz gern weiß!

Die zweite Wirkung betrifft darin also die Veränderung dessen, was ich „gelernt" habe.

Das, was ich gelernt habe und gerne weiß, ist durch meine Ausbildung und Tätigkeit mit Theologie verbunden, also biblische Texte, die abgeleiteten und historisch gewordenen Aussagen des Glaubens, eine überlieferte kirchliche Praxis und etliches mehr. In all dem ist aber auch immer ein tiefes Unbehagen, ob, wie und wo, für wen dies alles „heute" überhaupt noch eine Quelle von Sinn bedeutet.

Mein physisches Jetzt sind meine Lebensumstände, manchmal „Stress", was mir gerade an familiären Dingen nahe oder eine Last ist, Fragen, die ich kaum artikulieren kann, geschweige denn, dass sie gehört werden und irgendwo eine wahrnehmbare Rolle spielen, die folglich so etwas wie unbewusst da sind.

2.

Eine der Hauptwirkungen der Straßenexerzitien ist für mich, dass sie die Erfahrungsgrundlage, die die biblischen Erzählungen transportieren, in basaler und zugleich umfassender Weise zugänglich machen: „Von der Straße her".

Im Laufe der Jahre konnte ich daran teilhaben (in eigenen Exerzitien wie auch als Begleiterin), wie sich in Straßenexerzitiengottesdiensten und -andachten Geschichten gefüllt und verändert haben und dadurch neu lebendig sind. Beispielhaft die Emmausgeschichte, die Fußwaschung, der brennende Dornbusch.

Ebenso haben die Gottesdienste in Straßenexerzitien dazu beigetragen, mir den Sinn von „Liturgie" grund-legend und neu zu erschließen. Und einzelne Gesten, gemeinsame Handlungen, Worte neu mit Bedeutung zu füllen und dadurch geradezu neu zur Sprache kommen zu können. Hier ist für mich eine physische Ebene berührt, die ein belastendes strukturell inkorporiertes „Kirchenwissen" auflösen hilft, das ich als nicht nur mein spezielles Thema erkennen gelernt habe, sondern das viele der Kirche verbundene Menschen, besonders Frauen, als Last empfinden. Darin wirken Straßenexerzitiengottesdienste befreiend und verlebendigend.

Diese Dimension empfinden Menschen, die nicht mit Liturgie vertraut sind, interessanterweise vergleichbar, denn der gemeinsame Zugang „von der Straße her" erschließt den Sinn von Liturgie in grundlegender Weise allen, die „noch nie teilgenommen" haben. Weil der gemeinschaftsdarstellende und -festigende Charakter des Nehmens, was da ist, des Dankens, und des Teilens im Ritus unmittelbar als die Gemeinschaft zum Ausdruck bringend verstanden wird, die bereits in den Austauschrunden aufkommt und spürbar ist.

Die Art, wie Christian Gottesdienste feierte, ist schwer zu beschreiben. Er schien aus und in den biblischen Texten zu leben und wie Fäden zwischen der Wirklichkeit der Gottesdienstsituation und den Texten neu zu knüpfen oder herauszuzupfen, sodass eine dichte Erschließung der Gegenwart im biblischen Wort entstand, aber auch die Worte der Schrift in aktueller Bedeutung vernehmbar waren. Und er verließ sich nicht auf sich allein, sondern beteiligte Teilnehmende, in spontaner, manchmal für diese überraschender Weise. Christian war auch sehr symbolsicher im Platzieren von Gegenständen als Anker oder zur Vertiefung dessen, was sich daraus erschließen ließ (Herz-Jesu-Figur im Keller, Dornenkranz).

3.
Eine weitere Wirkung der Straßenexerzitien ist für mich, dass ich freier geworden bin in der „Anwendung" biblischer Geschichten. Ich erkenne mehr Bilder aus den Psalmen in der Wirklichkeit bzw. erfasse die Wirklichkeit mehr mit Bildern aus den Psalmen und der Schrift.

Biblische Themen oder Erfahrungen im Resonanzgeben in den Austauschrunden ins Gespräch zu bringen, erweist sie einerseits als lebendig und nicht als alte, überholte Texte. Und andererseits verleihen sie dem Geschilderten, was auf den ersten Blick oft als zufällig und unbedeutend alltäglich bewertet wird, eine Tiefendimension von Dilemmasituationen, die immer wieder erfahrbar sind und bewältigt werden wollen. Oder sie qualifizieren beglückend unerwartet Erlebtes als in der offenen Zukunft Gottes nicht Ausgeschlossenes.

Wichtig ist dabei, den Angebotscharakter der Ausdeutung mit biblischen Bildern oder der kirchlichen Tradition (Legenden) zu wahren (mich erinnert, was ich gerade von dir gehört habe, an die Geschichte von ...) und die Geschichten und Texte nicht mit externer Normativität oder Wahrheit aufzuladen. Wahrheit ereignet sich im Hören, im Empfinden von Stimmigkeit, in Konvergenz- und Kohärenzerfahrungen.

Die ausdeutende Bildsprache, die im Spiegel dessen, was aus den Tagen an Erlebtem erzählt wird, genutzt wird, ist abhängig von den Horizonten und Sinnsprachen der Begleiter:innen. Darin ist für mich, die ich relativ viel mit muslimischen Menschen zu tun habe, auch die Freiheit eröffnet, Erfahrungsbilder aus dem, was ich vom Koran zu verstehen glaube, anzuwenden. Und zwar unabhängig davon, ob in der Gruppe Muslim:innen anwesend sind oder nicht. Aus Gott kommt eine so große Vielfalt an Sprachen, Weisen, die Wirklichkeit aufzufassen, dass dies eben auch eine Übung ist.

4.
Eine letzte Überlegung zur Wirkung von Straßenexerzitien:

In Straßenexerzitien ist nach meiner Erfahrung die Trennung der Übezeit in den eigentlichen Exerzitien von der „normalen Lebenszeit“ sehr reduziert.

Christian hat oft ausdrücklich gesagt: „Ihr seid in Exerzitien.“ Oder „Dies sind Exerzitien.“ Und damit verbunden war die Empfehlung, nicht zu „quatschen“. Also bei den Mahlzeiten, in den Schlafräumen keinen Smalltalk oder übers Wetter oder so. Die Übung der hörenden Stille in der Stadt und in den improvisierten Unterkünften braucht mehr Aufmerksamkeit und Pflege als in Exerzitienhäusern, in denen die Landschaft oder die Ruhe, die manche Gebäude vermitteln, einen hilfreichen äußeren Rahmen setzen. Dafür wirkt aber die geteilte Stille in der Stadt umso dichter und verbindender. Ich erinnere mich an gemeinsame Gänge zu Orten, an denen zusammen Gottesdienst gefeiert werden sollte. Wenn da zehn, zwölf Menschen gemeinsam, ohne zu reden, gehen, erregen sie Aufsehen. Und andere Schweigende fühlen sich oft in Verbindung und bringen dies mit Blicken oder Gesten zum Ausdruck. Man wird als Gruppe wahrgenommen. Und das gemeinsame Schweigen verbindet im Jetzt und hält auch das im Austausch Geteilte präsent und wird so an den Gottesdienstort mitgenommen; ganz gleich, ob dieser in einer regulären Kirche oder an einem öffentlichen Ort, „auf der Straße“, stattfindet.

Und da von der Straße her der „Alltag“ viel dichter im Exerzitiengeschehen eine Rolle spielt, finde ich den Übergang in die „Zeit nach den Straßenexerzitien“ meist nicht so eine Zäsur wie in anderen Exerzitienformen.

Vielleicht spricht mich deshalb das Bild, das Christian am Ende so beschäftigt hat, für die Zeit nach den Exerzitien gar nicht an. Eph 6,13 von der Waffenrüstung Gottes, „um am Tag des Unheils zu widerstehen“, Brustpanzer der Gerechtigkeit, Schild des Glaubens.

Ich finde das militärische Material seltsam. In der Sendung der Straßenexerzitienübung geht es doch darum, „wie Lämmer unter Wölfe“, ohne Sicherung (Lk 9,3f) – im Sinne der Bergpredigt – die Gewaltsamkeit des Alltags wahrzunehmen, die Ungerechtigkeit, die immer da ist, die Trauer, in der Menschen sind, die armen Menschen. Und darin aufmerksam zu werden für die Gegenwart des Reiches

Gottes (schon jetzt), wenn eine Trauernde mir Trost spendet, wenn eine Arme ihre Würde lebt und mit mir teilt, wenn die Ungerechtigkeit, die ein Mensch erleidet, diesen nicht gewaltsam reagieren lässt. Deren „Glauben“ wahrzunehmen, das Vertrauen, das sie schenken, in meinem Leben zu vermehren und mit anderen zu teilen. Dafür wäre mir eine solche Rüstung zu schwer.

Eine Frage, die sich daran anschließt, ist die nach der Bedeutung von Gottesbildern und -vorstellungen, die in den Exerzitien in Kommunikation kommen. Christian hat oft von Gott gesprochen, der ein Halunke sei. Oder Du bist der, der stört. Und andere vermeintlich „respektlose“ Zugänge. Die aber immer durch mitgeteilte Erfahrungen motiviert waren, die im Moment noch nicht gedeutet werden konnten. Oder die eben auch als Gegenteil von fromm Erwartbarem plausibel machten, dass „in Gottes Namen“ einfach viel mehr möglich ist, als „der Mensch denkt“.

Womit m. E. in radikaler Weise die Aufmerksamkeit auf die Erfahrung für das, was jetzt ist und wie die Person das spürt (wo es brennt) gerichtet werden sollte und alles Ausgedachte und Dahergesagte in Zweifel gezogen werden durfte, ja sollte.

Christians Lust am Widerspruch, sicher biographisch ein Stück herleitbar, und seine Direktheit, die ich immer als Bewahrung des Ethos des Arbeiterpriesters verstanden habe, der die Gerechtigkeitsfrage oft direkt stellte und damit besonders den mehr akademischen oder bürgerlichen Mitbrüdern wohl ziemlich auf die Nerven gehen konnte, wirkte befreiend für viele, deren Widerspruch sich in ihren Lebensumständen, seien sie nun kirchlich geprägt oder weniger, lange nicht artikulieren konnte. Und damit öffnete er mit den Straßenexerzitien für viele Räume der Veränderung. Seine Gegenwärtigkeit beim Begleiten war meist phänomenal und schaffte eine Atmosphäre des Geschätztseins und des Dazugehörens – anders als in vielen klerikalformalen Gruppen.

Alles eine Ableitung vom Dornbusch und Ex 3,14 „Ich bin, der ich bin“ / „Ich bin der, als der ich mich erweisen werde“. Keinesfalls: „Ich bin der Seiende!“

Schließlich führte seine Offenheit für verschiedene Gottesnamen, die in der Erfahrung wurzeln, auch zu einer Brücke aus den Straßenexerzitien zu muslimisch Betenden: die Entdeckung, dass von einer

Frau, und zwar Hagar, der ägyptischen Sklavin, in der Schrift der erste persönliche Gottesname überliefert ist. El-Roi, Du, der nach mir schaut (Gen 16,13) war der Auftakt für mich, auf die anderen „Erfahrungsnamen“ zu achten, wie sie sowohl in den Psalmen zahlreich zu finden sind als auch in den sog. „99 schönsten Namen Gottes“ (Al Asma al Husna) aus der islamischen Tradition enthalten sind. Die „Ägypterin“, die Mutter Ismaels, dem Nachkommen ebenso zahlreich verheißen werden wie vorher dem Abraham und dann dem Isaak (Gen 26,4), war der Beginn für meine Übung mit den sog. 99 schönsten Namen Gottes aus dem muslimischen Glaubensverständnis die Anrede Gottes zu üben, die im Beten so vielfach Resonanz gibt[91]: Du, die/der hört (Ps 28,6; 34,18 / As-Sami 26); Gott, Du siehst mich (an) (Ps 25,18 / Al-Basir 27); Du, Gott, nimm Last von mir (mach mich frei) (Ps 81,7 / Q 94,2.3); Du, der/die du mir hilfst (Ps 38,23 / An-Nafi 92); Du, die/der du mich leitest (Ps 27,11 / Q 1,6). Du richtest mich Gebeugte auf (Ps 145,14 / Al Wali 55); Du, Gott, meine Stärke (Ps 43,2 / Al-Qawi 53 / Al-Muqit 39).

Mit dieser Übung, auf das eigene Leben zu achten und sich in Verbindung zum unermesslichen DU Gottes zu bringen, ist ein praktischer Weg eröffnet, der mit dem Geheimnis Jesu, das in den Evangelien vielfach beschrieben ist, verbindet. Dies zu entdecken, machte auch Christian immer wieder Freude. Und es ermunterte zur weiteren Aufmerksamkeit auf Gottes vielfältiges Wirken und Retten wie schon der Name Jesus (Jehoschua) andeutet: Gott rettet. Und darin ist ja auch die Frage nach Jesus immer neu.

8.21 Gott im Staub der Alltagsstraßen
(Michael Schindler)

Exerzitien auf der Straße: Nichts anderes und doch ganz anders

Wenn ich von Exerzitien auf der Straße erzähle, kommt häufig die verwunderte Rückfrage, wie das denn möglich sei. Da sage ich inzwi-

---

91 Die Zahlenangaben nach den arabischen Namen beziehen sich auf die Tafel der schönsten Namen Gottes.

schen, dass es sich im Kern um nichts anderes als um traditionelle Exerzitien handle, allerdings nicht im Rückzug hinter Klostermauern oder als Auszeit in einem schicken Bildungshaus mit Vollversorgung, sondern mitten in der Welt in einer einfachen Unterkunft. Die Grundübung, nach innen zu gehen, ins Wahrnehmen und Beten zu kommen, sei die gleiche. Eigentlich sei es nur ein Ortswechsel. Nur ein Ortswechsel? Ist der konkrete Ort der Suche nach sich selbst und nach Gott wirklich nebensächlich? Und ändert ein anderer Ort nicht auch die Inhalte der geistlichen Übung und womöglich auch deren Wirkungen im Alltag?

Schon Ignatius erklärte seine geistlichen Übungen im Vergleich mit den leiblichen[92], also mit Sport. Und so habe ich Exerzitien, in welcher Form auch immer, in der Tat als eine Art Trainingslager erlebt. Wie beispielsweise bei einem Fußballtrainingslager Kondition, Technik und Taktik eingeübt werden, übe ich in Exerzitien im geistlichen Sinne Wahrnehmungen, Haltungen und eine innere Ausrichtung ein oder vertiefe diese. Doch wie im Sport das Spiel oder der Wettkampf die Bewährung des Trainings sind, findet das eigentliche geistliche Leben dann im Alltag statt. Diesen von Straßenexerzitien inspirierten Alltag zu beschreiben, schien mir auch das große Anliegen Christians in den letzten Jahren gewesen zu sein.

Natur – nicht pur

Als traditioneller spiritueller Ort dient mir, wie wohl für die meisten spirituell interessierten Menschen, die Natur. Diese wird hierbei scheinbar möglichst ursprünglich und ohne Menschen, gewissermaßen als Natur pur gesucht, v. a. am Wasser[93], in den Bergen oder im Wald. Auch in den Straßenexerzitien erlebe ich Natur, aber diese ist etwas ganz anders als die scheinbar reine Natur, nämlich ein kleines

---

[92] Ignatius, Geistliche Übungen Nr. 1.

[93] Bei meinem letzten Besuch bei Christian ein halbes Jahr vor seinem Tod saßen wir im Garten seines Altersheims am Ufer des Wannsees und ganz begeistert nannte er dies nun seine Straße, sowohl das Haus mit den Mitbrüdern als auch das Wasser mit all den Schiffen.

künstlich geschaffenes Refugium für viele Menschen, zudem müllbelastet und lärmgeplagt. Bei Straßenexerzitien umrundete ich längere Zeit einen Baum mitten in Berlin-Moabit, umgeben von einer Grasfläche, einem Kiesweg und einigen Büschen. Drumherum Bänke, dahinter Straßen, Geschäfte, Imbissbuden und Bistros. Und überall Müll. Und viele Menschen aller möglicher Kulturen und sozialer Herkunft. Es war kein besonderer oder gar auffälliger Baum, erst recht nicht Natur pur. Und doch zog mich dieser Baum in seinen Bann, in seiner Ruhe und Standfestigkeit, die er ausstrahlte auf die Menschen, die sich hier ausruhten und kurze Momente oder ganze Stunden verweilten.

So ist es auch mit der Natur auf meinen Alltagsstraßen. Bäume und Sträucher, Grasflächen und Blumenrabatte filtern weder den Müll um sie herum noch den Lärm, noch helfen sie, den Alltag zu vergessen, aber es sind Orte, die mich zum Atemholen und darüber hinaus zur inneren Ausrichtung auf die göttliche Gegenwart einladen. Das Trainingslager der Exerzitien lässt mich dankbarer die kleinen Orte der Natur auf meinen Alltagsstraßen sehen.

Orte des Alltags

Ebenso geht es mir mit ganz normalen Orten und Dingen auf meinen Alltagsstraßen. Nein, nicht immer entfalten solche Orte oder auch Gegenstände einen göttlichen Glanz, nicht immer werden sie transparent für die Gegenwart dessen, der all unsere Namen übersteigt. Aber trainiert durch Straßenexerzitien stellt sich manchmal ein besonderer Blick auf sie ein, ich schaue plötzlich mit dem Herzen und, auch wenn das fremd klingen mag, lasse mich von ihnen anschauen. Weil ich einmal bei den Übungen der Straßenexerzitien auf einer Bank mit einem Fremden etwas erlebt habe, unterstelle ich jeder Bank auf meinen Alltagsstraßen, dass ich hier eingeladen bin. Wo mir einmal in Exerzitienzeiten die Pfützen am Bordstein eine wichtige Botschaft, verbunden mit dem Lied „Wechselnde Pfade, Schatten und Licht. Alles ist Gnade, fürchte dich nicht“ mitteilten, kann ich mich an diese erinnern, wenn ich zu Fuß unter grauem Himmel in meinem Alltag unterwegs bin. Und weil mich einst eine

Werbeaufschrift in Straßenexerzitien zum Lob Gottes einlud, bin ich bereit, mich auch in meinem Alltag, für überraschende Botschaften zu öffnen. Wenn ich mich in Exerzitien dafür geübt habe, Menschen auf der Straße wahrzunehmen und das Leben, das sie ausstrahlen, zu spüren, kann ich auch im Alltag jenseits des analytischen Beobachtens und des ständigen Bewertens, besser Menschen wahrnehmen, und so eine Verbundenheit mit ihnen spüren, unabhängig davon, ob ich mit ihnen direkt in eine Beziehung trete oder nicht. Da die Orte der Exerzitien auf der Straße mit ihren Menschen meinen Alltagsorten ähneln, fällt mir die Erinnerung leichter, Erfahrungen des Trainingslagers wieder wachzurufen.

Einladung in die Aufmerksamkeit

Seit ich die Trainingslager von Straßenexerzitien kenne, sei ich nun selbst als Übender oder als Übungsbegleiter dabei, beobachte ich, dass meine Aufmerksamkeit auf den Alltagsstraßen wacher wird, dass mein Erinnerungsvermögen angeregt ist, nämlich wortwörtlich nach innen zu gehen, mich letztlich der Gegenwart des göttlichen Geheimnisses zu erinnern. Manchmal empfinde ich es wie einen Schalter, den ich – oder besser gesagt, der sich selbst – in einem Moment des Innehaltens umlegt und ein anderes Licht auf meine Alltagsstraße und mich selbst wirft.

Doch es gibt Tage, manchmal auch Wochen, da vergesse ich dieses Aufmerken auf meinen Alltagsstraßen. Da bin ich nur geschäftig und konsumierend, Wege schnell überwindend und Termine wahrnehmend auf der Straße, oder bestenfalls auch mal etwas verlangsamt als Flaneur. Aber dann kann es passieren, dass die Erinnerung mich überkommt, die Erinnerung an Momente der Straßenexerzitien und v.a. die Erinnerung, dass ich mich auch hier mitten auf der Straße verbinden kann mit Orten, Gegenständen und Menschen und so letztlich mit dem Geheimnis der Welt, sodass der Staub der Straße zum Sternenstaub des Himmels wird.

Hässliche Räume

Und eine weitere Übungseinheit der Straßenexerzitien verändert meine Alltagsorte. In den Exerzitien auf der Straße sind wir eingeladen, auch einmal bewusst Orte aufzusuchen, die wir sonst meiden, weil die Erfahrung zeigt, dass gerade hier eine göttliche Botschaft, ein – wie Ignatius es sagen würde – Trost auf mich warten kann. So meide ich inzwischen in meiner eigenen Stadt nicht mehr die unschönen Orte. Mich, dem es wichtig ist und der es sich leisten kann, am Biostand auf dem Markt einzukaufen, wo ich die Erzeuger manchmal persönlich kenne, zieht es dann und wann in den kleinen Pennymarkt in der „Schmuddelecke" unserer reichen oberschwäbischen Stadt. Hier schaue ich bewusst die Menschen, die dort einkaufen und arbeiten, liebevoll und freundlich an. Hier reihe ich mich ein in die Alltagssehnsucht der nicht Saturierten. Hier stehe ich an der Kasse, so aufmerksam, wie wenn ich in der Kirche auf den Empfang der Kommunion warte, gut geerdet und aufgerichtet, ausgerichtet auf das Leben und die überraschende und mich verwandelnde Gegenwart Gottes.

Die Wirkung des Ortswechsels

In den Straßenexerzitien bewegen wir uns an anderen Orten als zuhause und doch an alltäglichen Orten. Die geistliche Übung, Gottes Spuren in meinem Leben und im Leben der Welt zu entdecken und zu deuten, ist dieselbe wie in allen anderen Exerzitien, in denen ich mich aus den Alltagsorten zurückziehe. Und doch hat allein der Wechsel des Ortes, an dem ich die Exerzitien auf der Straße „empfange"[94], in besonderer Weise meinen Blick auf den Alltag verändert. Es geschieht nun leichter, dass ich mitten in den Straßen des Alltags plötzlich erfüllt bin von einem Geheimnis, für das es unzählige Namen gibt und das ich doch immer weniger benennen kann, je all-

[94] Ignatius verwendet diesen Ausdruck für die, die wir gerne als Teilnehmerinnen und Teilnehmer an Exerzitien bezeichnen, vgl. z. B. Geistliche Übungen Nr. 5.

täglicher und näher es mir rückt. Es ist als ob ich Staub von der Straße aufhebe und diesen mir durch die Finger rieseln lasse. Ich habe ihn nicht als einen Besitz, sondern nur einen Moment damit gespielt.

ANHANG

Kontakt und Informationen:
www.strassenexerzitien.de

Christians persönliche Sammlung von Gottesnamen

Die Namen in der jüdischen Bibel

In den Texten der sog. Erzelterngeschichten des Ersten Testaments finden sich eine Menge Bezeichnungen für Gott: El, Elohim, El Schaddaj u. a. Die beiden Worte Elohim und El bedeuten beide „Gott“ und werden um Attribute ergänzt werden:

Höchster Gott (Gen 14,22), Gott der Welt/Weltzeit (Gen 21,33), Gott von Bethel (Gen 35,7), Gott Abrahams, Isaaks und Jakobs (Ex 3,6 uvm.) oder etwas altertümlich Schrecken Isaaks (Gen 31,53), Starker Jakobs (Gen 49,24).

Im Tempelkult: König (Psalm 97,1), Kerubenthroner (2 Kön 19,15, vgl. Jes 6,1), Zebaoth (Jes 6,5) oder Herr der Heerscharen (1 Sam 4,4).

Oder auch in vielen Gebeten, in prophetischen Texten ganz persönlich: Mein Herr (Am 3,7 f; Jes 6,1; 50,4 ff).

Die Namen in der christlichen Bibel

Jesus wird mit vielen Namen angesprochen

Matthäusevangelium: Jesus Christus (1,1), Sohn Davids (1,1), Christus (1,16), Jesus (1,16.21), Kind (1,20; 2,8), Immanuel (1,23), Fürst (2,6), Hirte Israels (2,6), Nazarener (2,23), Herr (3,3; 8,25), der kommen soll (3,11), Sohn des Vaters (3,17), Meister (8,19), Sohn Gottes (4,3; 8,29), Arzt (9,12), Bräutigam (9,15), Anführer der Dämonen (9,34), Menschensohn (10,23), Beelzebub (12,24), der Fresser (11,19), Säufer (11,19), Erwählter Gottes (1,34), Kumpan der Zöllner (11,19), Kumpan der Sünder (11,19), Tempel (12,6), Knecht (12,18), Geliebter (12,18), mehr als Johannes (12,41), mehr als Salomo (12,42), Bruder (12,28), Sämann (13,3), Sohn des Zimmermanns (13,55), Prophet (13,57), Gespenst (14,26), Johannes der Täufer (16,14), Elia (16,14), Prophet (16,14), Messias (16,16), König (21,5), Stein (21,42), Eckstein (21,42), Geringster (25,45), Jesus aus Nazareth (26,71)

Markusevangelium: der Mensch (2,7), Gottes Sohn (1,1)

Lukasevangelium: Erstgeborener Sohn (2,7), Retter (2,11), Heil (2,30), Licht der Heiden (2,32), Herrlichkeit Israels (2,32), der Heilige Gottes (4,34), dieser Mann? (9,9), Richter oder Schlichter (12,14), Galiläer (23,6), Sohn Gottes (4,3)

Johannesevangelium: Logos/Wort (1,1ff), Gott (1,1), Licht der Menschen (1,4), Fleisch (1,14), der Einzige (1,18), Lamm Gottes (1,29.36), Erwählter Gottes (1,34), Sohn Josefs (1,45; 6,42), Jude (4,9), Ich bin es (6,20), Brot d. Lebens (6,35.48), Brot vom Himmel (6,41), Mensch (7,46), Samariter (8,48), Sünder (9,25), Tür (10,7.9), guter Hirte (10,11), Besessener (10,21), Beistand (14,26), Auferstehung (11,25), Leben (11,25), Gärtner (20,15), Herr und Gott (20,28)

Apostelgeschichte: der Gerechte (3,14), Knecht (4,27.30), Schaf (8,32); Herr aller (10,36)

Römerbrief: Erstgeborener von Brüdern (8,29); Stein des Anstoßes (9,32), Ziel des Gesetzes (10,4), Diener der Beschnittenen (15,8), Spross aus Wurzel Isai (15,12)

1. Korintherbrief: der Gekreuzigte (1,23; 2,2), Torheit (1,23), Anstoß (1,23), Gottes Kraft (1,24), Gottes Weisheit (1,24.30), Grund (3,11), Paschalamm (5,7), Fels, der mitzieht (10,4), Haupt (11,3), Leib/Kirche (12,27), Erster der Entschlafenen (15,20), Erster in

Erscheinung (15,23), der letzte Adam (15,45), lebendig machender Geist (15,45)

2. Korintherbrief: Geist (3,17), Spiegel (4,6), Sünde (5,21)

Philipperbrief: Sklave (2,7)

Kolosserbrief: Ebenbild (1,15), Erstgeborener der Schöpfung (1,15), Erster (1,17), Hoffnung (1,27), Geheimnis (2,2), Grund/Fundament (2,7), Schlüsselhalter (3,7), Haupt aller Fürsten, Gewalten (2,10), Amen (3,14), die Wirklichkeit (2,17), alles (3,11)

1. Thessalonicherbrief: Sohn vom Himmel (1,10)

1. Timotheusbrief: Lösegeld (2,6), Mittler (2,5), Zeugnis (2,6), Jesus Christus (1,1)

2. Timotheusbrief: Richter (4,8)

Hebräerbrief: Erbe des Alls (1,2), Abglanz der Herrlichkeit (1,3), Bruder (2,11 ff), Hohepriester 2,17), Gesandter (3,1)

1. Petrusbrief: Hüter (2,25)

1. Johannesbrief: Fürsprecher (2,1)

Offenbarung: der Wahre (3,7; 6,10), Wurzel Davids (22,16), Morgenstern (22,16), leuchtender Stern (22,16), der ist, war, kommt (1,4), Alpha (1,8), Omega (1,8)

Ein Gebet zum Schluss:
Die Sure 93: Die Morgenröte/Tageshelle[95]

Diese Heilserwartung begleitet Übende auf ihrem Weg und erinnert sie an die Schöpfung, um ihre Sinne für alles zu öffnen, was sie jetzt wahrnehmen:

Im Namen Gottes, des Erbarmers, des Barmherzigen.
Bei der Tageshelle!
Bei der Nachtstille!
Dein Herr hat dich nicht aufgegeben noch verschmäht.
Wahrlich, das Jenseits ist besser für dich als das Diesseits.
Dein Herr wird dich beschenken, dass das Herz dir lacht.
Fand er dich nicht verwaist und hat dich treu bewacht?
Fand er dich nicht verirrt und hat dich auf den Weg gebracht?
Fand er dich nicht arm und hat dich reich gemacht?
So: Die Waise verweise nicht,
Den Bittenden vertreibe nicht,
Und von der Gnade deines Herrn gib Bericht!

[95] Übersetzung von Serdar Aslan: https://islamaufdeutsch.de/index.php/koranuebersetzung-aslan/1665-sure-93-die-tageshelle-ad-duha

NACHWORT

Am Ende ein kurzer Blick zum Anfang dieses Buches, zu den vier „Alltagserfahrungen“: Die Niederschrift dieser „Alltagserfahrungen“ entstand in St. Blasien, als Christian noch die Kraft hatte zu reisen. Besonders intensiv sprachen wir dabei über die dritte Erfahrung – „den Dank einer mittellosen Frau annehmen“. Ein überraschender Anruf aus dem Roten Rathaus hatte Christian verwirrt. Er sollte zusammen mit Franz Keller das Bundesverdienstkreuz erhalten. Ehrung ausgerechnet durch den Staat? Das war ihm fremd. Also erkundigte er sich zunächst am Telefon, wer ihn denn nominiert habe. Da fiel eben der Name dieser „mittellosen Frau“, die über viele Jahre Kontakt zu der Wohngemeinschaft in der Naunynstraße gehabt hatte. Also erbat er sich Bedenkzeit. Weil aber der Vorschlag ausgerechnet von *ihr*, der „mittellosen Frau“ gekommen war, widerstand er schließlich dem ersten Impuls, deswegen abzulehnen, weil der Vorschlag vom Staat kam. Er ging auf die Frau zu und sagte: „Weil *Du* mich vorgeschlagen hast, nehme ich die Ehrung an.“ Darauf erwiderte sie: „Ich möchte aber nicht, dass du das Bundesverdienstkreuz deswegen annimmst, weil *ich* dich vorgeschlagen habe, sondern dass du es deswegen annimmst, weil Du dich darüber freust!“ Das wurde dann die eigentliche Herausforderung für Christian: Die Freude über diese Ehrung in sich zuzulassen und sich zu ihr zu bekennen.

„Christian war ein Mensch mit einer besonderen Begabung zur Freude.“ So hat Marita Lersner im Vorwort zu diesem Buch geschrieben. Es stimmt. Die Freude war da, aber nicht immer einfach so. Sie wollte und will auch immer wieder neu entdeckt werden. Liebe spielt gerne Verstecken. Ich habe von Christian gelernt, mich auf dieses Versteckspiel der Freude einzulassen: die Freude in allen Dingen suchen und finden, in den großen und kleinen, in den leichten und den schweren Dingen. Es ist das Spiel der Liebe. Manchmal geht der Weg durch Verwirrung, Trauer, Ärger oder Schmerzen hindurch. Dann hat sich die Freude eben besonders gut versteckt. Sie möchte umso mehr jubeln können, wenn sie entdeckt worden ist, obwohl sie sich so gut versteckt hat. Sie möchte überrascht werden und überraschen. Sie verwandelt den Tod in die abschließende Freude: „Ich will euch wiedersehen, und euer Herz soll sich freuen, und eure Freude soll niemand von euch nehmen." (Joh 16,22)

Klaus Mertes